KB042466

새로운 패러다임의 경제학

오동환 저

NEW
PARADIGM
OF ECO
NOMICS

박영사

머리말

신자유주의 이념의 확산

유명한 경제학자 케인스(J. M. Keynes)는 "그들이 옳을 때나 틀릴 때나 경제학자들의 생각은 보통 알려진 것보다 영향력이 훨씬 더 크다. 정말로 세상을 지배하는 것은 그 이외의 어떤 다른 것도 없다."라고 말했다. 그 당시의 주류적 경제사상이 정부의 정책 등에 결정적 영향을 끼치는 것을 일컫는 말이다. 오늘날 지배적인 경제사상이 세계 경제에 미치는 영향에 대하여도 그대로 적용될 수 있다. 1970년대 말 이후 세계적으로 확산되어온 신자유주의 이념은 우리들이 의식하든 의식하지 못하든 간에 일상의 경제생활에 있어서 막대한 영향력을 행사하고 있는 것이다.

신자유주의 경제사상은 보수주의적 사상으로, 시장근본주의라고도 말할 수 있다. 최근의 신자유주의 경제사상을 특별히 통화주의나 신통화주의라고 부르기도 하지만, 이 사상들은 그 근본이념에 있어서 경제학 태동 이후 줄곧 주류적 경제사상으로 계승, 발전되어 왔던 고전학파, 신고전학파 경제학 등과 맥을 같이 한다. 이런 의미에서 이것들을 모두 통칭하여 주류 경제학이라고 부를 수 있다. 신자유주의 경제사상을 포함한 모든 주류 경제학은 공통적으로 시장을 절대적으로 신뢰하여 정부의 개입과 간섭을 최소화하고 민간의 자유를 최대한 보장하는 것을 이념으로 하고 있다. 그래서 정부규제의 완화, 공기업의 민영화, 감세 및 정부지출의 축소 등과 같은 경제정책을 통하여 이를 구체화하려고 하고 있다. 주류 경제학은 1929년 이후의 세계적인 경제대공황을 계기로 케인스 경제학에 그 주도권을 잠시 내주었지만, 1970-80년대 2차에 걸친 석유위기 이후 신자유주의 경제학으로 다시 화려하게 부활하였다.

신자유주의 경제학의 실패

신자유주의 경제사상에 기초한 최근의 주류 경제학은 케인스 경제학에 대한 대안으로서 30년 넘게 각광받아 왔다. 그러나 최근에 신자유주의 경제학이 실패하고 있다는 많은 징후들이 여기저기서 나타나고 있다. 그 실패 원인에 대하여는 다양한 분석이 있을 수 있겠지만, 근본적으로 신자유주의 경제사상에 기초하여 추진되어왔던 시장만능주의적인 경제정책의 부작용 때문이라는 것은 확실하다. 시장은 모든 경제문제를 자동적으로 해결해 줄 수 있는 만병통치약이 결코 아니다. 시장도 실패할 수 있으며, 경제에 폐해를 가져올 수 있다. 그러므로 시장의 실패나 폐해를 시정할 수 있는 정부의 역할이 필요한 것이다. 그러나 지난 30년간 세계적으로 시장만능주의가 득세하면서 시장과 정부의 균형이 일시에 무너져 버렸다. 그 결과 극소수에게 경제적 부와 정치적 권력이 집중되고 나머지 사람들은 모두 똑같이 가난한, 인류 역사에 있어서 가장 불평등한 시대를 맞이하게 된 것이다. 더군다나 신자유주의 경제사상의 지배하에 있는 지구상의 거의 모든 국가들에 있어서 이러한 경제적 불평등의 확대추세가 경제위기의 빈발, 성장의 정체와 함께 진행되고 있다는 점에서 문제의 심각성은 훨씬 더 크다.

아프리카, 남아시아, 중남미와 같은 저개발 국가에서는 물론이고 일부 북유럽 국가를 제외한 대부분의 선진 국가에서도 이와 같은 심각한 경제적 문제를 안고 있는 건 마찬가지다.

1970년대 말에서 1980년대 초에 걸쳐 미국, 영국을 비롯한 많은 국가에서 보수주의 정권이 들어서고 신자유주의 사상이 정부의 경제정책을 주도하기 시작하면서, 세계 각국에 있어서 성장세가 점차 둔화되고 계층 간 분배의 형평성이 크게 악화되었다. 무역자유화, 금융자유화 등 세계화가 크게 진전되고 세계 경제에 있어서 경쟁이 더욱 격화되어감에 따라 각국의 성장세가 둔화되었을 뿐만 아니라, 대부분의 국가에 있어서 제2차 세계대전 이후 지속적으로 개선되어온 분배의 형평성이 악화되기 시작하였다. 또한, 세계적인 부의 증가에도 불구하고 빈곤인구는 별로 줄어들지 않고 있다. 절대적 빈곤선은 최소한의 영양공급이 가능한 소득수준으로서 1일 구매력 평가기준으로 1.25달러라고 한다. 현재 전 세계인구 5명 중 1명이 하루 1.25달러도 안 되는 돈으로 살고 있다고 추정된다. 그리고 각국마다 경제적 불평등이 심화되어가는 추세를 보이고 있는 것은 각국 정부가 신자유주의 경제사상에 입각하여 서로 경쟁적으로 세금을 인하하고, 특히 고소득에 대한 소득세율을 대폭 인하하고, 빈곤계층에 대한 복지지출을 축소한 데도 그 원인이 있다고 볼 수 있다.

한편 1970년대 말 이후 신자유주의 경제사상이 세계 경제를 지배하기 시작한 이래 세계 곳곳에서 경제위기가 빈번히 발생하고 있다. 금융시장 등에 관한 정부규제가 매우 엄격하였던 1970년대 중반까지만 하더라도 세계적으로 금융위기는 거의 일어나지 않았지만 1970년대 말 이후부터 크게 증가하기 시작한 것이다. 이는 결코 우연이라고 할 수 없다. 신자유주의 경제사상에 기초하여 그간 이루어진 각종 금융규제 완화정책들이 금융위기가 쉽게 일어날 수 있는 여건을 조성해 준 것이다. 신자유주의 경제학자들의 주장에 따라 금융시장에 있어서의 각종 규제가 대폭적으로 완화되고 그 결과 금융시장의 거품이 점점 더 부풀어가고 있었지만 2008년 세계적인 금융위기가 바로 눈앞에 다가올 때까지 그들 중 그 누구도 그러한 낌새를 눈치채지 못하였을 뿐만 아니라 사후에조차 그 발생원인에 대하여 제대로 설명하지 못하였다. 투자은행 "리먼 브라더스"의 파산으로 금융위기가 본격화된 것은 2008년 9월이었다. 그러나 이보다 훨씬 이전인 2007년 8월에 이미 주택가격의 폭락 등 앞으로의 위기를 예견할 수 있는 강력한 시장교란이 연속적으로 일어났지만, 그때까지도 이러한 사전 징후가 금융위기의 시발점이 될 것이라는 사태의 심각성을 인식한 사람은 아무도 없었던 것이다.

이와 같이 신자유주의 경제학자들은 최근 경제위기가 빈번히 발생하고 있는 것에 대하여, 더구나 이를 제대로 예측하지도 설명하지도 못한 것에 대하여 책임이 있다. 그리고 전 세계적으로 경제 성장이 정체되고 경제적 불평등은 계속 확대되어갔지만, 이에 관해 어떠한 대안도 적절히 제시하지 못한 것에 대하여도 책임이 있다. 그러나 더욱 문제인 것은 이들이 아직까지 자신들의 실패를 솔직하게 인정하지 않고 자신들의 기존 입장만을 고수하려는 데 있다. 신자유주의적 경제정책이 2008년의 금융위기를 일으키는 원인을 제공했고 케인스적 경제정책이 이의 해결에 결정적인 도움을 줬다는 경험적 사실에도 불구하고, 이들은 아직까지 시장이 모든 문제를 해결해 줄 수 있다고 이를 절대 신뢰하고 있다. 위기가 도래하면 그토록 정부의 구원을 요청하면서도 평상시에는 시장에 대한 일절의 정부 간여와 규제를 반대하고 있는 것이다. 다만, 2008년의 세계적 금융위기 이후 신자유주의 경제학에 대한 비판이 점차 고조되면서 새로운 접근방법을 모색하려는 시도가 이루어지기 시작한 것은 그나마 다행한 일이라 할 수 있다. 신자유주의 경제학이 경제현상을 제대로 예측하고 설명할 수 있는 능력을 지닌 과학이냐는 관점에서 유용하지 않을 뿐만 아니라, 누구를 대변하는 경제학이냐는 관점에서도 공정하지 않다는 비판이 제기되고 있는 것이다. 즉, 신자유주의 경제학은 과학적이지도 못하면서, 공정하지도 못하다는 것이다.

신자유주의 경제학의 문제점

신자유주의 경제학이, 더 넓게 주류 경제학이 경제 현실을 정확히 설명하거나 예측하는 데 있어서, 그리고 우리 모두의 삶을 골고루 잘 살게 하는 정책의 수립에 있어서 실패하게 된 주된 원인은 크게 세 가지로 요약할 수 있다. 첫째, 인간의 행태(behavior)에 관하여 잘못된 가정을 하고 있으며, 둘째, 시장의 기능과 그 작동 결과에 대하여 과도한 신뢰를 보이고 있으며, 셋째, 자원 배분의 효율성이라는 기술적인 목표에만 지나치게 집착한다는 것이다.

주류 경제학은 인간이 이성의 논리적 추론에 전적으로 의존함으로써 절대적 합리성을 지니고 있고, 이기심이나 경제적 유인에 의하여만 움직일 뿐만 아니라, 다른 사람의 영향을 받지 않고 독립적으로 의사 결정을 한다고 가정한다. 그러나 인간은 결코 철두철미한 손익계산에 따라서만 행동할 정도로 합리적이지 않으며 직관이나 감정, 동정심, 정의감, 그리고 집단적 결정에 휘둘리기 쉽고 수시로 행동에 있어서 오류와 편향을 보이기도 한다. 그리고 주류 경제학은 시장이 경쟁적이고 효율적이고 안정적이며, 따라서 시장을 통하여 자원의 최적배분이 언제나 달성될 수 있다고 이를 신뢰한다. 그리고 시장 위험은 확률로 추정할 수 있어, 이에 효과적으로 대처할 수 있다고 가정한다. 그러나 현실의 시장은 경쟁이 제한되고 비효율적이고 불안정한 것이 오히려 일상적이다. 시장 위험은 과거의 경험이나 확률로써는 도저히 파악할 수 없는 불확실성의 특성을 보이고 있다.

이와 같이 주류 경제학은 인간 행태나 시장에 관하여 너무나 비현실적인 가정을 함으로써, 수많은 비합리적인 인간들이 시장에서 상호 작용하면서 창발해내는 불확실한 경제현상을 제대로 파악할 수 없는 것이다. 현실의 경제는 예측 가능한 합리적 인간들이 완전 시장에서 독립적으로 최선의 선택을 한 결과로 나타나는 확실성의 세계가 아니라, 예측 불가능한 비합리적 인간들이 불완전 시장에서 복잡하게 상호 작용한 결과로 나타나는 불확실성의 세계이다.

한편, 주류 경제학은 자원 배분의 최적화라는 기술적인 문제에만 집중하면서 경제의 형평성이라는 가치판단적인 문제에는 별 관심을 두지 않는다. 경제학이 가치판단에 개입해서는 안 된다는 것이다. 주류 경제학은 모든 것을 시장 기능에 맡기면 그 가격 메커니즘을 통하여 자원의 최적 배분이 자동적으로 이루어질 수 있다고 한다. 그리고 시장은 어떤 자원에 대하여 가치를 가장 높게 부여하는 사람들에게 이를 배분하기 때문에 시장을 통한 자원 배분은 그 자체가 공정한 것이라고 한다. 결국 시장만능주의를 주장하는 것이다.

그러나 시장은 완전하지 못하여 자원 배분의 효율성이 달성되지 못하는 경우가 매우 흔하다. 독과점, 공공재, 외부효과 등이 존재할 경우 자원 배분의 왜곡현상이 나타날 수 있다. 특히, 시장이 자원 배분의 형평성을 언제나 보장해 주는 것도 아니다. 어떤 자원에 대하여 그 가치를 아무리 높게 평가하는 사람이 있다 하더라도 그것을 살 돈이나 교환할 물건을 갖고 있지 못하면 그것을 얻을 수 없기 때문이다. 시장만능주의는 가진 자의 기득권만을 보호해주는 이론적 논거를 제공해 줄 뿐이며, 애초에 누가 어떻게 자원을 보유하게 되었는지에 대하여는 묻지 않는다. 우리는 시장에 모든 것을 맡길 수 없으며, 시장 실패의 보정이나 경제적 평등을 제고하기 위한 정부의 역할도 필요한 것이다.

신자유주의 경제학의 대안

과학은 전통적으로 좀 더 합리적인 예측을 내 놓는 이론이나 많은 사람들의 지지를 받는 이론이 기존 이론을 대체함으로써 진화해왔다. 그렇다면 신자유주의 경제학 등 주류 경제학을 대체할만한 대안적인 경제이론은 확립되었는가? 아직까지는 아니라고 생각한다. 일관성 있고 통일된 이론이 새롭게 정립되었다고 볼 수 없기 때문이다. 그러나 새로운 접근방법들이 나타나기 시작하였으며, 적어도 일부 분야에 있어서는 상당한 성과를 거두고 있다고 말할 수 있다. 새로운 접근방법은 크게 세 가지 방면에서 이루어지고 있는데, 행동 경제학, 복잡계 경제학, 가치판단 경제학 등이 바로 그것이다. 이들 경제학은 공통적으로 그간 주류 경제학이 전제하고 있던 다음과 같은 경제적 신화에 대하여 도전을 하고 대안을 제시하고자 하는 "새로운 패러다임(paradigm)의 경제학"이라고 할 수 있다.

(1) 경제는 언제나 경제법칙으로 설명할 수 있다.
(2) 모든 경제주체는 독립적인 의사결정을 한다.
(3) 인간은 합리적, 이기적이고, 경제적 유인에 의하여만 움직인다.
(4) 시장은 경쟁적, 안정적, 효율적이며, 그 자체로 공정하다.
(5) 경제적 위험은 언제나 확률로 나타낼 수 있다.
(6) 경제학은 가치판단을 해서는 안 되며, 자원 배분의 효율성 달성을 목표로 삼는다.
(7) 경제성장은 언제나 좋고, 우리를 행복하게 한다.
(8) 경제성장은 언제나 지속될 수 있다.

인간 행태를 연구하는 행동 경제학

행동 경제학(behavioral economics)은 인간 행태에 대한 실증적인 분석을 기초로 하여 경제 현상을 설명하고 예측하려고 하는 움직임이다. 이 분야에서 개척적인 역할을 하였던 이스라엘 출신의 심리학자인 다니엘 카너먼이 2002년 노벨경제학상을 받는 등 최근 이 방면에서의 연구가 크게 활기를 띠고 있다. 행동 경제학은 인지 심리학, 실험 경제학 등의 도움을 받고 있으며, 특히 최근 들어 신경 경제학 등에 의하여 보완되고 있는데, 신경과학과 경제학이 결합한 신경 경제학은 뇌 스캔 등을 통해 뇌의 활동을 분석함으로써 인간의 의사결정 과정을 보다 상세히 밝혀내고 있다.

다니엘 카너먼, 아모스 트버스키, 리차드 탈러 등으로 대표되는 행동 경제학자들은 주로 실험적 방법을 사용하여 인간의 사고체계와 그들이 저지르기 쉬운 오류와 편향에 관하여 많은 연구를 수행하였다. 이들 연구에 의하면, 인간의 사고체계는 직관적 사고를 담당하는 시스템1과 논리적 사고를 담당하는 시스템2로 구성되어 있다. 시스템1은 직관적인 판단 등을 통하여 신속하게 문제를 해결할 수 있지만 시스템적인 오류와 편향의 가능성이 큰 반면에, 시스템2는 논리적인 추론 등을 통하여 신중하게 문제를 해결하지만 이에 많은 시간과 노력이 소요된다. 반복적이고 일상적 업무의 처리를 위하여 시스템2의 느린 처리방식에 의존하는 것은 비경제적이라고 할 수 있으며, 시스템1에 의존한 빠른 처리방식이 보다 바람직할 수 있다. 그러나 시스템1이 스스로 처리하기 어려워 그 해결을 요청하거나, 복잡하고 이례적인 업무는 시스템2가 처리하게 된다. 시스템2는 시스템1에 의한 문제해결을 항상 의심, 감시, 승인하지만, 게을러서 종종 자기가 해야 할 일을 시스템1에 맡길 경우 오류와 편향이 발생하기 쉽다.

인간은 직관적인 판단에 의한 빠른 결정을 내리는 과정에서 어쩔 수 없이 많은 오류와 편향을 보이는데, 예컨대 똑같은 내용이라고 하더라도 그 표현방식의 차이에 따라 다른 선택을 하고, 변화를 싫어하고 지금 가지고 있는 것에 대하여 보다 큰 애착을 느끼며, 같은 돈이라고 하더라도 그것을 번 방법과 용도에 따라 별도의 정신적 회계를 하며, 극단적 사건이 발생할 가능성은 과소평가하고, 자신의 능력은 과대평가하는 등의 비합리적 행동을 한다. 그리고 인간은 집단이라고 해서 개인보다 더 나은 결정을 내리는 것은 아니다. 인간은 동일 편향에 취약하므로 개인보다 집단이 오히려 열등할 수 있는데 그것은 집단이 보다 극단적으로 되기 쉽기 때문이다. 일반적으로 집단은 개인보다 더 많은 리스크를 감수하고, 더 낙관적이고, 집단적인 힘을 과시하려는 성향이 있으며, 따라서 시장과 같은 대규모 집단에서는 군집 행동(herding behavior)으로 나타날 수 있다.

또한 인간은 손실과 이익에 대해 비대칭적인 태도를 가지고 있어 이익보다 손실에 대해 몇 배 더 민감한 반응을 보인다. 그리고 인간의 효용수준은 소득의 절대적 크기는 물론이고 자기가 설정한 준거점으로부터 손실인가 아니면 이익인가에 따라서도 달라진다. 그리고 인간의 선택은 실제 피부로 느낀 그 당시의 경험효용보다는 주로 과거의 경험에 대한 기억이나 인상에 기초한 결정효용에 영향을 받는다. 한편 시간 할인율은 할인 시점에 관계없이 일정한 것이 아니라, 현재에 가까워질수록 그 할인율이 더 커진다. 예컨대, 2년 후 효용 100은 1년 후 효용 80과 같은 가치를 갖지만(할인율 20%), 1년 후 효용 80은 현재 효용 40과 같은 가치를 갖는다는 것이다(할인율 50%). 이 같은 사실은 인간의 현재 선호경향을 나타내는 것이다.

동태적 비선형 경제시스템을 다루는 복잡계 경제학

복잡계 경제학(complex economics)은 경제를 하나의 복잡적응 시스템으로 파악하려고 하는 움직임이다. 경제는 외부의 보다 넓은 생태 시스템과 교류하는 열린 시스템이며, 수많은 행위자들의 상호작용으로 인하여 동태적이고, 비선형적이고, 창발적이고, 네트워크적인 특성을 지닌다.

　경제에 있어서의 동태성은 주류 경제학에서 상정하는 기술 변화나 소비자 선호의 변화와 같은 외생적인 변화가 아니라 경제구조 그 자체에서 비롯한 내생적인 변화에 따른 동태성을 의미한다. 동태적인 시스템에서 불균형을 확대시키는 양의 피드백과 불균형을 축소시키는 음의 피드백의 상호작용 속에서 시간 지체가 발생하면, 증폭하는 힘과 견제하는 힘의 균형이 깨지고 시스템은 고도로 복잡하고 미묘하게 변화하게 된다. 그리고 동태적이면서 비선형적인 시스템에서는 초기 조건의 사소한 차이가 시간의 흐름에 따라 아무도 예측할 수 없는 다양한 형태를 보일 수 있다. 또한 경제는 매우 복잡한 네트워크로 이루어져 참여 주체가 증가할수록 그 효용가치가 급증하는 특징이 있지만, 일정 기준선을 넘어서게 되면 소통의 밀도와 상호의존성이 기하급수적으로 늘어나면서 네트워크 조직의 비효율성이 나타날 수 있다.

　한편 경제는 경제주체의 미시적 상호작용으로부터 거시 패턴들이 내생적으로 창발하며, 이는 일반적으로 진동, 단속균형, 그리고 멱함수 법칙과 같은 패턴을 보인다. 진동이란 생물 생태계에서 공통적으로 볼 수 있는 포식자와 피포식자 간의 개체 수 변화의 패턴을 말하며, 단속균형이란 시스템이 오랜 기간 정체 상태에 있다가 간헐적으로 폭발적인 혁신과 변화를 겪는 것을 말하고, 멱함수 법칙이란 관측치가 평균치에서 멀리 벗어나는 정도에 비례하여 그것이 발생할 확률이 점차 감소하게 되는 것을 말한다. 멱함수 법칙을 따를 경우 주류 경제학이 가정하는 정규분포에 비하여 두꺼운 꼬리(fat tail)를 갖게 되며, 이는 양 극단의 희귀한 사건도 발생할 확률이 높다는 것을 의미한다.

　이와 같이 동태적이고 비선형적 경제시스템은 매우 복잡하여 주류 경제학에서 사용하는 기존의 수학이나 방정식 등으로는 도저히 파악할 수 없고 대형컴퓨터의 시뮬레이션을 통하여만 분석할 수 있다. 컴퓨터 시뮬레이션 분석은 수리적 분석과는 달리 하나의 결과로 확정지어 말할 수 없다는 한계에도 불구하고 현실적인 가정을 기초로 하여 어떠한 경제현상의 실제 발생 가능성을 확률적 분포로 나타낼 수 있기 때문에 예측의 정확도 면에서 수리적 분석보다 낫다고 할 수 있다.

형평성을 중시하는 가치판단 경제학

가치판단 경제학(value-judgemental economics)은 경제학 분석에 있어서 반드시 가치중립적일 필요는 없으며, 가치판단적인 분석이 필요할 경우도 있다는 입장이다. 경제의 효율성뿐만 아니라 형평성을 중시하고, 양적 성장뿐만 아니라 질적 성장을 중시한다. GDP 지표로 대변되는 경제성장 이외에도 소득분배의 개선, 자원 및 환경 보전, 차별 배제, 삶의 질적 개선, 지속가능한 성장, 사회적 참여와 통합 등 국민의 실질적인 행복의 증진에 많은 관심을 가진다.

어떤 정책이 사회 전체적 관점에서 바람직한지 여부는 자원배분의 효율성이라는 측면 이외에도 소득분배의 형평성이라는 측면을 함께 고려하여야 한다. 자원의 최적배분을 나타내는 "파레토 최적" 상태가 무수히 많다고 하여 이들 간에 선호의 차이가 없는 것은 아니다. 몇 사람이 모든 자원을 독식하는 분배 상태보다는 가급적 많은 사람들이 골고루 나누어 갖는 분배 상태를 모든 사람이 선호할 것이기 때문이다. 이와 함께 "보상테스트(compensation test) 기준"에 따라 사회 전체의 후생이 늘어나면 언제나 바람직한 정책이 되는 것이 아니라 어려운 계층에도 이익이 되고 사회적 형평성이 개선되어지는 경우에 한하여 바람직한 정책이라고 할 수 있을 것이다.

우리 모두는 다양한 정치적 신념에도 불구하고 정책의 수립 등에 있어서 경제적 평등에 관한 기본 원칙들이 반영되도록 노력하여야 한다. 우리는 각자의 능력이나 노력이 아닌 인종, 성, 성적 취향, 종교, 재산, 사회적 신분 등에 따라 차별 받아서는 안 되며, 교육, 취업 등 모든 경제활동에 있어서 기회의 균등이 최대한 보장되어야 한다. 또한 교육, 상속된 부, 가정환경 등 배경에 따라 불평등이 발생되지 않도록 노력하여야 하며, 재능 등의 선천적 소질과 운 등에 따라 불평등이 심화되지 않도록 배려하여야 한다. 그리고 모든 국민들은 적어도 최저생계비의 보장 등 최소한의 사회안전망 보호를 받을 수 있어야 한다.

우리는 지속가능한 성장을 위해 특별한 관심을 쏟아야 한다. 인간 경제에 있어서 매우 중요한 삼림, 공기, 물 등의 자연 환경이 훼손되거나 석유와 같은 자연자원이 고갈되지 않도록 노력하여야 한다. 환경오염이나 자원고갈이 임계수준을 넘지 않고 지구 내에서 자체적으로 해결될 수 있도록 하여야 한다. 그리고 우리는 GDP의 단점을 보완할 수 있는 대안적 지표를 개발하여야 한다. 그러한 지표를 통하여 삶의 질을 개선하기 위해 필요한 많은 부문에 있어서 최소한의 달성 목표를 설정하고 관리하여야 한다.

케인스 경제학의 재발견

새로운 패러다임의 경제학은 크게 세 갈래의 방향에서 이루어지고 있으며, 이들 각각은 그간 제기되어온 주류 경세학에 대한 세 가지 주요 비판, 즉 인간 행태에 관한 잘못된 가정, 시장에 대한 과도한 신뢰, 그리고 가치판단의 중립성에 각각 대응하고 있다. 행동 경제학은 실증적 분석을 통하여 현실의 사람들이 실제로 행동하는 패턴과 동기를 연구하고 있으며, 복잡계 경제학은 많은 사람들의 복잡한 상호작용으로 인하여 야기되는 시장의 불확실성에 대해 연구하고 있고, 가치판단 경제학은 경제적 불평등, 빈곤, 지속가능한 성장과 같이 가치판단이 개입되는 문제를 다루고 있는 것이다.

이들 경제학은 모두 케인스 경제학에 그 뿌리를 두고 있다고 말할 수 있다. 케인스는 이미 1930년대에 이 모든 주제들에 대하여 깊은 성찰을 보여주었던 것이다. 다만 케인스가 제기했던 주요 논점들은 그후 주류 경제학의 일방적 해석에 따라 그 핵심적 내용이 변질되면서 최근까지 잊혀져왔던 것뿐이다. 이러한 관점에서 볼 때, 새로운 패러다임의 경제학은 "케인스 경제학의 재발견"이라고 할 수 있을 것이다. 케인스는 인간의 합리성보다는 자신감이나 신뢰감, 화폐 애착과 같은 야성적 충동(animal spirits)이 경제에 더 많은 영향을 끼친다고 생각하였다. 그는 시장을 절대로 신뢰하지 않았으며, 시장경제는 인간의 야성적 충동에 따른 투자의 급등락으로 언제나 내재적 불안요인을 지니고 있다고 보았다. 또한, 케인스는 경제성장만으로는 인간이 행복을 얻을 수 없으며, 경제적 불평등이나 빈곤의 해소 등을 통하여 모든 사람들이 함께 좋은 삶을 가질 수 있도록 해야 한다고 생각하였다.

이 책의 목적과 구성

이 책은 2008년 발발한 세계적인 금융위기를 계기로 최근 제기되고 있는 주류 경제학에 대한 여러 가지 비판들을 검토하고, 그 대안으로서 제시되는 새로운 패러다임의 경제학에 대한 동향을 개괄적으로 살펴보는 것을 주요 목적으로 한다. 다시 말해서, 경제학 교과서에 쓰여 있는 주류 경제학의 내용들을 비판적 관점에서 재검토하고, 이를 새로운 패러다임의 경제학 입장에서 다시 써보는 것이라고도 할 수 있다.

이 책은 크게 세 개의 부로 구성되어 있다. 제1부에서는 주류 경제학의 개념과 그 동안 이룩한 이론적 성과, 그리고 최근 이에 대해 가해지는 다양한 비판 등에 대하여 살펴본다. 주류 경제학의 이론적 성과는 학파별 주요 경제학자의 이론을 통하여 살펴보며, 주류 경제학에 대한 비판은 인간과 시장에 관한 비현실적 가정, 연구방법의 부적정성, 가치판단 중립의 비합리성 등에 관하여 살펴본다.

제2부에서는 최근의 연구 성과를 기초로 하여 인간의 본성과 시장

의 본질에 관하여 살펴본다. 이기주의, 상호주의와 같은 인간의 본성과 인간 행태에 있어서의 다양한 어림셈, 오류, 편향 등에 관하여 살펴볼 것이다. 또한, 시장의 경쟁성, 정보 효율성, 안정성, 그리고 위험, 불확실성과 같은 시장의 본질에 대해서도 살펴볼 것이다.

제3부에서는 주류 경제학에 대한 대안으로서 자리매김하기 시작한 행동 경제학, 복잡계 경제학, 가치판단 경제학이 현재까지 이룩한 연구 성과들을 개괄적으로 살펴볼 것이다. 우선 행동 경제학에서는 전망 이론, 행복 이론, 시간선호 이론, 그리고 선택설계 이론 등에 관하여 살펴본 다음, 복잡계 경제학에서는 복잡적응경제시스템의 동태성, 비선형성, 창발성, 네트워크성, 그리고 경제적 진화 등에 관하여 살펴보고, 마지막으로 가치판단 경제학에서는 정책판단 기준, 지속가능한 성장, 시장과 규제, 평등이론, 계층 간 분배이론, 불평등 현황과 대책 등에 관하여 살펴볼 것이다.

차 례

**PART
0 2**   인간 행태와 시장의 본질

PART
0 3   새로운 패러다임의 경제학

| CHAPTER 07 | 행동 경제학(behavioral economics)

NEW
PARADIGM
Of ECONOMICS

새로운 패러다임의 경제학

주류 경제학 비판

NEW
PARADIGM
of ECONOMICS

Chapter 01

주류 경제학이란?

1 경제학의 정의

경제학은 인간 생활에 있어서 필요한 물질적 부(wealth)의 합리적인 획득과 그 분배에 관한 방법을 연구하는 학문으로 정의할 수 있다. 인간들이 일상생활을 하는 데 있어서 필요한 수많은 재화와 서비스를 어떻게 하면 적은 비용으로 효율적으로 생산할 수 있으며, 생산된 재화와 서비스는 어떻게 하면 모든 사람들의 효용을 극대화할 수 있도록 배분할 수 있는가를 연구하는 학문이다. 인간의 욕망은 무한한데 세상에 존재하는 물질적 자원은 유한하기 때문에 희소 자원(scarce resources)을 가장 경제적인 방법으로, 즉 최소의 비용으로 최대의 효과를 거둘 수 있도록 사용하는 것이 중요하며, 그 방법을 연구하는 것이 경제학인 것이다.

그런데 경제학이 하나의 독립적인 과학으로 발전해온 역사적 과정 속에서 부는 어떻게 창출되는가 하는 부의 생산적 측면에서, 부는 어떻게 분배하여야 하는가 하는 부의 배분적 측면으로 그 연구 중심이 점차 이동하게 되었다. 따라서 오늘날 경제학은 희소 자원을 효율적으로 배분하는 방법을 연구하는 학문으로 정의되기도 한다. 로빈스(Lionel Robbins)는 그의 저서 "경제학의 본질과 의의에 관한 소론"에서 경제학은 다른 용도로 사용 가능한 희소성을 가진 수단과 그것이 추구하는 목적 사이의 관계에서 인간의 합리적 선택 행동을 연구하는 과학이라고 정의하였다. 이 관점에 의하면, 경제학은 다루는 주제보다 이론적 접근방법에 의하여 규정된다고 볼 수 있다. 희소성을 가진 수단을 사용하여 최대의 효과를 거둘 수 있는 인간의 합리적 선택 방법을 연구하는 학문이라는 것이다.[1]

한편, 경제학은 인간 삶의 개선을 위하여 필요한 물질적인 부의 생산과 분배에 일차적 관심을 갖는다는 점에서, 인간의 행복한 생활에 영향을 줄 수 있는 다양한 비물질적인 요인들, 즉 건강, 안전, 신앙, 자아성취, 정치 참여, 사회적 관계 등에 관심을 갖는 인문학이나 기타 사회과학과는 차별화된다고 볼 수 있다. 인간의 일상생활에 있어서 물질적인 부를 많이 소유한다고 하여 이에 정비례하여 행복수준이 높아지는 것은 아니겠지만, 그렇다고 해도 일정 수준의 물질적인 부 없이 행복을 느끼기 어렵다는 것도 사실이다. 오늘날과 같이 행복의 전제로서 비물질적인 요인보다 물질적인 요인을 더욱 중요시하는 물질만능의 자본주의 사회에서 경제학의 중요성이 날로 커져가는 것은 당연하다고 하겠다.

2 주류 경제학의 형성과 발전

경제학은 영국의 아담 스미스(Adam Smith)가 1776년도에 "국부론(An Inquiry into the Nature and Causes of the Wealth of Nations, 흔히 줄여서 The Wealth of Nations)"이라는 책을 저술한 때로부터 시작되었다고 일컬어진다. 이에 따라 아담 스미스를 "경제학의 아버지"라고 부르고 있으나, 이 당시만 하더라도 경제학은 하나의 독립적인 학문 분야로 인식되지 않고 정치학의 한 분과인 정치경제학으로 간주되고 있

---

1 장하준[3], p. 26.

었다. 경제학은 19세기 말의 마셜(Alfred Marshall) 시대에 이르러서야 독립적인 과학으로 자리 잡게 되었다.

경제학이 새로이 형성되기 이전인 16세기에서 18세기까지 유럽 절대왕조 시대에 지배적이었던 정치경제사상을 개괄하여 중상주의(mercantilism)라고 부른다. 중상주의는 군주나 특정 지배계층의 권력에 기반을 둔 통제경제로서, 국내의 생산능력 증강을 통한 경제성장보다 외환의 축적을 통한 부국강병을 최우선 목표로 삼았다. 중상주의는 부국강병을 위한 군대의 양성과 식민지 개척에 소요되는 자금을 확보하기 위해 수출 촉진과 수입 억제를 통하여 금, 은 등 외환의 유입을 최대한 늘려야 한다고 주장하는 한편, 국제무역을 제로섬 게임으로 인식하고 외환의 축적을 위해 국제무역 활동에 있어서 정부의 강력한 개입이나 후원이 필요하다고 하는 경제적 국가주의(economic nationalism) 또는 보호무역주의(protectionism) 사상을 적극 옹호하였다.

그러나, 중상주의에 기초한 경제운용은 생산의 증대를 통해 국민의 생활수준을 개선하는 데는 별로 기여하지 못하였고, 금, 은 등 외환의 유입이 그대로 국내의 통화량을 증대시켜 물가의 지속적인 상승만을 초래하였다. 결국 중상주의는 국가 간 잦은 전쟁으로 인한 폐해의 누적과 시민계급의 발흥 등에 따라 점차 퇴조하게 되었다. 중상주의가 퇴조하자 자유주의 사상에 배경을 둔 새로운 경제학 조류가 아담 스미스를 비롯한 많은 경제학자의 아이디어와 이론을 통하여 형성되기 시작하였다. 민간의 자유와 자발적인 참여를 바탕으로 하는 시장경제 중시의 경제학이 발전하기 시작한 것이다.

경제학 발전과정에 있어서 역사적 시기별로 사상적, 학문적 배경을 달리하는 많은 경제학파가 나타났으며, 이들 학파의 중심 이론도 시간의 흐름에 따라 많은 변천을 겪기도 하였다. 어떤 시기에는 다양한 경제학파들이 서로 대립적으로 존재한 적도 있었고, 또 어떤 시기에는 특정의 경제학파가 주도적인 영향력을 발휘하기도 하였다. 이와 같이 그 동안 존재하였던 많은 경제학파 가운데 대학 교과서나 주요 학술잡지 등에서 주도적 이론으로 널리 인정받고 있는 경제학을 통칭하여 주류 경제학(standard economics)이라고 부른다.[2] 넬슨(Richard Nelson)과 윈터(Sidney Winter)에 따르면, "주류 경제학은 학부와 대학원의 중간 정도 수준의 교과서에서 명료하게 기술되어 있는 개념과 이론의 집합이다. 여기에는 학술저널 같은 곳에서 동료들이 검토하고 평가하는 이른바 피어 리뷰(peer review)에서 당연하게 요구하거나 학계에서 일반적으로 동의하고 있다고 여기는 개념과 이론을 포함한다."라고 정의하고 있다.[3]

주류 경제학에는 아담 스미스(Adam Smith), 리카도(David Ricardo) 등의 고전학파, 제번스(W. S. Jevons), 발라(Leon Waras) 등의 신고전학파, 새뮤얼슨(P. A. Samuelson), 힉스(John Hicks) 등의 신고전주의적 합성학파, 프리드먼(Milton Friedman) 등의 통화주의 학파, 루커스(R. E. Lucas Jr.) 등의 신통화주의 학파 등이 포함된다. 이들 경제학파들은 모두 자유주의 경제사상에 기초하여 정부 간섭을 가급적 배제하고 민간들의 자발적 참여를 최대한 중시하며, 군주나 특정 지배계층의 권력에 근거한 통제경제로부터 벗어나 시민들의 선택의 자유가 최대한 보장되어지는 시장경제를 적극 옹호한다는 공통점을 가지고 있다. 이들 경제학파들은 대부분의 시기에 있어서 지배적인 경제이론으로 자리매김하였으며, 자본주의 시장경제의 발전에 지대한 영향을 끼쳤다. 자유주의 사상에 기초한 시장중심의 경제체제는 시장의 가격조절 기능을 통한 자원의 효율적인 배분과 민간 창의에 기초한 기술혁신 등으로 지속적인 경제발전을 이룩할 수 있었던 것이다.

---

[2]   전통 경제학(conventional economics)이라고도 불린다.
[3]   바인하커[1], p. 59.

3 주류 경제학의 주요 가정과 이론

주류 경제학은 현실의 복잡한 경제현상을 분석하기 위하여 적절한 모형을 만들고 이를 토대로 구체적인 이론을 도출하는 과정에서, 인간 행태 및 시장에 관한 몇 가지 주요한 가정과 기본 원리를 공유하고 있다. 주류 경제학이 전제하는 주요한 가정과 기본 원리를 정리하면 다음과 같다.

(1) 합리주의적 행동

인간은 언제나 완벽한 정보와 이성의 논리적인 추론을 사용하여 아무리 어려운 경제적 대안의 선택 문제라고 하더라도 자신에게 가장 이익이 되는 방향으로 의사결정을 할 수 있다고 가정한다.

(2) 이기적 행동

인간은 언제나 자신의 이익이나 효용에만 관심이 있는 이기주의자이며, 다른 사람의 이익을 위한 이타적인 행동은 하지 않는다고 가정한다.

(3) 경제적 유인

인간은 언제나 경제적 동기에 따라 행동하며, 동정심이나 공정성과 같은 감정적, 심리적 동기에 따라 행동하지는 않는다고 가정한다.

(4) 고립적 인간관

인간은 다른 사람들의 영향은 받지 않고 오직 자기 자신의 선호나 이익에 기초한 독립적 판단에 따라 의사결정을 한다고 가정한다.

(5) 기회비용과 선택

우리는 무엇을 얻고자 하면 그 대가로 무엇인가를 반드시 포기하여야 하며, 그 어떤 것을 선택하기 위하여 포기해야 하는 모든 것을 기회비용(opportunity cost)이라고 한다.

(6) 완전경쟁 시장

현실의 재화 또는 서비스 시장은, 그리고 노동 등의 생산요소 시장은 무수히 많은 수요자와 공급자가 서로 경쟁하고, 누구든지 자유로이 시장에 진입하거나 퇴출할 수 있으며, 동일한 품질의 재화, 서비스, 생산요소에 대하여 어느 누구도 가격을 마음대로 결정할 수 없는 완전경쟁적인 시장이다.

(7) 안정적 시장

시장이 수요나 공급의 변화에 따라 일시적으로 균형에서 일탈한다 하더라도 시장의 자동적인 가격조절 기능을 통하여 짧은 기간 내에 새로운 균형으로 수렴해가는 안정성을 지니고 있다.

(8) 효율적 시장

시장 가격은 현재의 시점에서 활용 가용한 모든 정보를 반영하여 결정되어지고, 미래의 가격은 미래의 정보에 따라 무작위로(random) 변동하므로 그 누구도 이를 정확히 예측할 수 없다는 의미에서 시장은 효율적이다.

(9) 확률적 위험

모든 경제변수의 움직임은 정규분포를 따르므로, 표준편차(standard deviation)의 크기로 측정되는 위험의 정도는 언제나 확률적으로 계산할 수 있다.

(10) 한계효용의 체감

어떤 재화나 서비스의 소비량을 점차 늘릴 경우 전체 효용은 증가하지만 추가되는 재화나 서비스의 한 단위당 효용, 즉 한계효용은 점차 감소한다.

(11) 한계생산의 체감

어떤 생산요소의 투입량을 점차 늘릴 경우 전체 생산량은 증가하지만 추가되는 생산요소 한 단위당 생산량, 즉 한계생산은 점차 감소한다.

(12) 가치판단의 중립성

경제학은 자원 배분의 효율성 제고 등과 같은 기술적 사항만 분석하지, 소득분배의 형평성 제고 등과 같은 가치판단 사항은 고려하지 않는다.

(13) 가격 신축성과 완전 고용

원자재 가격의 상승이나 투자심리의 악화 등에 따라 수요나 공급이 변화하더라도 가격이 신축적으로 조절되어 완전 고용은 언제나 달성되며, 이에 따라 실업은 존재하지 않는다.

(14) 생산성과 경제성장

한 나라의 국민소득 수준은 생산성(productivity) 수준에 따라 결정되며, 생산성은 노동, 자본 등 생산요소의 투입량과 생산기술 수준 등에 의존한다.

(15) 경제성장과 행복

경제성장은 항상 국민의 행복을 가져오고 국민의 행복은 경제성장을 통해 달성 가능하기 때문에, GDP(Gross Domestic Product)는 국민 행복의 종합적 지표라고 할 수 있다.

(16) 지속가능한 성장

자원고갈, 환경오염, 지구온난화 등의 이유로 경제성장이 제약을 받는 일은 없으며, 따라서 지속적인 경제성장은 언제나 가능하다.

(17) 화폐 공급량과 물가상승

물가상승은 기본적으로 시중에 유통되는 화폐량의 문제로써, 화폐 공급량이 증가하면 이에 비례하여 화폐가치가 떨어지고 물가수준은 오르게 된다.

Chapter 02

주류 경제학 이론의 변천

그간 주류 경제학 이론이 변천해온 과정을 체계적으로 파악하기 위해서는 각 학파를 대표하는 주요 학자들의 사상이나 이론을 중심으로 살펴보는 것이 바람직하다. 따라서 여기서는 주류 경제학의 주요 학파들이 공유하는 사상이나 이론을 이를 대표하는 경제학자들의 주장을 통하여 개관하기로 한다.[4]

1 고전주의 학파(classical school)

(1) 아담 스미스

부의 원천: 분업을 통한 생산성 향상

아담 스미스는 경제적 부의 원천을 노동 생산성의 증가에 있다고 보았다. 노동 생산성은 노동인구 한 사람이 단위시간 동안 산출한 생산량을 나타내는 것으로, 분업(division of labor) 또는 전문화를 통하여 이를 증대시킬 수 있다고 생각하였다. 아담 스미스는 핀 생산 공장을 예로 들면서 한 사람이 전 공정에 걸쳐 핀을 혼자 만들 경우 하루에 20개도 만들기 어렵겠지만, 10명의 사람이 공정별로 분업하여 생산할

---

4   부크홀츠[2], 이정전[9], Screpanti & Zamagni[35], Skidelsky[38] 등을 주로 참조하였다.

경우 하루에 48,000개, 즉 1인당 4,800개를 만들 수 있다고 한다. 분업을 통하여 노동 생산성이 증가하고 경제가 발전하게 되면 시장규모는 자연히 더 커지게 되고, 이는 다시 분업의 심화를 통하여 노동 생산성의 증가와 경제 발전이 더욱 가속화되는, 이른바 경제발전의 선순환과정이 이루어질 수 있다고 보았다.

자연가격과 시장가격

아담 스미스는 가격을 자연가격과 시장가격으로 구분하였다. 자연가격은 재화의 생산에 투입된 노동 가치에 의해 결정되는 한편, 시장가격은 시장에서의 수요와 공급에 의해 결정된다고 보았다. 재화의 생산에 실제 투입되는 요소는 노동 이외에도 토지, 자본 등이 있으므로 자연가격이 노동 가치에 의해 결정된다는 노동 가치설은 나중에 생산비에 의하여 결정된다는 생산비 가치설로 대체되었다. 아담 스미스에 따르면 시장가격은 소비자 선호 등의 수요요인에 의하여 수시로 변하기도 하지만 장기적으로는 자연가격을 중심으로 오르락내리락 하면서 결국 자연가격에 수렴하게 된다고 한다.

자유거래와 교역의 이점

아담 스미스는 각 개인이 정부의 간섭 없이 자신의 이기심에 따라 자유롭게 거래를 하게 될 경우, 사회 전체적으로 최적의 자원배분이 이루어질 수 있다고 보았다. 시장의 "보이지 않는 손(invisible hand)" 기능에 따라 개인의 이기심이 경쟁적인 시장의 가격 메커니즘(price mechanism)을 통해 자원배분을 최적화할 수 있다고 믿었기 때문이다. 또한, 아담 스미스는 국내 거래뿐만 아니라 국제 교역에 있어서도 자유거래를 옹호하였으며, 절대 우위(absolute advantage) 이론에 따라 다른 나라에 비하여 싸게 생산할 수 있는 재화는 수출하고 비싸게 생산할 수밖에 없는 재화는 수입하게 된다고 주장하였다. 즉, 어떤 재화의 생산성이 다른 나라에 비해 절대 우위에 있는가 아니면 절대 열위에 있는가에 따라 그 재화의 수출 또는 수입 여부가 결정된다는 것이다. 국내에서의 자유로운 거래가 거래당사자 모두에게 이익을 가져다주는 것과 마찬가지로 국가 간의 자유로운 교역도 거래당사자 모두에게 윈 ─윈 게임(win─win game)이 되므로 국제 교역에 대한 정부의 개입이나 규제는 최대한 배제되어야 한다고 생각하였다. 국제 교역으로 얻을 수 있는 많은 이익 중의 하나는 해외 시장의 확대를 통하여 생산의 분업과 전문화가 심화될 수 있다는 점을 들고 있다.

📖 참고   절대 우위에 기초한 국제 교역 예시

예를 들어 타국은 가방을 시간당 6개, 시계를 시간당 4개 생산할 수 있으나, 자국은 가방을 시간당 4개, 시계를 시간당 6개 생산할 수 있다고 가정하자. 이 경우 자국은 타국에 비해 시계 생산은 절대 우위, 가방 생산은 절대 열위에 있게 되어 시계를 수출하고 가방은 수입하게 된다. 한편, 타국은 자국에 비해 가방 생산은 절대 우위, 시계 생산은 절대 열위에 있게 되어 가방을 수출하고 시계는 수입하게 된다.

(2) 데이비드 리카도

비교 우위에 의한 교역

리카도(David Ricardo)에 의하면, 생산성에 있어서의 절대 우위가 아니라 비교 우위(comparative advantage)에 따라 국제 교역이 이루어질 수 있고, 이 경우 교역 당사국 모두가 교역의 이익을 향유할 수 있다고 주장하였다. 자국이 타국에 비해 모든 재화의 생산에 있어서 절대 열위에 있다 하더라도, 자국의 입장에서 생산성 격차가 상대적으로 작은 재화는 수출할 수 있게 되며, 생산성 격차가 상대적으로 큰 재화는 수입하게 된다는 것이다. 어느 국가나 타국에 대해 비교 우위에 있는 재화는 있게 마련이므로, 국제 교역은 언제나 이루어질 수 있는 것이다.

아래의 표에서 보는 바와 같이 타국은 가방을 시간당 6개, 시계를 시간당 4개 생산할 수 있지만, 자국은 가방을 시간당 1개, 시계를 시간당 2개 밖에 생산하지 못한다고 가정하자. 이런 경우 자국은 타국에 비하여 가방, 시계의 생산 모두에 있어 절대 열위의 상태에 있게 되므로 아담 스미스에 따르면 국제 교역은 성립하지 않게 된다. 그러나 리카도에 의하면, 자국의 가방 생산성은 타국의 1/6 수준에 불과하지만 시계 생산성은 타국의 1/2 수준이 되므로 자국은 상대적으로 시계 생산에 있어서 비교 우위를 갖게 되고, 그 결과 시계를 수출하고 가방은 수입하게 된다. 반면에, 타국의 경우에는 시계 생산성은 자국에 비하여 2배 수준이나 가방 생산성은 자국의 6배 수준에 달하므로 타국은 상대적으로 가방 생산에 있어서 비교 우위를 갖게 되고 따라서 가방을 수출하고 시계는 수입하게 된다.

━━━ 자국과 타국의 생산성 비교

	타국	자국	생산성 비율(타국/자국)
가방(시간당 생산량)	6	1	6배
시계(시간당 생산량)	4	2	2배

그렇다면 비교 우위에 기초한 교역으로 양국 모두가 어떻게 이익을 향유할 수 있는 것일까? 우선 교역 전 양국의 가방과 시계의 가격비율을 살펴보자. 타국의 경우 같은 시간을 들여 가방은 6개, 시계는 4개 생산할 수 있으므로 가방과 시계의 가격비율은 4 : 6이 될 것이다. 한편 자국은 같은 시간을 들여 가방은 1개, 시계는 2개 생산할 수 있으므로 가방과 시계의 가격비율은 2 : 1이 될 것이다. 교역개시 후에는 가방과 시계의 가격비율이 4 : 6과 2 : 1 사이에서 결정되는데 1 : 1이 되었다고 가정하자.[5]

그리고 양국은 당초 가방과 시계의 생산에 각각 1시간씩을 사용하였다고 가정

---

[5] 교역개시 후 가격비율은 두 재화에 대한 양국의 수요에 따라 4 : 6과 2 : 1 사이에서 결정되며, 그 가격비율이 어떠한 수준에서 결정된다 하더라도 결론에는 변함이 없다.

하자. 그러면 교역개시 후 자국은 2시간의 노동시간을 모두 수출품인 시계의 생산에 할당해 시계 4개를 생산한 후에 그 중 2개를 수출하고 가방 2개를 수입함으로써 당초에 각 1시간씩을 사용하여 가방 1개와 시계 2개를 생산하는 것보다 1개의 가방 소비를 늘릴 수 있다. 한편, 타국은 2시간의 노동시간을 모두 수출품인 가방의 생산에 할당하여 가방 12개를 생산한 후에 그 중 6개를 수출하고 시계 6개를 수입함으로써 당초에 각 1시간씩 사용하여 가방 6개와 시계 4개를 생산하는 것보다 2개의 시계 소비를 늘릴 수 있다.

> **🗨️참고 헥셔-올린의 정리**
>
> 리카도는 각국에 있어서 어떠한 재화가 비교 우위의 특성을 가지게 되는지 그 요인에 대하여 아무런 언급을 하지 않았다. 한참 후인 20세기가 되어서야 헥셔(E. F. Heckscher)와 올린(B. G. Ohlin)이 처음으로 비교우위 요인에 대한 이론을 제시하였다. 그들에 의하면 어떤 국가에서 상대적으로 풍부하게 부존되어 값이 싼 특정의 생산요소를 많이 사용하는 재화는 비용 면에서 유리하므로 수출 상품이 되고, 상대적으로 희소하게 부존되어 값이 비싼 특정의 생산요소를 많이 사용하는 재화는 비용 면에서 불리하므로 수입 상품이 된다고 하였다. 예컨대, 노동이 상대적으로 풍부한 국가는 노동을 많이 사용하여 만드는 노동집약적인 재화를 수출하는 반면에, 자본이 상대적으로 풍부한 국가는 자본을 많이 사용하여 만드는 자본집약적인 재화를 수출하게 된다는 것이다.

노동 가치설과 잉여

리카도는 어떤 재화의 가치는 그 재화의 생산에 투입된 노동 가치에 기인한다고 하는 노동 가치설을 주장하였다. 그리고 리카도는 실제 교환되는 재화의 가격과 이에 투입된 노동의 가격과의 차이를 잉여(surplus)라고 불렀다. 잉여는 재화의 생산에 투입된 또 다른 생산요소인 토지나 자본에 대한 보상이라고 이해할 수 있다. 리카도는 잉여 중에서도 특히 이윤의 축적이야말로 자본주의 경제발전의 원동력이 된다고 보았다. 노동의 대가인 임금과 토지의 대가인 지대는 대부분 소비되는 반면에, 자본 사용의 대가인 이윤만은 많은 부분이 저축되어 경제 발전에 필요한 공장, 설비 등에 재투자되기 때문이다.

노동의 자연가격과 시장가격

리카도는 사회 관습에 의해 결정되는 최저생계비를 노동의 자연가격이라고 하였고, 노동의 수급에 의해 결정되는 실제 임금을 노동의 시장가격이라고 하였다. 노동의 시장가격이 자연가격보다 높게 되면 노동자의 생활이 풍족해져 인구가 늘게 되며, 이러한 인구의 증가는 노동의 시장가격을 낮추게 된다. 반대로, 노동의 시장가격이 자연가격보다 낮게 되면 노동자의 생활이 비참해져 인구가 줄게 되며, 이는 노동의 시장가격을 높이게 된다. 그 결과 노동의 시장가격인 임금은 최저생계비 수준에서 장기 균형을 이루게 되며, 그러한 균형에서 이들의 저축여력은 거의 없게 되는 것이다.

차액지대 이론

리카도는 차액지대 이론을 주장하여 곡물 가격은 한계농지의 생산비에 의하여 결정되며, 지대는 한계농지에서의 생산비와 비옥한 농지에서의 생산비의 차이라고 하였다. 예컨대 어떤 비옥한 농지에서 곡물 1톤의 생산비가 5만원, 한계농지에서 생산비가 6만원이라고 할 경우, 곡물 1톤의 가격은 6만원이 되고 비옥한 농지에는 1만원의 지대가 발생하는 것이다. 인구 증가 등으로 곡물에 대한 수요가 증가하면서 점점 더 열악한 한계농지에서의 곡물재배가 확대되고 그 결과 생산비가 늘어날수록 비옥한 토지의 지대는 자연히 상승하게 된다.

장기정체 이론

리카도에 의하면, 지주계급은 늘어나는 지대를 받아 소비만 하고 재투자는 하지 않는, 경제발전에 전혀 도움이 되지 않는 계급으로 묘사되었다. 한편, 자본 재투자를 통해 경제발전을 견인할 자본가계급은 인구의 지속적 증가, 곡물 소비의 증가, 한계농지에서의 재배 증가 등에 따른 지대 증가의 영향으로 이윤율이 점차 감소하여 투자여력을 점차 상실한다고 보았다. 이에 따라 경제발전의 열매는 대부분 지주계급에 귀속되고, 노동자의 생활은 생계수준에 계속 묶이면서 빈부격차는 점점 더 확대되며, 이윤율 하락으로 자본가계급의 재투자 및 자본 축적이 멈추게 되면서 자본주의 경제는 결국 성장이 정체하게 되는 최종 국면을 맞이하게 될 것이라고 주장하였다. 이처럼 리카도는 국가 경제가 발전하면 발전할수록 이윤율이 점점 더 줄어들어 종국적으로 경제발전이 정체될 수밖에 없다고 하는 장기정체 이론을 주장하여 자본주의의 미래를 매우 암울하게 보았던 것이다.

(3) 거시경제 이론

세이의 법칙과 완전 고용

고전학파 경제학자들은 생산된 모든 재화는 스스로 수요를 창출한다고 하는 소위 세이(J. B. Say)의 법칙을 주장하였다. 한 국가에서 생산된 모든 재화는 생산 활동에 기여한 각 생산요소의 소득(임금, 지대, 이자, 이윤 등)으로 전부 배분되고, 이렇게 창출된 총소득 중 소비되지 않는 저축은 금리 조정을 통해 모두 투자되기 때문에 총생산이나 총소득(소비＋저축)은 총수요(소비＋투자)와 항상 같을 수밖에 없다고 한다. 고전학파 경제학자들에 따르면 국민소득 수준은 노동, 자본 등 각 생산요소의 투입량과 생산기술 수준 등 공급적 요인에 의하여만 결정되고 소비, 투자 등 수요적 요인에는 영향을 받지 않는다고 한다. 이에 따라 국민경제는 언제나 완전 고용을 달성할 수 있고, 총수요의 부족으로 재고가 발생하거나 생산 감축이 불가피해져 실업 등이 발생하고 경기침체가 야기될 가능성은 거의 없다고 한다.

화폐수량설

흄(David Hume) 등 고전학파 경제학자들은 화폐공급량은 소득수준 등 실물경제에는 아무런 영향을 주지 못하고 오직 화폐가치나 물가수준에만 영향을 끼친다고 하는 화폐수량설(quantity theory of money)을 주장하였다. 이러한 입장을 화폐의 중립성(monetary neutrality) 또는 고전적 이분법(classical dichotomy)이라고도 한다. 화폐수량설에 따르면, 화폐공급량의 변화는 실질소득, 실질이자율 등 실물변수에는 아무런 변화를 가져오지 않고 오로지 명목소득, 명목이자율 등 명목변수의 변화만 초래한다고 한다. 예컨대 화폐공급량을 10% 늘리면 물가가 10% 오르고, 명목소득, 명목이자율 등의 모든 명목변수도 10%씩 증가한다는 것이다.[6] 이 이론은 원래 보댕(Jean Bodin) 등 중상주의 학자가 처음 주장한 것이지만, 그 후 흄 등을 통해 고전학파 이론으로 확립되었다.

물가-정화-흐름 메커니즘

흄(David Hume)은 금본위제에서 국제수지가 자동 조절되는 물가-정화-흐름 메커니즘(price-specie-flow mechanism)을 주장하였다. 어떤 나라에 있어서 수출이 증가하게 되면 금 등 정화(specie)[7]의 국내 유입이 증가하면서 국제수지는 흑자를 보이게 된다. 또한, 정화의 국내 유입이 증가하게 되면 국내 화폐공급량이 늘고 물가가 오르게 된다. 이러한 물가상승은 수출의 가격경쟁력을 떨어뜨려 결국 수출 감소와 수입 증가를 초래함으로써 정화의 유출을 증가시키고, 그 결과 국제수지는 다시 균형을 이루게 된다.

---

6 화폐공급량이 10% 증가한다면 물가상승률도 10%가 되고, 실질이자율이 5%일 경우 명목이자율은 실질이자율에 물가상승률을 합한 15%가 된다.

7 금본위제도하에서 국제거래의 결제 등에 사용될 수 있는 금괴나 금화, 그리고 이들과 언제나 태환할 수 있는 외국환 등을 의미한다.

2 신고전주의 학파(neoclassical school)

고전주의 학파와 신고전주의 학파[8]

신고전주의 학파는 고전주의 학파의 계승자를 자처하면서도 "신(neo)"자를 붙여 구분해야 할 만큼 고전학파와 다르다고 생각했다. 고전주의 학파는 가격의 결정에 있어서 생산자의 객관적인 비용에 의해 좌우되는 공급조건의 역할을 강조하였으나, 신고전주의 학파는 소비자의 주관적인 평가에 의해 좌우되는 수요조건의 역할을 강조하였다. 또한, 고전주의 학파는 경제가 여러 계급들로 구성된다고 생각한 반면에, 신고전주의 학파는 합리적이고 이기적 개인들로 구성된다고 생각하였다. 신고전주의 학파에서 개인은 기쁨을 추구하는 상당히 단순한 기계로 간주되어, 최대의 기쁨과 최소의 고통을 누리기 위해 최선을 다하는 것으로 묘사된다. 그리고 신고전주의 학파는 경제학의 초점을 생산에서 소비와 교환으로 옮겨 놨다. 고전주의 학파, 그 중에서도 아담 스미스는 경제체제에서 생산이 가장 중요하다고 생각하였다. 스미스는 생산조직에 일어나는 변화가 경제를 어떻게 바꾸어 놓는가에 깊은 관심을 가지고 있었다. 이와 달리 신고전주의 학파는 경제체제를 소비자의 선택에 의하여 돌아가는 교환관계의 그물로 보고 있다. 실제 생산과정이 어떻게 조직되고 변화하는지에 대한 논의는 거의 없는 것이다.

이와 같은 차이점에도 불구하고 신고전주의 학파는 고전주의 학파의 중심적인 생각 두 가지를 계승하고 발전시켰다. 첫째, 경제주체들은 이기적인 동기에서 움직이지만, 시장 경쟁으로 인해 그들의 행위는 전체적으로 사회에 이로운 결과를 만들어 낸다는 것이다. 둘째는 시장이 스스로 균형을 유지한다는 것이다. 이와 같이 시장경제는 이기적

---

8   장하준[3], pp. 124-126.

경제주체들의 상호작용에 따라 자동적으로 균형을 이루는 경향이 있기 때문에 정부의 인위적 개입 없이 그냥 민간에 맡기는 것이 최상이라고 주장한다.

한계효용 이론

고센(H. H. Gossen), 맹거(Carl Menger) 등으로 대표되는 초기의 신고전주의 학파는 한계효용학파(school of marginal utility)라고 불렸다. 이들 경제학자는 벤담(Jeremy Bentham)의 공리주의적 사상에 입각하여 개인과 사회의 효용 극대화를 경제의 최우선 목표로 삼았다. 이들에 의하면, 재화의 가치는 소비자가 그 재화를 소비함으로써 얻게 되는 효용의 수준에 달려있다고 보았으며, 소비자가 어떤 재화를 한 단위 더 소비할 때 얻게 되는 한계효용은 그 재화의 소비량이 늘어날수록 점차 감소하게 된다는 한계효용 체감의 법칙을 주장하였다. 그리고 소비자는 모든 소비재화의 화폐 1단위당 한계효용이 같아지게끔 각 재화의 소비량을 결정한다는 한계효용 균등의 법칙도 주장하였다. 또한, 신고전학파는 일정한 예산의 제약 하에서 소비자의 효용을 극대화하거나 기업의 이윤을 최대화하기 위한 시장의 균형조건을 분석하였다. 소비자는 각 재화 소비에 따른 한계효용의 비율이 그 가격의 비율과 같아지도록 소비재화의 조합을 선택하며,[9] 기업은 어떤 재화를 한 단위 더 생산하는데 소요되는 한계비용이 그 재화의 판매로 인하여 얻게 되는 한계수입과 같아질 때까지 생산한다고 한다.[10]

신고전학파는 당초 기수적 효용(cardinal utility)을 사용하여 소비자 행태를 분석하였으나, 개인의 효용 수준을 계량화하는 것이 사실상 어

---

[9] 어떤 재화 x_i의 한계효용을 MU_i, 가격을 P_i라고 할 때 소비자의 효용 극대화 조건은, 모든 i, j에 있어서 $\dfrac{MU_i}{MU_j} = \dfrac{P_i}{P_j}$

[10] 어떤 재화 x_i의 한계비용을 MC_i, 한계수입을 MR_i라고 할 때 기업의 이윤극대화 조건은, $MC_i = MR_i$

렵다는 인식에 따라 점차 서수적 효용(ordinal utility)에 기초한 분석이 이루어졌다. 서수적 효용은 소비자가 복수의 재화를 소비할 때 얻는 만족의 정도를 절대적 수치가 아니라 서열만을 매기는 것을 의미하며, 이것은 소비자에게 동일한 효용을 주는 소비재화의 조합을 나타내는 무차별 곡선(indifference curve)을 통하여 이루어진다. 주어진 예산범위 내에서 도달할 수 있는 가장 높은 수준의 무차별 곡선에 있는 소비재화의 조합이 소비자의 효용을 극대화시키게 된다.

시장균형 이론

제번스(W. S. Jevons), 발라(Leon Walras), 파레토(Vilfredo Pareto) 등의 신고전학파 경제학자들은 경쟁시장에서 재화나 서비스의 가격은 시장 참여자들의 수요와 공급에 의하여 결정된다고 생각하였다. 또한 모든 재화, 서비스에 있어서 수요와 공급이 동시에 일치하여 시장 전체의 균형이 이루어지게 하는 시장의 가격체계가 존재한다는 것을 수학적으로 증명하였다. 그리고 최종 재화나 서비스뿐만 아니라 임금 등의 생산요소 가격들도 경쟁시장에서 각 생산요소가 재화의 생산에 기여한 가치에 상응하여 결정된다고 생각하였다. 아울러, 파레토는 파레토 최적(Pareto optimum)이라는 개념을 도입하였는데, 이것은 타인의 효용을 감소시키지 않고서는 그 어떤 누구의 효용도 증대시킬 수 없는 자원배분의 최적 상태를 나타낸다.

수요공급 이론과 정태적 비교분석

마셜(Alfred Marshall)은 외부충격에 의한 수요 또는 공급의 변화가 균형 가격과 거래량에 미치는 영향을 수요곡선과 공급곡선의 상호작용을 통하여 정태적으로 비교분석하였다. 그는 수요곡선은 소비자의 한계효용을, 공급곡선은 생산자의 한계비용을 반영하는 것으로 파악하였다. 그리고 한계효용 체감의 법칙에 따라 어떤 재화의 소비량이 증가하면 한계효용은 하락하게 되므로 수요곡선은 소비량 증가에 따라

가격이 하락하는 형태인 마이너스 기울기를 띠게 된다. 한편, 한계생산 체감의 법칙에 따라 어떤 재화의 생산량이 증가하면 한계비용이 증가하게 되므로 공급곡선은 생산량 증가에 따라 가격이 상승하는 형태인 플러스 기울기를 띠게 된다.

어떤 재화의 균형 가격과 거래량은 수요곡선과 공급곡선이 만나는 점에서 결정되며, 수급에 변화를 가져오는 외부충격이 있을 경우 수요곡선이나 공급곡선 자체가 이동하게 되고 일정기간이 지난 후 새로운 균형점이 형성된다. 수급 변화 전과 후의 균형점을 정태적으로 비교하여 외부충격에 따른 효과를 분석할 수 있다. 예컨대, OPEC의 담합으로 원유가격이 급등하면 국내 휘발유의 생산비용이 증가해 공급곡선은 좌측 방향으로 이동한다. 그 결과 수요곡선과 새로운 공급곡선이 일치하는 새로운 균형점에서 휘발유의 가격은 상승하고 거래량은 감소하게 된다. 수요에 영향을 주는 외부충격 요인으로 소득, 인구, 소비자 선호와 기호의 변화, 대체나 보완 관계에 있는 재화의 가격 변동, 기업의 마케팅 노력 등이 있으며, 공급에 영향을 주는 외부충격 요인으로 기술의 변화, 원재료 등 생산요소의 가격 변동, 시장구조의 변화 등이 있다.

시장 효율성과 파레토 최적

경쟁시장의 가격 메커니즘을 통하여 자원이 효율적으로 배분되는 것을 시장 효율성(market efficiency)이라고 한다. 다시 말해서, 시장 효율성이란 경쟁시장에서 자원이 최적으로 배분되어 사회적 후생(social welfare)이 극대화되는 것을 말한다. 시장 효율성을 나타내는 하나의 기준으로 파레토 최적이라는 개념이 있다. 파레토 최적이란 어떤 사람의 효용 증가를 위해서는 다른 누군가의 효용 감소가 불가피한 자원의 최적 배분상태를 말한다. 상이한 자원의 배분상태에 대응하여 무수히 많은 파레토 최적이 존재할 수 있다. 한편, 다른 사람의 효용 감소 없이도 어떤 한 사람의 효용을 증가시킬 수 있는 경우를 파레토 개선 (Pareto improvement)이라고 한다. 즉, 파레토 개선은 자원의 재분배를 통하여 사회적 후생을 증대시킬 수 있는 경우를 의미한다. 그러나 대부분의 경우 누군가의 효용 증가는 누군가의 효용 감소를 수반하기 때문에 파레토 개선을 가져오는 자원 재분배의 경우란 그리 흔하지 않다.

보상테스트 기준과 총 잉여

무수히 많은 파레토 최적 중에서 어떤 것을 선택할지, 또는 특정 정책의 변화에 따라 어떤 사람에게는 효용 증가를, 다른 사람에게는 효용 감소를 가져올 경우 이를 어떻게 평가할지에 대하여는 새로운 기준이 필요하다. 이때 파레토 최적기준은 아무런 소용이 없기 때문이다. 이런 경우에 있어 신고전학파 경제학자는 보상테스트(compensation test) 기준을 사용하여 서로 다른 분배상태의 사회적 후생을 비교할 수 있다고 한다. 보상테스트 기준이란 개인 손익의 총합인 사회 전체의 손익을 서로 비교하는 것으로, 예컨대 어떤 정책이 일부 사람에게는 경제적 손실을, 다른 사람에게는 경제적 이익을 가져올 경우, 발생된 이익으로 손실을 보전하고도 남는다면 사회적 후생이 증가하는 것으로 판단하는 것을 의미한다.

보상테스트 기준을 실제 적용하기 위하여 손익의 구체적인 산정이 필요한데 이를 위해 소비자 잉여(consumer surplus) 및 생산자 잉여 (producer surplus)의 개념이 사용되고 있다. 소비자 잉여는 소비자가 재화 소비로부터 얻는 총효용과 이를 구입하기 위해 지불한 총비용과의 차이이며, 생산자 잉여는 생산자가 재화 판매로부터 얻는 총수입과 이를 생산하기 위해 사용한 총비용과의 차이를 말한다. 다시 말해, 소비자 잉여는 소비자가 기꺼이 제공하려는 가격[11]과 실제 지불한 가격과의 차이를 전체 소비량에 걸쳐 합산한 금액이며, 생산자 잉여는 실

---

11   소비자가 느끼는 효용을 화폐가치로 표시한 것을 의미한다.

제 판매한 가격과 생산자가 기꺼이 수취하려는 가격[12]과의 차이를 전체 공급량에 걸쳐 합산한 금액이다. 소비자 잉여와 생산자 잉여를 합한 것을 경제적 총잉여라고 하며, 이를 통해 사회적 후생을 평가할 수 있다.

수요곡선과 공급곡선 상에서 소비자 잉여와 생산자 잉여는 어떻게 나타낼 수 있을까? 수요곡선은 어떤 재화를 한 단위 추가 소비함에 따른 한계효용 또는 기꺼이 지불하려는 가격을 나타내는 것으로, 전체 소비량에 걸쳐 수요곡선 아래에 있는 총면적은 소비자가 지불할 의사가 있는 총금액이 되고, 이것에서 실제로 지출한 총금액(가격×소비량)의 면적을 차감하면 소비자 잉여가 된다.

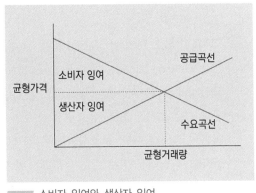

소비자 잉여와 생산자 잉여

반면에, 공급곡선은 어떤 재화 한 단위를 추가로 생산함에 따른 한계비용 또는 기꺼이 받으려는 가격을 나타내며, 전체 생산량에 걸쳐 공급곡선 아래에 있는 총면적은 생산자가 받을 의사가 있는 총금액이 되고, 실제 받은 총금액 (가격×생산량) 면적에서 이것을 차감하면 생산자 잉여가 된다.

3 케인스 학파(Keynesian school)

케인스(J. M. Keynes)는 1920년대 말에 발발한 경제대공황으로 세계경제가 날로 악화되어가는 가운데 기존 신고전학파 경제학으로는

---

12   생산자의 생산비용을 보상받을 수 있는 가격을 의미한다.

이에 적절히 대처할 수 없다고 판단하고, 이와 같은 극심한 경기침체의 원인과 그 해결방안에 관한 새로운 이론체계를 제시하고자 하였다. 신고전학파 경제학은 시장의 가격조절 기능으로 국가경제는 언제나 완전 고용의 균형상태를 달성할 수 있다고 주장하였기 때문에 그 당시 야기된 장기에 걸친 경제대공황 상황을 적절히 설명하거나 이에 효과적으로 대처할 수 없었던 것이다.

유효수요 이론

케인스가 1936년 발표하였던 "고용, 이자, 화폐에 관한 일반이론 (The General Theory of Employment, Interest and Money)"에 따르면, 국민경제의 총생산량은 생산요소 투입량이나 생산기술의 수준과 같은 공급요인보다는 주로 유효수요(effective demand)와 같은 수요요인에 의하여 결정된다고 보았다. 어떤 경제에 있어서 생산을 아무리 많이 한다고 하더라도 유효수요가 부족하게 되면 재고 등이 쌓이게 되고 결국 생산규모를 축소할 수밖에 없다는 것이다. 신고전학파 경제학은 세이의 법칙에서 보듯이 공급이 수요를 창출한다고 주장하였으나, 케인스는 가격의 경직성(price rigidity), 유동성 함정(liquidity trap), 그리고 경제 불확실성(uncertainty) 등에 따라 유효수요가 부족할 수 있으며 이 경우 경제는 심각한 경기침체를 겪을 수 있다고 주장한 것이다.

가격의 경직성

외부 충격에 따라 수급이 변하더라도 임금이나 재화가격이 신축적으로 조정될 수 있다면 새로운 균형 상태에 쉽게 도달하게 된다. 그러나 만일 가격의 경직성으로 수급의 변화에도 가격이 신축적으로 조정되지 않거나, 새로운 균형점으로 수렴하는 데 너무 많은 시간이 걸린다면 단기적으로 총수요의 부족상태가 발생하고 그 결과 경기침체가 초래될 수 있다고 한다. 예컨대, 수요 감소에도 불구하고 임금이나 재화가격이 신축적으로 조정되지 않을 경우 높은 수준의 가격으로 유효수요가 부족할 수 있는 것이다.

유동성 함정

케인스의 유동성 선호 이론(liquidity preference theory)에 따르면 화폐의 공급량이 증가할 경우 이자율이 하락하여 투자 등이 증대되어야 하나,[13] 경기침체가 장기화되어 투자심리가 극도로 악화되어 있거나 향후 경제에 대한 불확실성이 크게 확대되어 경제가 유동성 함정에 빠지게 될 경우에는 아무리 화폐공급량을 확대해도 이자율이 하락하지 않게 된다. 모든 사람들이 불안 심리에 휩싸여 화폐를 보유하고자 하는 성향이 매우 강해질 경우에는 정부가 화폐공급량을 아무리 확대해도 화폐가 시중에 유통되지 않고 따라서 이자율은 하락하지 않게 되는 것이다. 이와 같이 경제가 유동성 함정에 빠져있을 경우에는 화폐공급량 확대와 같은 정부의 통화정책은 경기부양을 위한 대책으로서 아무런 소용이 없게 되며, 오직 재정지출 확대와 같은 적극적인 재정정책만이 경기를 부양할 수 있다고 케인스는 주장하였다.

불확실성과 야성적 충동

케인스는 미래의 불확실성에 따라 경제는 언제나 내재적인 불안정 요인을 지니고 있다는 것을 특히 강조하였다. 경제가 불확실한 상황에서 일반 소비자나 기업은 자연스럽게 야성적 충동(animal spirits)에 따라 행동하게 되는데, 이러한 충동은 아주 변덕이 심하기 때문에 경제의 극심한 변동을 초래하는 요인으로 작용한다는 것이다. 즉, 야성적 충동에 따라 소비나 투자의 변동성이 매우 커질 수 있으며, 특히, 투자의 높은 변동성이야말로 경제를 요동치게 만드는 주된 요인이라는 것이다. 야성적 충동은 다소 포괄적이고 막연한 심리적인 개념이지만 경

13　화폐공급량이 증가하면 이를 흡수하기 위해 화폐수요가 늘어야 하는데, 화폐수요가 증가하기 위해서는 이자율이 하락하여 화폐보유에 따른 기회비용이 감소하여야 한다.

제주체들의 자신감 고조와 상실, 은행 등 각종 제도에 대한 신뢰 정도, 정의감이나 공정성에 대한 국민정서, 남을 따라 하려고 하는 집단행동 (herding behavior), 화폐에 대한 과도한 애착 등을 포함하는 개념이다. 특히, 케인스는 미래 불안에 따른 화폐 애착이 금리수준을 항상 높게 만들어[14] 만성적인 투자 부족을 일으킨다는 점을 강조하였다.

케인스 이론의 쇠퇴

케인스 이론은 1930−40년대의 세계적인 경제대공황을 극복하는 데, 그리고 나아가 전후 1950−60년대 세계경제가 역사적으로 유례없 는 최장기 호황을 누리게 되는데 막대한 영향을 끼쳤다. 1960년대에 는 모든 경제학자가 케인스 학파라고 할 정도였다. 그러나 이 당시의 케인스 이론은 원래 케인스가 주장했던 이론이라기보다는, 후술하는 신고전학파와의 합성 이론이었다. 1970년대 이후 석유위기에 따른 경 제 불황을 기점으로 케인스 학파는 과거의 영광을 완전히 잃어 버렸으 며, 오늘날 케인스 학파는 주류 경제학으로 평가받지도 못하고 있다.

4 신고전주의적 합성학파(neoclassical synthesis)

원래 신고전주의 학파였던 힉스(J. Hicks), 모딜리아니(F. Modigliani) 등의 경제학자는 기존 신고전학파 이론에 케인스 이론의 일부를 접목 시켰으며, 이를 신고전주의적 합성학파(neoclassical synthesis)라고 한 다. 이들 경제학자들은 단기 경기침체 시기에는 케인스 이론을, 장기 안정성장 시기에는 신고전학파 이론을 적용하고 있다. 이들은 케인스

---

[14] 화폐공급량이 일정한데 화폐 애착으로 화폐수요가 늘게 되면 이자율의 상승으로 화 폐보유에 따른 기회비용을 증가시켜 화폐의 수요와 공급이 균형을 이루도록 해야 한다.

일반이론을 경제침체 시기에만 적용할 수 있는 신고전학파 경제학의 특수이론으로 간주한다는 입장에서 신고전학파라고 할 수 있으나, 현실의 경제운용에 있어서 케인스적인 경제정책이나 처방을 주로 권고하였다는 입장에서는 케인스 학파라고 볼 수도 있다.

거시경제 이론

신고전주의적 합성학파 이론에 따르면 국민경제는 신축적인 가격조정으로 장기적으로는 언제나 완전고용 수준의 성장을 이룰 수 있지만, 단기적으로는 메뉴비용의 존재[15] 등에 따른 가격 경직성으로 불완전 고용과 경기침체가 발생할 수 있다고 하였다. 이들은 단기적인 경기변동을 완화하기 위한 정부정책의 필요성을 인정하여, 경기침체기에는 재정지출의 확대, 화폐 공급량의 증대와 같은 총수요 관리정책을 통하여 총생산이나 고용을 증가시킬 수 있다고 보았다. 다만 장기적으로는 경기부양을 위한 정부의 총수요 관리정책이 실질소득에는 아무런 영향을 주지 못하고 오로지 물가만 상승시킨다고 보았다.

소비자 선택 이론

새뮤얼슨(P. A. Samuelson)은 신고전학파 효용이론이 관찰할 수도 없고 측정할 수도 없는 기수적 효용 개념에 기초하고 있다는 문제를 해결하였다. 새뮤얼슨은 사람들이 소비 선택을 할 때 자신의 선호를 드러낸다는 현시적 선호 이론(revealed preference theory)을 주장하였다. 그는 소비 선택에 있어서 각 재화의 절대적인 효용수준은 알 필요가 없고 그들의 상대적인 효용수준을 비교할 수만 있다면 충분하다는 서수적 효용 개념에 기초하여 소비자 선택 이론을 발전시켰다. 예를 들어, 사과를 오렌지보다 선호하는지 아닌지만 알면 되지, 사과나 오렌지의 효용수준이 구체적으로 얼마인지 알 필요는 없다는 것이다. 이

---

15 가격표의 변경과 이에 따른 광고 등에 소요되는 비용을 말한다.

와 같이 새뮤얼슨은 사람들의 행동이 논리적이고 일관성이 있다는 가정 하에, 실제 소비에서 드러난 사람들의 선호 비교를 통하여 합리적인 소비자 선택 이론을 도출하였다.

일반균형 이론

애로(Kenneth Arrow)와 드브뢰(Gerard Debreu)는 발라(L. Waras)의 시장균형 개념과 파레토(V. Pareto)의 최적 개념을 보다 일반적인 방법을 통해 연결하였다. 이들은 경쟁시장에서 합리적 인간의 이기심이 자동적으로 경제 전체를 파레토 최적 상태로 이끈다는 결론을 몇 가지의 간단한 공리만을 가지고 엄격한 수학적 방법을 통하여 도출해냈다. 합리적인 인간의 이기적인 선택과 경쟁시장의 가격 메커니즘을 통하여 시장의 효율성이 달성되고, 이는 곧 자원의 최적 배분, 파레토 최적, 그리고 사회적 후생의 극대화를 가져온다는 것이다.

경제성장 이론

이제까지 이미 생산된 자원을 어떻게 하면 효율적으로 배분할 수 있는가에 대한 문제에만 몰두해 왔던 신고전학파 경제학자들과는 달리, 솔로(Robert Solow)는 균형 성장에 대한 이론을 처음으로 제시하였다. 그는 국민 1인당 부의 증대는 생산성 증가가 있어야만 가능하다고 보았다. 기술발전을 통한 생산성의 증가야말로 자본을 보다 생산적인 것으로 만들어, 자본의 한계생산력 체감을 극복하고 경제가 성장할 수 있다는 것이다. 즉, 기술의 발전이 없다면 자본은 한계생산력 체감의 법칙에 따라 단지 인구 증가에 비례하여 증가할 뿐이고 1인당 부는 변하지 않는다는 것이다.

솔로의 연구를 계기로 경제성장에 관한 많은 연구가 이어졌으며, 그 중 로머(Paul Romer)는 성장 원동력인 기술 발전을 내생변수로 고려하는 내생적 성장이론(endogenous growth theory)을 주장하였다. 그는 성장의 원천은 기술 그 자체의 특성에 있으며, 기술은 누적적이고 가속화하는 속성을 가지고 있어 자본이 축적될수록 더욱 발전한다고 주장하였다. 자본과 지식에 대한 투자가 증가할수록 수확체감이 아닌 수확체증의 현상을 보여 이에 대한 투자수익률이 더욱 높아질 수 있다는 것이다. 즉, 기술 발전을 통하여 "무한대의 기하급수적 성장"도 가능하다고 주장하였다.[16]

5 통화주의 학파(monetarism)

1970 – 80년대 스태그플레이션(stagflation)[17]이라는 저성장, 고물가의 경제에 있어서 물가안정의 필요성이 더욱 커짐에 따라 그간 통화의 안정적 관리를 통한 물가안정을 주장해왔던 프리드먼(Milton Friedman) 등의 통화주의 학파가 점점 더 많은 관심과 지지를 얻게 되었다. 이는 그 당시까지 주도적인 위치에 있었던 케인스 이론이나 합성학파 이론이 경기부양을 위한 잦은 인플레적 경제정책의 권유에 따라 그간 만성적인 물가불안이 초래되었다는 비판이 있었기 때문이다.

적응적 기대가설

통화주의는 물가가 지속적으로 상승할 경우 각 경제주체는 이에 적응하여 향후에도 물가상승이 지속될 것으로 기대하고 행동한다는 적응적 기대(adaptive expectation) 가설을 주장하였다. 통화주의 이론에 따르면, 명목임금의 인상은 과거의 물가상승 경험에 따라 형성된 기대에 따라 결정되기 때문에 실제 물가상승률이 기대 물가상승률보다 높으면 명목임금의 인상률이 물가상승률을 따라가지 못하여 실질

---

16   바인하커[1], p. 90.
17   OPEC 가격담합 등에 기인한 2차에 걸친 유가급등으로, 경기침체 속에 물가가 급등하는 현상을 일컫는다. 보통은 물가상승과 경기침체는 상충관계(trade – off)에 있어 공존하기 어렵다.

임금의 하락과 이에 따른 고용과 총생산의 증가를 가져올 수 있다고 한다.[18] 기대하지 못한 높은 물가상승으로 고용과 총생산이 증가할 수 있다 하더라도 이는 어디까지나 각 경제주체들이 그러한 물가상승을 예측하지 못한 경우에 한해 유효한 것이며, 물가상승을 예측할 수 있는 경우에는 명목임금도 같은 율로 즉각 상승하게 됨으로써 아무런 효과가 없게 된다.

기속적인 통화정책

한편 통화주의는 단기적인 경기부양정책으로서 재정정책보다 통화정책이 훨씬 더 효과적이라고 주장하였다. 재정지출의 확대 등 총수요의 증가가 경제에 미치는 효과보다 화폐공급량의 증대에 따른 금리 하락이 경제에 미치는 효과가 확실하다고 보았기 때문이다. 더군다나 재정정책은 정확한 경기 판단까지의 시차, 구체적인 정책의 확정까지의 시차, 정책 효과가 파급되기까지의 시차 등 여러 가지의 시차문제로 인하여 그 효과성이 크게 제약된다고 주장하였다.

이와는 달리 정부의 통화정책은 단기적으로 총소득의 변화를 가져올 수 있는 매우 유효한 정책수단으로 인식되고 있다. 그러나 통화정책도 시차 등의 문제로 자유 재량적인(discretionary) 통화정책보다는 일정 규칙에 따라 안정적으로 통화량을 공급하는, 즉 화폐공급량 증가율을 경제성장률 및 물가상승률을 감안하여 결정하는 기속적인 통화정책을 권유하고 있다. 예를 들어, 목표 경제성장률이 연 3%, 예상 물가상승률이 연 2%라고 하면, 화폐공급량을 매년 5%씩 안정적으로 증가시키라는 것이다. 이런 통화주의 학파의 입장은 경기침체가 심화되어 경제가 유동성 함정에 빠질 경우 정부의 통화정책은 아무런 효과가

18 　실질임금은 명목임금에서 물가상승요인을 차감한 것으로, 명목임금의 상승률보다 물가상승률이 커서 실질임금이 하락할 경우에는 노동의 실질비용이 감소하여 고용이 증가하고 생산이 증대하게 된다.

없고 정부의 재정정책만이 효과적인 경기부양정책이 될 수 있다는 케인스 이론과는 정면 배치되는 것이다.

6 신통화주의 학파(neomonetarism)

루커스(Robert E. Lucas Jr.) 등으로 대표되는 신통화주의 학파는 통화주의 학파와 함께 신자유주의 사상을 표방하며, 작은 정부와 정부 개입의 최소화라는 정치적 입장으로 말미암아 서구 각국에 있어서 보수주의 정파가 집권하던 1970 – 80년대 이후에 크게 각광을 받았다. 신통화주의 학파는 인간이 절대 합리적이라는 가정에 기초한 합리적 기대가설(rational expectation hypothesis)과 경기변동이 주로 생산성의 변화와 같이 실물부문의 공급요인으로부터 일어난다고 하는 실물 경기변동 이론(real business cycle theory)을 주장하였다.

합리적 기대가설

신통화주의 학파는 합리적 기대가설을 주장하여, 경제주체는 미래 상황에 대하여 완전한 예측을 할 수 있으며 현실의 경제에서 불확실성은 아예 존재하지 않는 것으로 가정하고 있다. 이 이론에 따르면, 화폐 공급량의 확대 등 정부의 통화정책은 각 경제주체의 물가상승에 대한 합리적 기대를 형성하게 하여 명목임금도 동일한 비율로 상승함으로써 고용이나 총생산의 변화는 가져올 수 없게 된다고 한다. 아울러, 공채발행 등을 통한 정부의 재정지출 확대정책도 향후 조세증가에 대한 각 경제주체의 합리적 기대를 형성하게 하여 총수요 증대효과가 없게 된다고 한다. 이를 리카도 – 배로 가설(Ricardo – Barro hypothesis)이라고 한다. 이처럼 신통화주의 이론은 각 경제주체의 합리적 기대로 말미암아 정부의 인위적인 경기대책은 아무런 효과가 없다고 주장함으로써, 정부 개입의 최소화와 민간의 자율적 경제운용을 적극 옹호하고 있는 것이다.

실물 경기변동 이론

신통화주의 학파는 단기적인 경기변동이 가격의 경직성이나 유효수요의 부족, 또는 시장 경쟁의 불완전성 때문이 아니라 예측하지 못한 생산성의 변화와 같이 실물부문으로부터 야기된다고 보았으며, 이를 실물 경기변동 이론이라고 한다. 이들 경제학자에 따르면 경기침체는 총수요 부족 때문이 아니라, 기술적 퇴보 등 생산성의 하락을 가져오는 요인에 기인하는 것으로 보는 것이다. 예컨대 기술이 퇴보하여 생산성이 감소하면 실질임금이 줄어들고, 그러면 노동자는 노동보다 여가를 더욱 선호하게 되며 그 결과 생산은 줄면서 경기는 침체하게 된다는 것이다. 이때에도 비자발적 실업은 존재하지 않으며, 단지 노동자가 자발적으로 여가를 늘릴 뿐이라는 것이다.

주류 경제학에 대한 비판

1 개 관

자유주의 시장경제에 바탕을 둔 주류 경제학이 그간 선진국을 비롯한 많은 국가들의 지속적인 경제발전에 막대한 역할을 해 왔음에도 불구하고 이에 대한 비판이 끊이지 않고 있다. 더욱이 시장기능이 제대로 작동되지 않거나 경제적 형평성이 악화될 때마다, 그리고 심각한 경기침체, 위기에 처할 때마다 주류 경제학에 대한 비판이 거세지고 있다. 특히, 오늘날의 세계경제에 있어서 경제적 불평등이 지속적으로 확대되는 추세에 있고, 세계 금융위기의 발발에 따른 경제 불황이 장기간 지속됨에 따라 주류 경제학에 대한 비판이 더욱 거세졌다. 이처럼 세계적으로 경제적 불평등과 경제 위기가 확산되고 있는 것은 각국 정부가 주류 경제학의 신자유주의 사상에 입각하여 정부규제의 완화, 민영화, 부자감세 등의 시장만능주의적인 경제 정책을 편 탓이라는 비판이 제기되고 있는 것이다.

주류 경제학에 대한 비판은 크게 보아 세 가지이다. 인간행태 및 시장에 관한 가정(assumption)의 비현실성에 대한 비판, 추구하는 경제목표의 가치판단 중립성에 대한 비판, 그리고 수리적, 통계적 분석방법의 부적정성에 대한 비판 등이 그것이다. 우선 주류 경제학은 인간행태에 있어서 현실과는 크게 동떨어진 절대적 합리성, 이기주의, 경제적 동기주의, 고립된 인간관 등을 가정하고 있으며, 시장에 관하여도 현실의 시장에서는 좀처럼 찾아보기 어려운 완전 경쟁성, 정보 효율성, 안정성, 그리고 위험의 예측가능성 등을 가정하고 있다. 또한 주류 경제학은 자원배분의 효율성 제고를 경제운용의 최우선 목표로 삼고 있으며, 소득분배의 개선 등 가치판단이 필요한 과제에 대하여는 침묵을 지키고 있다는 비판이 있다. 그리고 양적 성장 이외에 인간 삶의 질적 향상을 위해 필요한 환경과 자원 문제, 성별·계층별 갈등문제, 복지문제 등의 다양한 정책 과제들에 대하여 소극적 입장을 보이고 있다는 비판이 있다. 한편, 주류 경제학은 자산가격의 변화 등에 있어서 정규분포(normal distribution)를 가정함으로써 경제적인 위험을 과소평가하는 경향이 있으며, 정태적 분석 위주의 연구방법으로 경제변수의 동태적 변화과정을 살피지 못한다는 제약이 있다. 그리고 경제변수 상호간의 인과관계를 밝히기 위해 자주 활용하는 계량경제학적 분석방법에 있어서도 통계적으로 유의성을 보이는 연구결과만을 보고하는 데이터 마이닝(data mining) 등의 부적절한 연구가 빈번히 일어나고 있다는 지적도 있다.

2 가정의 비현실성과 낮은 현실 설명력

분석상의 편의를 위한 가정

주류 경제학에 대한 비판은 현실과 매우 동떨어진 가정들에 집중되고 있다. 주류 경제학 모형에서는 분석상의 편의, 특히 수학적인 분석의 용이함을 위하여 지나치게 비현실적이거나 단순화한 가정을 사용한다는 문제가 지적되고 있는 것이다. 자연과학에서의 가정도 현실을 단순화시키기는 마찬가지지만 그것은 현실세계와 모순되지 않는다는 전제가 있을 경우에만 적용되나, 주류 경제학은 분석상의 편의 등을 이유로 현실과 상치되는 가정을 너무나 손쉽게 도입한다는 문제가 있다.

프리드먼의 F-트위스트

프리드먼(Milton Friedman)은 경제이론의 비현실적 가정은 그 가정을 기초로 한 이론이 미래 예측을 정확히 할 수 있는 한 중요하지 않다고 말하고 있다. 프리드먼은 1953년 출판된 "실증 경제학의 방법론"에서 "가설의 유효성에 대한 유일한 검증방법은 가설의 예측을 경험과 비교하는 것이다. 가설의 예측이 경험과 모순되면 그 가설은 기각되고, 모순되지 않을 경우 받아들여진다."라고 말하였다. 그는 "이론의 중대성과 가정의 현실성 사이의 관계는 이를 비판하는 사람들이 말하는 것과는 거의 정반대이다. 정말로 중대한 가설은 현실을 아주 부정확하게 대변하는 가정을 가진 것이다. 가설은 적은 것으로 많은 것을 설명할 때 더욱 중요해지기 때문에, 일반적으로 가정이 비현실적일수록 이론은 더욱 중요한 의미가 있는 것이다. 따라서 가설이 중요해지기 위해서는 가설 속의 가정을 잘못 묘사해야만 한다."고 주장하였다. 이 주장을 프리드먼의 F−트위스트라고 한다.[19] 그러나 이는 분명하게 잘못된 논리이다. 프리드먼은 비현실적이고 잘못된 가정이 아니라 기술적으로 단순한 가정을 강조하였어야만 하였다.

어떠한 과학도 중요하지 않은 변수는 제거할지언정 현실을 잘못 표현하려는 시도는 하지 않는다. 경제학도 다른 과학과 마찬가지로 가장 중요하게 보이는 요소를 포함하면서도 단순하고 그럴듯한 가정을 세우는 것을 목표로 삼아야지, 수학적 우아함을 위하여 비현실적인 가정을 세워서는 안 된다. 모든 과학에서 믿을 만하고 검증할 수 있는 가정 위에 세워진 이론만이 실제 인과관계에 관한 무엇인가를 알려줄 수 있다. 결국 주류 경제학 이론의 비현실적인 가정은 그 자체로 바람직하지 않을 뿐 아니라, 이에 기초한 이론이 미래경제에 대한 정확한 예측을 하지 못한다는 점에서도 문제다.

---

19   뷰캐넌[8], pp. 168–176.

주류 경제학 핵심이론의 현실 설명력[20]

사이먼(Herbert Simon)은 과학이론의 목적은 예측하는 데 있는 것이 아니라 설명하는 데 있다고 한다. 또한 예측은 단지 이 설명이 맞느냐 맞지 않느냐에 대한 테스트이며, 테스트를 제대로 하기 위해서는 궁극적인 결론만이 아니라 설명의 전체적인 논리적 구조도 따져봐야 한다고 지적하였다. 이와 관련하여 바인하커(Eric D. Beinhocker)는 주류 경제학의 핵심적 이론들, 즉 수요와 공급의 법칙, 일물일가의 법칙(law of one price), 일반 균형의 법칙, 주식시장에서의 임의 보행(random walk) 법칙조차도 현실을 정확하게 설명하지 못한다고 주장하였다. 즉, 이러한 이론들은 현실의 경제에서 실제로 검증되지 않은 이론이라는 것이다.

현실의 시장은 공급과 수요가 같아지는 균형에 결코 이르지 못한다고 한다. 대부분의 시장에 있어서 재고, 주문 잔고, 여유 생산능력, 그리고 이런 불균형을 완화시키는 데 도움을 주는 중재자들이 존재하는 것이다. 일물일가의 법칙도 거시 경제적인 수준에서는 물론이고, 미시적인 개별품목 수준에서도 자주 어긋나는 원칙이다. 예컨대 1999년 유로(euro) 화폐가 도입된 이후 유로지역 내의 가격 차이는 더욱 벌어졌다. 유로지역 내 가격의 표준편차가 1998년 12.3%이었던 것이 2003년에는 13.8%로 오히려 증가했던 것이다. 일물일가의 법칙에 따라 예측한다면 대규모 무역장벽의 축소, 인적 이동의 증가, 화폐 거래비용의 감소, 가격 투명성의 증가 등으로 유로지역 내의 가격들은 수렴했어야만 했을 것이다.

한편, 경제 전체가 균형에 도달하기까지 얼마나 많은 시간이 필요할까? 균형에 머무르는 시간은 또한 얼마일까? 스카프(Herbert Scarf)에 의하면 경제가 외부의 충격을 받은 이후 새로운 균형에 도달하기까지

---

[20] 바인하커[1], pp. 100-101, pp. 118-125.

는 4.5×10^{18}년이나 걸린다고 한다. 우주의 빅뱅은 1.37×10^{10}년(137억년) 전의 일이다. 그러니까 새로운 균형에 도달하기까지 우주가 처음 탄생하여 지금까지 지나온 기간보다 훨씬 더 긴 시간이 소요된다고 하는 것은 그 숫자의 정확성을 떠나서 사실상 불가능하다는 것을 의미한다. 경제 전체가 균형에 도달하는데 이렇게 긴 시간이 소요되는 것은 균형에 이르는 시간이 전체 경제 내에 있는 제품의 수의 4제곱에 따라 기하급수적으로 늘기 때문이라고 한다. 나날이 유통되는 제품의 수가 급증하는 상황에서 경제가 균형상태에 도달하기란 더욱더 불가능해진다.

마지막으로, 주식시장에서의 임의 보행 법칙도 현실의 경제를 정확히 설명하지 못하는 이론이라고 한다. 로(Andrew Lo)와 매킨리(Craig McKinley)는 1962년-1985년간 전체 1,216주에 걸친 주가 표본을 가지고 임의 보행 가정에 대한 검증을 실시하였다. 그들은 개별 주식뿐 아니라 주식 포트폴리오, 주가지수 등에 대하여도 검증을 하였는데 모든 경우에 있어서 임의 보행 가정은 기각되었다. 다른 표본과 다른 기법을 사용한 그 외의 연구에서도 마찬가지의 결과가 나왔다.

3 인간 행태에 대한 가정의 비현실성

절대적 합리주의

주류 경제학은 인간 사고와 판단에 있어서 절대적 합리주의(absolute rationality)를 가정하여 인간은 항상 이성과 모든 가용한 정보를 활용하여 자신에 최대의 이익을 주는 선택을 한다고 한다. 이것은 인간이 이성적 추론 능력과 손쉽게 이용할 수 있는 정보를 활용하여 올바른 선택을 하기 위한 최선의 노력을 다한다는 정도의 합리주의를 이야기하는 것이 아니다. 완벽한 계산과 예측능력을 갖추고 여러 가지 대안별로 미래에 발생할 수 있는 모든 손익을 정확하게 예측, 계산한 후

그중에서 가장 최선의 대안을 선택한다는 의미의 초합리주의를 말하는 것이다. 어떤 재화를 사기 위해 그 재화를 파는 모든 가게의 가격을 알아보고 그곳까지 가는데 소요되는 시간이나 비용 등도 모두 고려하여 최선의 가게를 선택한다는 것이다.

그러나 인간이 선택 결정을 할 때 항상 이성의 논리적 추론 능력과 가용한 모든 정보에 의존해서 판단할까? 인간은 직관이나 감정에 의한 빠른 결정을 내리면서 편향과 오류를 자주 범하지는 않는가? 그리고 인간의 이성은 어떠한 어려운 문제라도 척척 해결할 수 있을 만큼 언제나 완벽한 것일까? 인간이 선택 결정을 할 때 언제나 적절한 정보를 손쉽게, 그리고 저렴하게 얻을 수 있는 것인가? 설령 그것이 가능하다 하더라도 인간이 실제로 그러한 노력을 할 여유나 의지가 항상 있을까?

이기주의

주류 경제학은 인간 본성에 있어서 이기주의(self-interest)를 가정하여 사람들은 자기 자신의 이익만을 위하여 행동하며 타인의 이익은 전혀 고려하지 않는다고 한다. 설령 사람들이 타인을 위한 이타적인 행동을 하는 경우에도 그것은 결국 자신에게 만족감을 주거나 아니면 자신의 평판이 좋아져서 종국적으로 자신에게 이익이 돌아오기 때문이라고 한다.

정말로 인간은 이타적 동기에 의한 행동은 전혀 하지 않는 것일까? 종종 이타적 동기에 의한 행동으로 보이는 경우라도 그런 행동이 궁극적으로 자신에게 이득이 되기 때문에 한 이기적 행동에 불과한 것일까? 우리들이 자선단체에 기부를 하고, 물에 빠진 아이를 구하기 위하여 파도에 몸을 던지고, 사람들을 구하기 위하여 불길 속에 뛰어드는 행위 모두가 이기적인 동기에서 나온 행동일까?

경제적 유인

주류 경제학은 인간이 오직 경제적 유인(incentives)에 따라 행동하며 자기 목적적, 윤리적, 사회적 동기와 같은 비경제적 유인에 따라 행동하지는 않는다고 가정한다. 그러나 인간은 때때로 자아실현이나 자기만족을 위해 행동하기도 하며, 어떤 경우에는 동정심, 공평성(fairness), 상호성(reciprocity) 등의 심리적, 감정적 요인에 따라 행동하는 경우도 있다. 어쩔 수 없는 사회적 규범 때문에 자신이 바라지 않는 행동을 억지로 하는 경우도 많다. 사람들은 경제적인 유인이 아무리 크다고 하더라도 윤리적 제약이나 형평성에 대한 배려 등으로 선택할 수 없는 행동도 많지 않을까?

고립된 인간관

주류 경제학은 고립된 인간관에 기초하여 각 개인은 타인의 영향을 받지 않고 독립적으로 의사결정을 하며, 자기 자신의 효용수준은 타인이 효용수준과는 전혀 관계가 없고, 따라서 사회 전체의 효용수준은 단순히 개인들의 효용수준의 총합과 같다고 가정한다. 또한, 주류 경제학은 사람들의 변하지 않는 평균적인 효용수준에만 관심이 있고, 각 개인 간 효용의 차이나 시간의 흐름에 따른 효용의 변화 가능성은 고려하지 않는다.

그러나 각 개인의 경제생활은 타인과의 지속적인 상호작용 속에서 이루어지고 있기 때문에 개인의 선택이나 효용수준은 타인의 영향을 받게 된다고 가정하는 것이 보다 자연스럽지 않을까? 우리나라 속담에 "사촌이 땅을 사면 배가 아프다"는 말이 있듯이 이웃사람이 더 잘 살게 되면 자신의 효용은 감소하는 것이 아닌가? 대다수 사람들이 그때그때의 유행을 좇아 의존소비를 하거나 남을 의식한 과시소비를 하는 경우가 많지 않은가? 그리고 금융이나 부동산 투자 등에 있어서 사람들의 군집 행태(herding behavior)에 따라 거품경제가 발생하고 경제의 불안정성이 커지는 경우가 종종 있지 않은가? 만일 개인의 의사결정과 효용수준이 타인의 영향을 받는다면 사회 전체의 효용수준을 단순히 개인들의 효용수준의 총합으로 파악하는 것은 잘못된 것이 아닐까? 아울러, 각 개인별로, 또는 계층별로 선호와 효용수준의 차이가 있고 시간의 흐름에 따라 변할 수도 있다면, 어떤 정책의 효과를 분석할 때 이를 적절히 반영하는 것이 바람직하지 않을까?

4 시장에 대한 가정의 비현실성

완전 경쟁성

주류 경제학은 완전 경쟁적인 시장을 가정한다. 완전경쟁(perfect competition) 시장은 완전 대체관계를 갖는 동질적 제품에 대하여 수많은 수요자와 생산자가 있고, 시장에 대한 정보를 손쉽게 얻을 수 있으며, 진입이나 퇴출 장벽이 매우 낮은 시장을 의미한다. 완전경쟁 시장에서는 가격의 수급조절 기능을 통하여 자원이 최적으로 배분되며, 개별 기업은 가격 결정력이 진혀 없다.

그러나 오늘날 대부분의 산업에 있어서 독과점 현상이 보편화되고 대기업의 경제력 집중 현상도 심화되어감에 따라 시장의 효율적 자원 배분 기능은 점차 약화되어가고 있다. 또한, 외부충격에 따른 수급의 변화가 있을 때 가격 경직성으로 인하여 즉각적인 수급 조절이 이루어지지 않고 구조적 실업, 재고의 누적, 이중가격의 형성 등이 흔히 발생한다.

정보 효율성

주류 경제학은 금융자산의 가격 등은 현재 시점에서 가용한 모든 정보가 완전하게 반영되어 형성된다는 효율적 시장가설(efficient market hypothesis)을 주장한다. 즉, 현재의 금융자산 시장가격은 그 금융자산의 미래가치에 영향을 줄 수 있는 이용 가능한 모든 정보가 즉각 반영되어 결정된다는 것이다. 그렇다면 예컨대 1987년 10월 19일 블랙 먼데이(Black Monday) 하루 동안 미국 다우존스 산업평균지수가 22.6%나 폭락한 것도 그날 이용 가능한 시장정보를 즉각 반영한 결과라고 말할 수 있을까? 그날 새로운 정보는 하나도 없었다고 하는데도 말이다.

균형과 안정성

주류 경제학은 수요와 공급의 원칙, 한계생산 체감의 법칙 등의 가정을 통하여 시장 균형은 언제나 쉽게 달성되어진다고 설명한다. 수요와 공급의 원칙에 따라 가격이 너무 상승하면 수요는 감소하고 공급은 증가함으로써, 그리고 가격이 너무 하락하면 수요는 증가하고 공급은 감소함으로써 새로운 균형상태에 신속하게 도달할 수 있다는 것이다. 그리고 한계생산 체감의 법칙에 따라 생산량이 증가하면 한계생산은 점차 감소하고 한계비용은 점차 증가함으로써 기업의 적정 생산규모는 무한정 커질 수가 없고, 그 결과 산업별로 많은 기업이 병존하며 서로 경쟁하는 시장이 형성될 수밖에 없다는 것이다.

그러나 예컨대 주식시장이나 부동산 시장에서 투기적 수요가 증대하여 가격이 상승할 때 수요가 더욱 더 증가할 경우에는 시장가격이 균형상태로 수렴하지 않고 오히려 발산함으로써 시장의 불안정성이 더욱 확대되는 경우도 있지 않을까? 또한 일부 산업에 있어서 규모의 이익, 네트워크 효과, 외부 효과 등에 따라 생산량 증가에 따라 한계생산이 오히려 체증할 경우에는 자연적 독점(natural monopoly)이 불가피하게 형성되어 기업 간 경쟁이 크게 제한되고 시장의 비효율성이 나타날 수가 있지 않을까?

위험회피 성향

주류 경제학은 소득의 한계효용이 전 구간에 걸쳐 체감하는 것을 가정하여 기대 수익이 같은 대안 중에서 언제나 보상이 확실한 대안을 선택한다고 한다. 기대 수익(expected return)이란 가능한 결과들의 보상 수준을 각각의 발생 확률로 가중 평균하여 산출한 것을 의미한다. 예컨대 동전 던지기를 하여 앞면이 나오면 만원을 받고 뒷면이 나오면 만원을 주는 내기에서 기대 수익은 0이다.[21] 그러나 한계효용 체감의 법칙에 따라 기대 수익이 0이라 하더라도 소득증가에 따른 효용증가보다 동일한 금액의 소득감소에 따른 효용감소가 더욱 커서 사람들은 내기를 회피하는 경향이 있다고 한다. 그런데 사람들은 무슨 이유로 기대 소득이 심지어 마이너스가 될 때에도 복권을 사거나 경마와 같은 도박을 하는 것일까?

할인율의 동일성

현재 시점의 손익과 미래 시점의 손익을 비교할 경우 미래 시점의 손익은 현재 시점의 손익으로 적절하게 할인할 필요가 있다. 같은 규모의 손익이라도 발생 시점에 따라 효용가치가 달라지기 때문이다. 주류 경제학은 할인되는 기간만 같다면 할인되는 시점과 관계없이 미래 손익을 현재 손익으로 바꿀 때 적용하는 할인율은 모두 동일하다고 가정하고 있다. 1년 후 손익을 현재 손익으로 할인할 때와 3년 후 손익을 2년 후 손익으로 할인할 때가 동일하다는 것이다. 예컨대, 3년 후의 1,000만원이 10% 할인율의 적용으로 2년 후의 900만원과 같다면, 1년 후의 1,000만원도 10% 할인율의 적용으로 현재의 900만원과 같다는 것이다. 그러나 1년 후의 손익을 현재의 손익으로 할인할 때 적용하는 할인율이 3년 후의 손익을 2년 후의 손익으로 할인할 때 적용

---

21   만원×0.5 − 만원×0.5 = 0

하는 할인율보다 훨씬 더 크지 않을까? 사람들의 현재지향 편향에 따라 현재에 가까운 시점일수록 할인율이 더 커지지 않을까?

시간의 무시

대부분의 주류 경제학 모형에서 시간을 고려하지 않는다. 그 대신 경제는 하나의 균형에서 다른 균형으로 순간적으로 이동하며, 균형간의 이행조건은 중요하지 않다고 간단히 가정한다. 그러나 시간은 현실 경제에서 의심할 여지없이 중요한 변수다. 물건을 생산하고, 유통하고, 정보 교환하고, 매매하는 데에는 많은 시간이 걸리며, 어떤 때에는 시간 지체(time lags)가 발생하기도 한다. 경제 활동에 있어서 새로운 균형에 이르기까지 얼마나 많은 시간이 소요되는지는 경제의 역동성을 이해하는데 매우 중요하다.

5 가치판단 중립의 비합리성

파레토 최적

주류 경제학은 자원의 최적 배분을 경제활동의 가장 중요한 목표로 삼고 있으며, 그 판단기준으로서 파레토 최적 개념을 사용하고 있다. 파레토 최적이란 자원이 최적으로 배분되는 상태를 말하는 것으로, 이 기준에 따르면 어느 누구의 효용 감소 없이 사회 전체의 효용이 증가할 경우에만 자원 배분의 효율성이 증가하는 것으로 간주한다. 그리고 파레토 최적의 서로 다른 분배 상태들 중에서 어떤 것이 좋고 어떤 것이 나쁜지에 대하여는 가치판단을 할 수 없다고 한다. 예컨대, 부유한 사람으로부터 빈곤한 사람으로 소득 이전이 된다고 하더라도 부유한 사람의 효용을 감소시키는 한에 있어서는 사회적으로 바람직한 소득 재분배로 간주할 수 없게 된다.

그러나 대부분의 사람은 무수히 많이 존재하는 파레토 최적 상태 중에서 극히 편중된 분배 상태보다는 가급적 균등한 분배 상태를 선호하지 않을까? 사람들이 다양한 부의 분배 상태에 관하여 어떠한 가치판단적인 논의도 할 수 없다면, 이는 곧 기존의 분배 상태를 절대적으로 존중하여야 한다는 보수주의적 입장만을 옹호할 위험이 있는 것은 아닐까?

보상 테스트

주류 경제학은 자원 배분의 효율성을 판단하는 기준으로서 파레토 최적 개념 이외에도 보상 테스트(compensation test) 기준을 사용한다. 이 기준은 개인 손익의 총합으로 대변되는 사회 전체의 손익을 기준으로 각 배분 상태의 효율성을 평가하는 것으로, 예컨대 특정 정책의 시행에 따라 어떤 계층에는 경제적 이익이, 어떤 계층에는 경제적 손실이 발생하나 새로이 발생한 이익 총액이 손실 총액보다 크다고 하면, 즉 이익으로 손실을 보전해주고도 남는다면 사회적으로 바람직한 것으로 판단하는 것이다.

그러나 어떤 정책을 시행함으로써 일부 취약계층이 경제적 손실을 입을 경우, 새로이 얻게 되는 경제적 이익으로 이를 보상하고 남는다 하여 그 정책이 과연 바람직한 것이라고 할 수 있을까? 이익계층으로부터 손실계층으로의 보상조치가 실제 이루어지는 것은 현실적으로 어렵기 때문에, 이는 사회적 형평성을 더욱 악화시키는 것이 아닐까?

양적 성장주의

한편 주류 경제학은 자원의 효율적 배분이라는 목표 이외에 물가안정의 바탕 위에서 가급적 높은 경제성장을 달성하는 것을 주요 경제목표로 삼고 있다. 그러나 경제가 얼마만큼 성장했는가 하는 양적인 성장측면도 중요하지만, 그러한 성장을 달성하기 위해 자원을 얼마나 많이 투입했고 환경에는 어떠한 영향을 끼쳤으며 성장 과실은 어떻게 배분했는가 하는 질적인 성장측면도 매우 중요하다. 경제의 양적인 성장을 나타내는 지표로 가장 널리 사용되는 GDP(Gross Domestic Product)에는 성장의 부정적인 측면이 반영되지 않기 때문에 한 나라 경제의 건강상태에 대하여 잘못된 인상을 줄 수도 있다. GDP에는 삼림과 같은 자연환경의 파괴나 석유와 같은 천연자원의 고갈은 반영되지 않으며, 육아, 요리, 청소 등 여성의 가사활동도 포함되지 않는다. 공해와 같은 환경오염도 역시 GDP에 포함되지 않지만, 그것을 처리하는 비용은 포함된다.

인간 삶의 질을 향상시키기 위해서는 소득과 같은 물질적 부뿐만 아니라 깨끗한 환경, 천연자원이나 다양한 동식물종의 보존, 건강·보건과 수명의 연장, 성·인종·소득 등에 따른 차별 폐지, 소득분배의 형평성 제고, 사회 통합과 참여의 확대와 같은 다양한 비물질적 요인들도 중요한 것은 아닐까? 같은 경제성장을 달성하더라도 공해를 덜 발생시키며, 지구 자원을 덜 사용하고, 다양한 동식물을 더 잘 보존하고, 소득이 보다 형평하게 분배되는 성장이 보다 바람직한 것은 아닐까? 설사 경제성장이 다소 제약받더라도 이런 다양한 비물질적 요인을 고려하는 것이 지속가능한 성장을 보장하는 것은 아닐까?

6 연구방법의 부적정성

선형적, 정태적 모형

주류 경제학은 과학적 방법에 의한 연구를 중시한다는 입장에서 주로 수학적, 통계학적인 모형에 기초하여 경제현상을 분석하고 있다. 그러나 주류 경제학은 수많은 경제주체들의 상호작용에 따라 비선형적이면서 동태적인 특징을 지닌 경제현상을 선형적 또는 정태적 모형을 통하여 분석한다는 한계를 갖고 있다. 현실 경제는 시간의 흐름에

Chapter 03 주류 경제학에 대한 비판

따라 각 경제변수가 비선형적으로 변화하는 동태적 과정이기 때문에, 이를 선형적 또는 정태적 모형으로는 제대로 분석할 수 없는 것이다. 주류 경제학이 선형적 또는 정태적 모형을 주로 사용하는 이유는 이를 통해 현실 경제를 더 잘 설명할 수 있기 때문이 아니라 단순히 분석상의 편의를 위한 것이다. 분석방법상의 제약으로 기껏해야 선형적이면서 동태적인 분석, 혹은 비선형적이면서 정태적인 분석밖에 할 수 없었고, 비선형적이면서도 동시에 동태적인 분석은 할 수 없었던 것이다.

정규분포의 가정

주류 경제학은 가격 등 많은 경제변수들이 정규분포 형태를 띠고 있으며, 그 위험은 표준편차에 의하여 측정될 수 있다고 가정한다.[22] 다시 말해, 과거실적으로부터 산출한 표준편차만 안다면 위험의 범위는 충분히 예측가능하다는 것이다. 이와 같이 주류 경제학은 미래의 경제적 위험을 예측함에 있어서 이를 정규분포에 기초하여 확률적으로 판단하고자 함으로써 확률적으로 정의할 수 없는 불확실성(uncertainty)의 존재를 아예 무시하고 있다. 즉, 극단의 값을 가지는 매우 희귀한 사건의 발생 가능성을 전혀 고려하지 않는 것이다. 이에 따라 주류 경제학은 실제의 경제적 위험이 정규분포의 가정으로는 도저히 예측할 수 없을 만큼 큰 폭으로 변동할 수 있음에도 불구하고, 이를 실제보다 훨씬 과소평가하는 경향이 있게 된다. 예컨대, 일일 주가변동이 정규분포를 따른다면 1987년 10월 19일 블랙 먼데이(Black Monday) 하루 사이에 미국의 다우존스 산업평균지수가 22.6%나 대폭락한 사실을 어떻게 설명할 수 있을까? 오렐(David J. Orrell)에 의하면, 그 발생 확률은 무려 10^{-45}이라고 한다.[23] 이 수치는 상상할 수 없을 정도로 작은 값이다.

---

22 표준편차(standard deviation)는 평균치로부터의 퍼짐(dispersion) 정도를 나타내는 분산(variance)의 제곱근이며, 분산은 각 표본 값에서 평균치를 차감한 값의 제곱을 평균하여 구한다.

23 오렐[10], p. 125.

위험은 평균치가 아니라 표준편차로 측정된다. 어떤 해변의 평균수심이 1.5미터라고 하더라도 그 표준편차가 커서 수심이 0.5미터밖에 안 되는 곳이 있는가 하면, 2.5미터보다도 더 깊은 곳이 있다면 그 해변은 성인 남자에게도 위험할 수 있다. 어떤 해변의 수심이 정규분포 형태를 띠고 있고 평균치가 1.5미터, 표준편차가 0.5미터라고 하면, 해변의 수심이 평균치에서 ±1 표준편차 이내인 1미터-2미터 사이에 있을 확률은 약 68%이고, ±2 표준편차 이내인 0.5미터-2.5미터 사이에 있을 확률은 약 95%이며, ±3 표준편차 이내인 0미터-3미터 사이에 있을 확률은 99% 이상이라고 통계적으로 추정할 수 있다.

계량경제학적 분석

주류 경제학은 흔히 회귀분석(regression analysis)이라는 계량경제학적 분석방법을 많이 사용하여 경제변수 간의 인과관계를 밝히려 하고 있다. 그러나 이들 분석은 변수의 종류와 형태, 시차 선택, 표본기간 설정 등에 있어서 데이터 마이닝(data mining)의 가능성으로 연구의 신뢰성에 문제가 발생할 수 있다. 시도되었던 많은 연구 중에서 특히 통계적 유의성(statistical significance)이 높은 몇몇 결과만을 선택적으로 제시함으로써 실패한 수많은 연구결과는 결과적으로 은폐될 수 있기 때문이다.

🗨 참고　데이터 마이닝

다음의 회귀분석 방정식을 통하여 설명변수 x_i와 종속변수 y간의 인과관계를 밝히려고 할 때 데이터 마이닝 과정을 통해 최선의 결과를 제시하게 된다.

$$y = \beta_0 + \beta_1 x_1 + \beta_2 x_2 + \beta_3 x_3 + \cdots\cdots + \epsilon$$

(1) 이론에 근거하여 가급적 많은 설명변수 x_1, x_2, x_3 등을 고려한 후, 각 설명변수 x_i에 대하여 x_i, x_i^2, $\ln x_i$ 등 다양한 함수 형태와 시차 변수[24] $x_{i,t}$, $x_{i,t-1}$, $x_{i,t-2}$ 등을 고려한다.

(2) 모든 변수는 안정적인(stationary) 시계열이어야 하므로 단위근(unit-root) 검정 등을 통하여 절대량 변수를 사용할지, 변동률 변수(차분 변수)를 사용할지 여부를 결정한다.

(3) 단순 최소자승법(OLS), 공 적분(co-integration), 비선형 모형 등 다양한 회귀분석 방법들을 검토한다.

(4) 각 변수들의 시계열주기(일간, 월간, 연간 자료 등)를 결정하고, 주기와 표본 기간을 달리하여 회귀분석 해본다.

(5) 설명변수들 중에서 어떤 것을 선택할지 결정하기 위하여 처음에는 모든 가능한 변수를 포함하여 회귀분석을 한 다음, 불필요한 변수들을 차례로 지워나간다.

(6) 이를 위하여 R^2을 통한 전체 변수들의 설명력, t-test를 통한 개별 설명 변수의 유의성, F-test 등을 통한 변수들 간의 자기상관(autocorrelation) 등을 테스트한 후, 설명변수들을 한 번에 하나씩 또는 여러 개씩 지워나간다.

(7) 이와 같이 설명변수들과 회귀분서 방법, 표본기간 등을 달리하여 회귀분석을 수없이 많이 해본 다음에 자기가 설정한 가설을 가장 잘 뒷받침할 수 있는 결과만을 제시하게 된다.

---

7 주류 경제학에 대한 근본적 질문

주류 경제학은 진정한 사회과학인가?

주류 경제학은 자연현상이 아닌 인간의 경제생활을 다룬다는 의미

---

[24] 시차 변수는 설명변수가 몇 기의 시차를 두고 종속변수에 영향을 주는지를 말해준다. 예컨대 x_{t-2} 변수는 x_t 변수가 2기의 시차를 두고 종속변수에 영향을 주는 것을 의미한다.

에서 사회과학이라고 말할 수 있겠지만, 주류 경제학이 다루는 연구의 대상이 아니라 그 접근방법을 가지고 판단할 경우에는 자연과학에 더 가깝다. 주류 경제학은 인간을 마치 기계와 동일시하고 그들의 상호관계를 수학적으로 표현할 수 있다고 생각하기 때문이다. 물리학이 다루는 세상이 독자적으로 움직이는 원자들로 구성되어 있듯이 주류 경제학이 다루는 세상 역시 로봇과 같은 인간들로 구성되어 있다고 해서 주류 경제학을 "뉴턴 물리학의 사생아"라고 표현하기도 한다. 이 로봇에는 획일적인 욕망이 이미 입력되어 있어서 이에 따라 기계적으로 움직일 뿐이지, 다른 로봇과의 대화를 통해 이를 설득하려고도 설득당하지도 않을 뿐 아니라, 상호간에 어떠한 감정도 서로 나누지 않는다는 것이다.

주류 경제학이 인간관계를 다룬다고는 하지만 그것은 어디까지나 상품과 돈을 매개로 한 간접적인 인간관계지, 직접적이고 인격적인 인간관계는 아니다. 그리고 인간을 다룬다고 해도 겉으로 드러난 인간의 선택만을 다룰 뿐이고 인간의 속마음은 다루려 하지 않는다. 사람들은 자신의 욕망에 따라 선택하고 행동하기 때문에 그가 어떤 선택을 했는지를 살펴보면 그가 무엇을 원했는지를 알 수 있다고 한다. 또한, 그러한 욕망이 사회적으로 바람직한 것인지 여부도 알 필요가 없고, 오로지 그 욕망을 어떻게 잘 충족시킬까만 궁리하면 된다고 한다.

주류 경제학은 자연과학과 사회과학의 중간쯤에 위치한다고 볼 수 있다. 인류역사가 자연의 인색을 극복하기 위한 투쟁의 역사라고 보고 있는 주류 경제학의 핵심 이론은 자연히 인간과 자연 사이의 기술적인 관계를 밑바탕으로 한다. 예컨대 주류 경제학의 핵심개념인 수요공급의 원리에 있어서 공급곡선의 기저를 이루는 생산함수는 기본적으로 인간이 자연을 이용할 수 있는 능력을 반영하며, 수요곡선의 기저를 이루는 효용의 개념은 사물이 인간의 욕망을 충족시켜주는 능력을 의미한다. 결국 주류 경제학은 사물과 인간 사이의 관계에 관한 개념을 기초로 한 이론인 것이다. 이런 점에서 주류 경제학은 인간과 인간 사이의 관계에 관한 개념을 기초로 한 진정한 사회과학이라고 말하기 어려운 것이다. 그렇기 때문에 주류 경제학은 사회문제에 대하여 단지 참고자료나 기술적인 대답만을 제공할 뿐이지 포괄적이고 근원적인 답을 주는 학문은 될 수 없는 것이다.[25]

주류 경제학은 불확실성에 대처할 수 있나?

주류 경제학은 주로 균형 상태에 대하여 연구한다. 그리고 경제가 항상 안정 상태에 있는 것을 가정한다. 아무리 심각한 경제위기가 발생하더라도 주류 경제학은 어떤 도움도 위안도 되지 않는다. 잠깐만 참고 기다리면 모든 문제가 다 자연히 해결된다고 보기 때문이다. 경제위기와 같은 비상시국은 매우 이례적이고 일시적인 현상이기 때문에 경제학이 그런 현상에까지 매달릴 필요가 없다는 것이다.[26]

그러나 우리에게는 평상시의 경제를 설명해주는 이론은 시시하다. 사실 우리들은 경제가 왜 평온한지는 굳이 알 필요가 없다. 그냥 평소대로 그럭저럭 살아가는데 지장이 없기 때문이다. 하지만 경제위기 같은 비상시국이 오게 되면 바짝 긴장하여야 한다. 까딱 잘못하다가는 직장을 잃고 온 재산을 잃어버릴 수가 있다. 이렇게 비상시국에는 사람들이 위기의식을 느끼지만 그렇다고 개인으로서 어찌할 방도도 없다. 어느 날 날벼락처럼 떨어지는 경제위기를 개인의 힘으로 어떻게 막을 것이며, 주가나 부동산 가격의 폭락을 개인의 힘으로 어떻게 방지할 것인가. 결국, 국가가 적극적으로 나서서 잘 대처해 주길 바랄 수밖에 없는 것이다.

기상학자가 화창한 날씨 예보에만 매달려 있다면 그런 일기예보가 우리의 일상생활에 어떠한 도움이 될까? 우리는 내일이나 모레에 태풍이 올지, 홍수가 올지, 혹서가 올지, 아니면 한파가 올지가 궁금한 것

---

25 이정전[9], pp. 238－241.
26 이정전[9], pp. 320－321.

이다. 이와 마찬가지로 우리가 경제학자에게 바라는 것은 불확실한 미래의 경제에 대하여 어떻게 하면 잘 대처할 수 있을지 몇 마디 조언이라도 듣고 싶은 것이다. 미래의 경제는 날씨처럼 불확실하여 언제 어떻게 변화할지 전혀 예측할 수 없기 때문에 더욱 그렇다. 하지만 주류 경제학은 이에 대하여 별반 도움을 주지 못한다. 그저 오늘과 유사하지만 다소 무작위적(random) 요소가 가미된 내일이나 확률적으로 예측 가능한 미래만을 늘어놓는다.

주류 경제학이 경제의 실상에 대하여, 특히 불시에 발생하는 위기 상황에 대해 전혀 올바른 설명도 예측도 내놓을 수 없는 것은 기본적으로 그것이 연구하는 대상과 분석방법의 한계에 기인한다고 볼 수 있다. 주류 경제학은 우리의 일상 경제생활 전체를 대상으로 해서 모든 정성적, 정량적 분석방법을 동원하여 이를 잘 설명하고 예측하려고 하는 것이 아니라, 자원의 효율적 배분이라는 기술적인 측면에 대하여만 관심을 가지고 가급적 수학이나 통계학에 기초한 정량적 방법만을 사용하여 연구하려고 하는 자세 때문이다. 미래의 불확실성은 위험과는 달리 과학적 분석의 대상이 될 수 없다는 이유로 이를 인위적으로 연구 대상에서 제외하고 있으며, 우리의 삶에서 중요한 가치를 이루고 있는 경제적 형평이나 인간관계 등도 가치판단 문제로 치부하고 이를 연구 대상에서 제외하고 있는 것이다. 결론적으로 주류 경제학은 현실의 있는 그대로의 경제를 분석하지 않고 효율성의 제고만을 목적으로 하여 이를 달성하기 위한 기술적 분석에만 몰두하고 있는 것이다.

주류 경제학은 효율성과 형평성을 조화시킬 수 있나?

주류 경제학은 자원배분의 효율성 제고를 통하여 자원부족 문제를 해결하면서 인류가 짧은 시간 내에 눈부신 경제발전을 이룩하는 데 결정적인 역할을 하였다. 그렇지만 주류 경제학의 시장만능주의적인 사고방식은 우리에게 많은 문제를 안겨주고 있다. 과거 봉건주의 사회에서는 신분에 따른 계급 및 이에 따른 차등이 있었지만 오늘날 시장경제에 있어서는 점점 더 부에 따른 계급 및 이에 따른 차등이 발생하고 있다. 시장에서 모든 사람들은 상대를 단순히 돈벌이 수단으로 취급한다. 인간은 인간을 그 인격이나 인간성이 아니라 생산성에 의하여 평가하는 것이다. 생산성이 높아 돈을 많이 벌면 높은 평가를 받고 그렇지 못한 사람은 낮은 평가를 받는다. 이로써 금전만능주의가 퍼져나가고 있다. 돈을 가진 사람들은 더욱 더 돈을 벌기 위하여 혈안이 되고 있는 반면, 돈이 없는 사람들은 경제적으로나 인격적으로 비참한 삶을 강요받는다. 돈이 없는 사람들이 모두 자신의 무능이나 게으름 탓으로 가난해졌다면 그런대로 이런 대우를 달게 받을 수 있겠지만, 세상에는 장애를 가진 사람이나 정말 불운하여 아무리 열심히 살아도 가난할 수밖에 없는 사람들이 많이 있다.

가난과 질병 등으로 대다수 국민들이 먹고 살기 힘들었던 때에는 생산성 향상과 물질적인 풍요를 위하여 효율성만을 강조하더라도 용인될 수 있었다. 그러나 먹고 사는 문제가 어느 정도 해결된 다음에는 돈이나 생산성도 중요하지만 인간이나 인간성을 더욱 중시하는 사회가 요구되어지는 것이다. 인간이 경세적 부가 아니라 인간 그 자체로 대우받을 수 있는, 보다 따뜻한 사회를 만들어야 하는 것이다. 우리는 모든 사람들이 인간다운 삶을 영위할 수 있도록 분배의 형평성이나 빈곤문제 등에 더 많은 관심을 가져야 한다. 아울러, 모든 것을 시장 규범으로만 해결하려고 할 것이 아니라 사회적 규범으로 해결할 수 있는 문제의 범위를 더욱 넓히려는 노력이 필요하다.

　다음의 간단한 사고 실험[27]들을 소개하면서 이 장을 마무리 하려고 한다. 이러한 실험들은 주류 경제학 이론이나 그 가정들이 얼마나 비현실적인가를 보여줄 것이다.

　여러분은 다음의 각 실험에 대해 어떠한 답변을 할 것인가? 어떤 과제는 너무 쉽고 당연하여 즉각적인 답변이 가능할지도 모르겠으나 어떤 과제는 무척 어려워 곰곰이 생각해야 간신히 답변할 수 있을지도 모른다. 최대한 신중한 답변이 필요하다. 다음의 각 실험에 있어서 인간의 절대적 합리주의에 기초한 주류 경제학의 규범적인 답변이 제시될 것이며, 이러한 답변의 상당수가 여러분의 답변과 상이하다는 것에 상당히 놀라게 될 것이다. 그렇다고 자신의 논리적 추론 능력을 자책할 필요는 전혀 없다고 본다. 여러분의 답변은 다른 사람들과 거의 같을 것이기 때문이다. 오히려 이 결과는 주류 경제학이 가정하는 인간의 절대적 합리주의가 현실 세계의 평범한 사람들의 능력과는 상당히 동떨어져 있다는 것을 보여줄 뿐이다.

(1) 인간의 논리적 추론 능력

실험 1: 피서객들이 백사장에 균일하게 분포되어 있는 어떤 해수욕
　　　　장에서 A, B 두 사람은 동일한 품질과 가격의 아이스크림
　　　　을 팔기 위해 판매대를 설치하고자 한다. A, B 두 사람은
　　　　해수욕장의 어느 지점에 판매대를 설치하는 것이 최적의
　　　　선택일까? 손님들은 거리적으로 가까운 판매대에서 아이스
　　　　크림을 산다고 한다.

실험 2: 영문자 모음이 쓰인 카드의 뒷면에는 반드시 짝수가 적혀

27　　대부분의 사고 실험은 도모노[4]와 카너먼[6]에서 인용하였다.

있어야 한다는 규칙을 충족하는지 여부를 확인하기 위해서는 E, K, 4, 7이라고 적힌 4장의 카드 중에서 어떤 카드를(복수일 수도 있음) 뒤집어 확인할 필요가 있을까?

실험 3: 에이즈(AIDS)는 100만인 중 100인 꼴로 감염되어 0.01%의 감염률을 가지고 있다고 한다. 신뢰도가 99%인 AIDS 감염여부 판단검사를 하였을 때 양성 반응을 보인 사람 중에서 실제로 AIDS에 감염된 사람의 비율은 얼마나 될까?

실험 4: 모든 참가자들이 1 이상 100 이하의 숫자들 중에서 임의의 숫자 하나를 선택하여 이들이 선택한 숫자들의 평균의 2/3에 가장 가까운 사람이 승리하는 경기에서 당신은 어떤 숫자를 선택할 것인가?

실험 5: 당신이 "몬티 홀 퀴즈 프로그램"에 나갔다고 가정해 보자. 세 개의 닫힌 문들이 있는데 그 중 하나의 문 뒤에는 자동차가 있고 나머지 두 개의 문 뒤에는 염소가 있다. 당신이 선택한 문의 뒤에 있는 물건은 당신의 것이 된다. 당신은 고민 끝에 어떤 문 하나를 선택했다. 그런데 이때 사회자는 자동차가 없는 문 하나를 열어 보어주면서 당신은 그 선택을 변경할 수 있다고 제의한다. 당신은 이 제의에 응하는 것이 유리할까? 아니면 당초의 선택을 유지하는 것이 유리할까? 아니면 당초의 선택을 유지하든 변경하든 결과가 같을까?

실험 6: 다음의 1회(one-shot)로 끝나는 죄수의 딜레마(prisoner's dilemma) 게임에서 A, B는 자백과 묵비권 행사 중 어떤 전략을 구사하는 것이 합리적일까? 다른 방에서 조사받는 A, B 두 사람 모두 묵비권을 행사하였을 경우 모두 1년 징역형에, 한 사람은 자백하고 또 한 사람은 묵비권을 행사하였을 경우 자백한 사람은 석방, 묵비권을 행사한 사람

은 8년 징역형에, 두 사람 모두 자백할 경우에는 모두 5년
징역형에 처해진다고 한다.

■■■■ 죄수의 딜레마 게임

A		B	
		묵비	자백
	묵비	(-1, -1)	(-8, 0)
	자백	(0, -8)	(-5, -5)

※ 괄호 내의 앞은 A의 손익, 뒤는 B의 손익이다.

(2) 인간 행태의 편향과 오류

실험 7: 미국에서 자살로 죽는 사람이 많을까? 타살로 죽는 사람이
많을까?

실험 8: 어느 마을에 작은 병원과 큰 병원이 하나씩 있는데 작은
병원에서는 하루 평균 15명의 아이가 태어나고, 큰 병원에
서는 하루 평균 45명의 아기가 태어난다고 한다. 1년 동안
이들 병원 중에서 남아가 60% 이상 태어난 날짜 수가 많
을 것으로 생각되는 병원은?

실험 9: 동전 던지기에서 5번 연속으로 앞면이 나왔다면 다음 번에
는 앞면보다 뒷면이 나올 확률이 클까?

실험 10: 핸디가 0(72타)인 골퍼가 첫날 68타를 쳤을 경우에 다음
날 67타를 칠 확률이 높을까, 74타를 칠 확률이 높을까?
아니면 둘 다 확률이 같을까?

실험 11: 다음 A, B 중 어떤 대안을 선택할까? 그리고 C, D 중에
서는 어떤 대안을 선택할까?

A: 600명 중 200명을 생존시킬 약의 개발

B: 600명 전원을 생존시킬 확률이 1/3이고, 아무도 생존

하지 못할 확률이 2/3인 약의 개발

C: 600명 중 400명이 사망할 약의 개발

D: 아무도 사망하지 않을 확률이 1/3이지만, 600명 전원이
사망할 확률은 2/3인 약의 개발

실험 12: 이코노미스트 잡지를 구독하는 다음의 A, B 방법 중에서
어떤 대안을 선택할까? 그리고 A, B, C 중에서라면 어떤
대안을 선택할까?

A: 59달러에 인터넷에서만 구독 가능

B: 125달러에 인쇄본과 인터넷 모두 구독 가능

A: 59달러에 인터넷에서만 구독 가능

B: 125달러에 인쇄본과 인터넷 모두 구독 가능

C: 125달러에 인쇄본만 구독 가능

(3) 공평성에 대한 고려

실험 13: 당신은 다른 사람이 기부한 100만원 중 일정 금액을 동
료에게 제시하여 동료가 이를 수용하면 그 나머지 금액
을 가질 수 있고 수용하지 않으면 둘 다 아무 것도 가질
수 없는 최후통첩 게임에서 다른 사람에게 얼마를 제시
하겠는가? 다른 사람이 당신에게 10만원을 제시한다면
이를 수용하겠는가?

   ※ 예컨대 당신이 100만원 중에서 30만원을 동료에게 제시
할 경우 동료가 이를 수용하면 당신은 70만원을 가질 수 있
지만, 동료가 거부하면 둘 다 아무 것도 갖지 못하게 된다.

실험 14: 당초 각 10만원씩을 보유하고 있는 4명의 참가자가 임의
로 얼마씩 기부하면, 이를 합한 금액의 2배에 해당하는
금액을 참가자 모두가 똑같이 분배받을 수 있는 공공재

게임에서 당신은 얼마를 기부할 것인가?

※ 예컨대 모든 사람이 2만원씩 기부하면 각자 4만원씩 분배
받아 2만원씩의 이익이 발생하고, 다른 모든 사람이 2만
원씩 기부할 때 자신만 기부하지 않으면 자신은 3만원의
이익이, 다른 사람은 각 1만원의 이익이 발생하고, 자신
이 2만원 기부할 때 다른 모든 사람이 기부하지 않으면
자신만이 1만원의 손실이, 다른 사람은 각 1만원의 이익
이 발생한다.

실험 15: 10만원을 보유하고 있는 당신이 A에게 일정 금액을 기부
하면 제3자는 그 금액의 3배에 해당하는 금액을 A에게
지급하고, A는 받은 금액의 일정액을 다시 당신에게 되
돌려 줄 수 있는 신뢰 게임에서 당신은 얼마를 기부하고
상대방은 얼마를 되돌려 줄까?

※ 예컨대 당신이 2만원을 기부하면 A는 6만원을 받게 되며,
A는 6만원의 일부를 당신에게 되돌려줄 수 있다.

실험 16: C인 당신을 포함한 5명의 직장 동기생들의 연봉이 다음
과 같이 변화할 때 당신의 효용은 증가할까?

당초(백만 원): A, B, C, D, E = (50, 55, 60, 65, 70)

변경(백만 원): A, B, C, D, E = (55, 60, 65, 80, 90)

실험 17: 어떤 경제정책이 시행되어 계층별 소득분배 상황이 다음
의 A 또는 B와 같이 변화하였을 경우 당신은 이 변화를
바람직한 것으로 판단하나?

당초 분배: (10, 20, 30, 40, 50)

분배   A: (10, 20, 30, 40, 60)

분배   B: (5, 15, 30, 50, 70)

실험 18: 당신은 3년간 연봉계약에서 5,000만원, 6,000만원, 7,000
만원으로 매년 증가하는 형태의 연봉을 선호할까? 또는

7,000만원, 6,000만원, 5,000만원으로 매년 감소하는 형태의 연봉을 선호할까?

(4) 위험회피 성향, 시간 선호

실험 19: 다음 A, B 중 어떤 대안을 선택할까? 그리고 C, D 중에서는 어떤 대안을 선택할까?

A: 확실한 수익 250만원

B: 확률 25%인 수익 1,000만원

C: 확실한 손실 750만원

D: 확률 75%인 손실 1,000만원

실험 20: 다음 A, B 중 어떤 대안을 선택할까? 그리고 C, D 중에서는 어떤 대안을 선택할까?

A: 수익 150만원의 확률 10%, 수익 100만원의 확률 89%

B: 확실한 수익 100만원

C: 수익 150만원의 확률 10%

D: 수익 100만원의 확률 11%

실험 21: 오늘 1,000만원을 받는 것과 1년 후 1,100만원을 받는 것 중에서 어느 것을 선택할 것인가? 그리고 3년 후 1,000만원을 받는 것과 4년 후 1,100만원을 받는 것 중에서 어느 것을 선택할 것인가?

(5) 사고 실험에 대한 주류 경제학의 규범적 답변

실험 1: 보다 많은 손님을 끌기 위해서는 넓은 쪽 방향으로 상대방 판매대 바로 옆에 설치하는 것이 최적의 전략이므로 A, B 모두 해수욕장 한가운데 설치하게 된다. 많은 사람들은 1/4, 3/4 지점으로 답변한다.

※ 소비자 입장에서는 판매대를 해수욕장의 1/4, 3/4 지점에 각각 설치하는 것이 가장 좋다. 이 경우 해수욕장의 총거리를 d라고 할 때 소비자는 최대 d/4, 평균 d/8 거리만 움직여도 아이스크림을 살 수 있다. 그러나 판매대가 둘 다 가운데에 설치되면 최대 d/2, 평균 d/4의 거리를 움직여야 한다.

실험 2: 대우논리에 따라 E, 7카드이다. 실제 많은 사람들은 E카드만을 선택한다.

※ 7카드 뒷면이 영문자 모음일 경우 영문자 모음의 뒷면은 반드시 짝수여야 한다는 법칙이 어긋나게 된다. K, 4카드의 경우에는 뒷면이 무엇이든 동 법칙의 증명과는 관계가 없다.

실험 3: 0.98%이다. 많은 사람들이 99%로 답변한다.

$$※ \quad \frac{100 \times 0.99}{100 \times 0.99 + 999,900 \times 0.01} = \frac{99}{10,098} = 0.0098 = 0.98\%$$

실험 4: 1이다. 상당수가 33, 22로 답변한다.

※ 논리의 전개: 50→33→22→15→10→7→5→3→2→1

실험 5: 변경할 경우의 당첨 확률은 2/3, 그대로 있을 경우의 당첨 확률은 1/3이므로 사회자 제의대로 변경하는 것이 유리하다. 많은 사람은 어느 경우나 1/2 확률로 같다고 답변한다.

※ 첫째 문, 둘째 문, 셋째 문 뒤에 자동차가 있는 상황을 OXX, XOX, XXO로 나타내면 당신이 어느 문을 선택하든지 당첨 확률은 1/3이 된다. 당신이 첫째 문을 선택한 후에(둘째 문이나 셋째 문을 선택한 경우도 결과는 동일하다) 사회자가 자동차가 없는 문 하나를 알려 줄 경우에는 둘째 문이나 셋째 문의 X가 없어지게 되므로 OXX→OX, XOX→XO, XXO→XO이 된다. 따라서 첫째 문을 유지할 경우의 당첨 확률은 1/3, 다른 문으로 변경할 경우의 당첨

확률은 2/3가 된다.

실험 6: A, B 모두 자백하는 전략이 최선이다. 실험 대상자의 30−70%는 묵비권을 행사하는 협력 전략을 선택한다.

 ※ 상대가 묵비권 행사를 할 경우 자신은 자백하는 것이 유리하고(자백 0, 묵비 −1), 상대가 자백할 경우에도 자신은 자백하는 것이 유리하다(자백 −5. 묵비 −8). 상대도 마찬가지이다.

실험 7: 자살이 훨씬 많다. 많은 사람이 신문 등 매스컴에서 많이 보고 들었기 때문에 타살이 많다고 답변한다.

실험 8: 대수(large numbers)의 법칙에 따라 큰 병원에 비해 작은 병원이 표준편차가 더 커서 의외의 결과가 나올 확률이 훨씬 높다. 그러나 실제 설문에 있어서는 21%가 작은 병원, 21%가 큰 병원, 53%가 같다고 답변하였다.

실험 9: 같다. 대부분 뒷면이 나올 확률이 높다고 답변하며, 이를 도박사의 오류라고 한다.

실험 10: 평균으로의 회귀 경향으로 74타를 칠 확률이 높다. 많은 사람이 67타를 칠 확률이 높다고 답변한다.

실험 11: A와 C, B와 D는 똑같은 내안이다. 그러나 많은 사람이 A, B 중에서는 A를, C, D 중에서는 D를 선택하며, 이를 프레이밍 효과(framing effect)라고 한다.

실험 12: 똑같은 선택을 하여야 하나, A, B 중에서는 68%가 A를, A, B, C 중에서는 미끼상품 C의 효과로 13%만이 A를 선택한다.

실험 13: 최소 단위의 금액만을 제시하고 10만원의 제의는 수락한다. 대다수의 사람은 45% 전후의 금액을 제안하고, 30% 이하 금액의 제안에 대하여는 약 1/2이 이를 거절한다.

실험 14: 하나도 기부하지 않는다. 대부분의 사람들은 최초 보유금액의 30−50%를 기부하나, 게임을 10회 정도 반복하면 마지막 기부비율은 10 – 15% 수준으로 감소한다.

실험 15: 하나도 기부하지 않는다. 대부분의 사람들은 최초 보유금
액의 50% 정도를 기부하고, 상대방 A는 받은 금액의
30 – 40%를 되돌려준다.

실험 16: 자신의 소득이 증가하므로 효용이 증가한다. 그러나 많은
사람들은 상대적인 소득의 감소를 느낌에 따라 효용의
감소를 경험한다.

실험 17: A 변화는 파레토 최적 기준상의 개선이고 B 변화는 증가
된 이익으로 손실을 보상한다는 전제 하에서 보상테스트
기준상의 개선이라고 할 수 있다. 많은 사람은 B 변화에
대해서는 부정적인 입장을 가지기 쉽다.

실험 18: 초기의 높은 연봉은 추가적인 이자수익을 가져다주므로
감소하는 형태의 연봉을 선호하여야 한다. 그러나 많은
사람들이 증가하는 형태의 연봉을 선호한다.

실험 19: 위험의 회피로 A, B 중에서는 A를, C, D 중에서는 C를
선택해야 한다. 많은 사람들이 A, B 중에서는 A를, C, D
중에서는 D를 선택한다.

실험 20: A, B 중 B를 선택한다면 C, D 중에서는 D를 선택하여야
한다. 많은 사람들이 B와 C를 선택하며, 이를 알레의 역
설이라고 한다.

※ 효용(100만원) > 0.1 × 효용(150만원) + 0.89 × 효용(100만원)
   → 0.11 × 효용(100만원) > 0.1 × 효용(150만원)

실험 21: 오늘의 1,000만원을 1년 후의 1,100만원보다 선호한다면
3년 후의 1,000만원을 4년 후의 1,100만원보다 선호하여
야 한다. 대다수 사람들은 오늘의 1,000만원을 1년 후의
1,100만원보다 선호하지만, 3년 후의 1,000만원보다는 4년
후의 1,100만원을 선호하는 경향이 있다.

NEW
PARADIGM
Of ECONOMICS

새로운 패러다임의 경제학

인간 행태와 시장의 본질

인간의 합리성과 선택의 제약

1 합리성의 한계

주류 경제학에서 인간은 주어진 자원의 제약 하에서 언제나 자신의 이익과 효용을 극대화하려고 노력하며, 이성의 논리적 추론 능력과 이용가능한 모든 정보를 최대한 활용하여 무수히 많은 대안 중에서 최적의 대안을 선택하려는 절대적 합리성(absolute rationality)을 지니고 있다고 가정한다. 즉, 인간은 아무리 어려운 선택 문제에 직면하게 되더라도 언제나 최적 결정을 내릴 수 있는 합리성을 지니고 있다는 것이다. 물론 주류 경제학도 실제 인간이 항상 이와 같은 절대적 합리성을 가지고 행동한다고 보지 않지만, 적어도 규범적으로는 그렇게 행동하여야 한다고 생각한다. 그러나 인간이 아무리 합리적 행동을 하려고 해도 실제 그렇게 행동하는 것이 매우 어려운 상황이기 때문에 그러한 규범을 설정하는 것 자체가 적절하지 않다고 여겨진다.

인간은 이성을 통한 논리적 추론에 있어서도 한계가 있으며, 복잡한 의사결정을 할 때조차 필요한 모든 가용정보를 제대로 활용하지 않는다. 인간은 자주 직관적인 판단에 의한 성급한 의사결정으로 오류를 범하기도 하며, 어떤 경우에는 집단적 분위기에 단순히 추종해 버리는 군집 행태를 보이기도 한다. 또한 인간은 종종 자신의 경제적 이익은 무시한 채 형평성(equity)이나 상호성(reciprocity)에 대한 고려로 인하여 자신에게 손실을 끼치는 의사결정을 하는 경우도 있다.

    인간의 합리성에 관한 비현실적인 가정을 처음으로 비판한 사이먼 (Herbert Simon)은 인간은 절대적 합리성이 아니라 제한적 합리성 (bounded rationality)을 지니고 있으며, 절대적인 최선이 아니라 적당한 만족을 추구한다고 하였다. 또한, 레이온후프트(Axel Leijonhufvud)는 실제 우리가 살고 있는 세계는 정말로 단순한 인간들로 구성되어 있으나 이들 간의 복잡한 상호작용으로 인하여 예측이 매우 어려운 실정임에도 불구하고, 주류 경제학은 믿을 수 없을 정도로 너무 단순한 세계에 지나치게 머리가 좋은 인간들을 상정하고 있다고 비판하였다. 한편, 카너먼(Daniel Kahneman)과 트버스키(Amos Tversky)에 의하면, 현실 속의 인간들은 복잡한 논리적 계산에는 매우 서툴고 다양한 편견과 오류 때문에 잘못된 결정을 내리는 경우도 많지만, 한편으로 패턴을 재빨리 인식하거나 모호한 정보를 해석하고 학습하는 데에는 매우 능하다고 분석하였다.[28]

    인간은 매사 손익계산을 해가면서 행동하기보다는 별 생각 없이 정해진 규칙이나 관례 등에 따라 기계적으로 행동하기도 한다. 어떤 경우에는 손해임에도 불구하고 그냥 익숙한 규칙이나 관례에 따라 행동하는 경우도 있다. 예컨대 컴퓨터 문자판의 문자배열방식은 매우 비합리적이다. 타자기의 글자판이 자주 엉키는 것을 방지하기 위해 일부러 비능률적으로 배열한 방식이다. 그러나 사람들은 이를 고칠 생각은 하지 않고 불합리하지만 익숙한 문자판을 아직까지도 고수하고 있는 것이다. 윤리학자들은 이런 행동도 얼마든지 합리적일 수 있다고 보고 이를 절차적 합리성이라고 부른다. 공유의 위력을 가져올 수 있다는 것이다. 개인적인 득실을 초월해서 다수의 사람들이 그냥 규칙과 관례를 따르고 지켜주는 것만으로도 큰 사회적 이익이 발생할 수 있다. 교통신호 체계가 잘 되어있든 잘못 되어있든 간에 모든 사람들이

28 　　바인하커[1], pp. 103-105.

이를 무조건 지켜주면 질서가 유지되고 사고가 방지될 수 있는 것이다. 이렇게 좋은 결과를 얻는 것은 인간의 치밀한 손익계산 덕분이 아니라 인간이 손익계산을 중단하고 규칙이나 관례를 지킨 덕분이다.[29]

2 이기주의(self-interest)의 한계

아담 스미스는 국부론에서 경쟁적인 시장에서 모든 사람이 자신의 이익을 추구할 때 보이지 않는 손(invisible hand)에 의해 사회 전체의 이익이 자연적으로 달성될 것이라 하였다. 사람들은 공익을 증진시키려는 의도나 자신이 그것을 얼마나 증진시킬 수 있는지도 모르는 채 자신의 이익만을 추구할 뿐이지만, 그것은 보이지 않는 손에 이끌려 공공 목표의 증진에 기여하게 된다고 하였다. 우리가 저녁 식사를 기대할 수 있는 것은 정육점 주인이나 양조장 주인, 또는 빵집 주인의 자비가 아니라 그들이 자신들의 이익, 즉 돈벌이에 관심이 있기 때문이라고 한다.[30]

아담 스미스가 인간의 본성은 이기심에 있고 이와 같은 이기심이 사회 전체의 이익에 기여할 것이라고 주장한 이래 주류 경제학은 인간의 이기적 면만을 특히 강조하여 왔다. 그러나 아담 스미스는 국부론 전에 이미 저술한 "도덕 감정론"에서 인간은 이기심 추구에 앞서 동정심에 기초해 도덕적 선택과 판단을 내린다고 하였다. 인간은 오로지 자신의 사리사욕만을 추구하는 것이 아니라 "공평한 관찰자(impartial spectator)"를 마음속으로 상정하고, 그의 의견을 묻고, 충고를 받아들인다고 하였다.[31] 그리고 인간이 아무리 이기적이라 할지라도 남의 재

---

29   이정전[9], pp. 141–146.
30   부크홀츠[2], p. 66.
31   부크홀츠[2], p. 56.

산에 관심을 갖는 본성에는 분명한 원칙이 있다고 하였다.[32] 다만, 그는 인간의 이기심이 친절함이나 이타심 또는 희생정신보다는 더 강력하고 꾸준하게 동기를 불러일으킨다는 점을 강조하였을 뿐이었다.

3 상호주의(reciprocity)

상호주의의 개념

실증연구와 실험, 인류학의 현장연구, 게임이론 등을 통한 분석에 의하면 인간은 본성적으로 완전히 이기적이지도 그렇다고 완전히 이타적이지도 않은 것으로 보인다. 인간은 "조건부 협력자"이면서 동시에 "이타적 처벌자"라고 할 수 있으며, 이러한 인간 행태를 강한 상호주의라고 한다. 이타적 처벌은 협력 규범을 위반한 자에 대하여 어떠한 대가를 치르더라도 응징하려고 하는 성향을 의미한다. 한편, 상대방이 배반하지 않는 한 협력하고자 하며, 이타적 처벌은 하지 않는 경우를 약한 상호주의라 한다.

또한, 선의를 베푼 상대방과 직접 맺는 상호관계를 직접적인 상호주의라고 하고, 당사자 외 제3자와 맺는 상호관계를 간접적인 상호주의라고 한다. 간접적인 상호주의는 다른 사람에게 선행을 베풀면 그 상대방이 아니라 다른 사람으로부터 선의가 되돌아오는 것을 말한다. 훌륭한 행동을 했다는 평판이 나게 되면 다른 사람들에게서 좋은 평가를 받는 것이다. 간접적인 상호주의가 가능하려면 어떤 사람이 좋은 일을 했다는 사실을 당사자가 아닌 다른 사람에게서 들어야 한다. 여기서 평판이나 명성이 중요해진다. 일단 어떤 사람이 좋은 사람이라는 평판이 나면 주위에 있는 많은 사람들이 그 사람을 친절하게 대하거나

---

32   바인하커[1], p. 655.

도움을 주려고 할 것이기 때문이다.

주류 경제학에서는 상호주의가 또 다른 형태의 이기주의에 불과한 것이라고 주장할지 모른다. 모든 인간은 자기 목적을 달성하기 위하여 협력하며, 제로섬 게임(zero-sum game)이 아닌 사회에서 협력이 유리하기 때문이 아니냐고 반문할 수 있다. 그렇지만 주류 경제학의 이기주의는 경제적 상호작용의 과정엔 관심이 없고 이익의 극대화라는 결과에만 관심이 있는 반면에, 상호주의는 사람들이 결과뿐만 아니라 과정의 정당성이나 공정성도 매우 중시한다는 점에서 상이하다.[33]

최후통첩 게임과 상호주의

인간 행태에 대한 주류 경제학의 예측과는 달리, 최후통첩 게임, 신뢰 게임, 공공재 게임 등 다양한 게임을 통한 실험의 결과를 살펴보면, 사람들은 조건부 협력과 이타적 처벌 등의 강한 상호주의에 따라 행동하는 것을 알 수 있다. 사람들은 경제적인 요인뿐만 아니라 공정성이나 상호성 등을 감안하여 의사결정을 하는 것이다.

제안자가 어떤 사람이 기부한 금액의 일정 부분을 동료에게 제시하여 동료가 이를 수용하면 그 잔여금액을 가질 수 있고 수용하지 않으면 둘 다 아무 것도 가질 수 없는 이른바 최후통첩 게임에서 제안자는 평균적으로 45%의 분배비율을 제안하였고, 상대방은 30% 이하의 제안에 대하여는 절반 정도가 이를 거부하는 것으로 나타났다.

제안자는 공정성 측면에서 상대방이 거절하지 않을 정도의 금액을 제안하려고 하였고, 상대방은 제안자가 제시한 배분비율뿐만 아니라 그 의도 등도 감안하여 거절 여부를 결정하려고 하였다. 예컨대 제안자의 특정 배분비율의 선택이 자기 의사가 아니라 컴퓨터 결정이나 양자 선택 등과 같이 여건상 불가피한 선택이라고 인정되는 경우에는 제

33 　바인하커[1], p. 657.

안금액이 적더라도 상대방의 거절비율이 낮아졌다.[34]

이와 같은 최후통첩 게임의 실험결과는 제안자가 이기주의적 관점에서 가장 최소단위의 금액을 제안하고 이 제안에 대하여 상대방은 언제나 이를 수용할 것이라는 주류 경제학 예측과는 상당히 다르다.

신뢰게임과 상호주의

특정금액을 보유하고 있는 사람이 상대방에게 그 일부분을 기부하면 그 금액의 3배에 해당하는 금액을 제3자가 상대방에게 지급하고, 상대방은 건네받은 금액 중에서 일부를 당신에게 되돌려줄 수 있는 신뢰게임에서, 기부자는 최초 보유한 금액의 약 50%를 기부하고 상대방은 받은 금액의 30 – 40%를 되돌려주는 것으로 나타났다.[35]

예컨대, 기부자가 처음 보유한 금액이 100만원이라고 하면, 그 중의 50%인 50만원을 평균적으로 기부하고 상대방은 그 3배에 해당하는 150만원을 받게 되는 것이다. 또한, 상대방은 받은 금액의 30 – 40%인 45 – 60만원을 기부자에 다시 되돌려 주므로 결국 기부자는 95 – 110만원, 상대방은 90 – 105만원을 가질 수 있게 된다. 기부자는 많은 돈을 기부했음에도 불구하고 결과적으로 더 많은 돈을 가질 수도 있게 되었다. 기부자는 상대방을 신뢰하여 상당 금액을 기부했고, 상대방도 기부자의 신뢰를 저버리지 않고 받은 금액 중의 상당 부분을 되돌려 줌으로써 양자 모두에게 이익이 된 것이다.

이와 같은 신뢰게임의 실험결과도 기부자는 이기주의적인 관점에서 한 푼도 기부하지 않고, 상대방도 설령 기부를 받더라도 한 푼도 되돌려주지 않을 것이라고 하는 주류 경제학의 예측과는 크게 다른 것이다.

34 　도모노[4], pp. 263 – 267.
35 　도모노[4], p. 259.

공공재 게임과 상호주의

일정 금액을 보유하고 있는 4명의 참가자들이 각각 임의로 기부한 금액을 합한 금액의 2배에 해당하는 금액을 균등하게 분배받게 되는 공공재 게임에서 참가자의 고정 여부와 게임의 진행횟수에 따라 기부 금액이 달라졌다. 매회 구성원이 바뀌는 10회 반복적인 공공재 게임에서 참가자는 최초 보유금액의 30-40%를 기부하다가 마지막 회에는 10%만 기부하는 한편, 구성원이 고정되어 있는 경우는 최초 보유금액의 50%를 기부하다가 마지막 회에는 15%만을 기부하였다. 참가자 구성원이 고정되어 있는 경우가 교체되는 경우보다 더욱 협력적이며, 게임횟수가 거듭될수록 협력행위가 점차 감소되어가는 것을 알 수 있다.

반복적인 공공재 게임에서 약한 조건부 협력자(처벌을 하지 않는 경우)와 이기적인 사람이 다수일 경우에는, 게임횟수가 거듭될수록 협력관계가 점차 붕괴되어가는 것을 알 수 있다. 공공재 게임 참가자의 50%는 타인이 협력하면 나도 협력하는 조건부 협력자이며,[36] 그 중의 10%는 다른 구성원의 기부금에 완전히 맞추고, 잔여 40%는 다른 구성원의 기부금보다 다소 적게 기부한다. 나머지 참가자 중에서 30%는 무임승차하고, 20%는 무작위로 기부하는 사람 등이다.[37]

기부금이 결정된 후에 개별 참가자의 기부정보를 공개하고 참가자는 이를 기초로 익명으로 처벌할 수 있게 된 경우에는(다른 참가자의 이익을 삭감할 수 있으며, 이에 비례하여 자신도 일부 손해를 봄) 기부금이 크게 증가하였다. 참가자가 고정일 경우 기부비율이 최초에 70%, 4회 이후에는 90%로 증가하였고, 참가자가 매번 교체되어 다시 만날 기회가 없을 경우에도 최초에 40%, 마지막 10회에는 70%로 증가하였다. 이는 이기주의자도 협력을 해야만 자신에 이익이 되는 구조로 변했기

---

36   이타적 처벌을 하지 않기 때문에 약한 상호주의라고 할 수 있다.
37   도모노[4], pp. 238-240.

        Chapter 04 인간의 합리성과 선택의 제약

때문에 협력을 선택하게 되고, 조건부 협력자의 경우에는 다른 협력자가 늘어났기 때문에 더욱더 협력하게 된 데 기인하는 것으로 보인다.[38] 매번 참가자가 교체되어 처벌에 따른 직접적 이익이 없는 경우에도 자기비용을 걸고 처벌을 감행하는 것은 이타적 처벌행위라고 볼 수 있다. 다만, 처벌비용이 높아질수록 처벌행위가 감소하기 때문에 이를 순수한 이타적 행위라고만 볼 수 없고 사익 추구의 측면도 있다고 할 수 있다.

이와 같은 공공재 게임의 실험결과도 기부자는 이기적 관점에서 한 푼도 기부하지 않을 것이라는 주류 경제학 예측과는 상당히 다른 것을 알 수 있다.

반복적인 죄수의 딜레마 게임과 상호주의

"사고실험 6"에서 보았듯이 1회 실시의 죄수의 딜레마 게임에서 최적 전략은 게임 참가자 모두가 배반하는 것이었다. 즉, 상대방이 자백하든 묵비권을 행사하든 관계없이 언제나 자백하는 전략이 최적 전략이 되는 것이다. 그러나 액셀로드(R. Axelrod)가 주최한 "반복적인 죄수의 딜레마 게임" 시합에서 종국적으로 가장 많은 수익(payoff)을 거둔 최적 전략은 "눈에는 눈, 이에는 이"라는 의미의 팃포탯(tit-for-tat) 전략이었다. 이 전략은 강한 상호주의 전략의 하나로, 처음 만난 사람에게는 우선 협력하되 그 후 상대가 배반하면 같이 배반하고, 협력하면 같이 협력하는 전략이다.[39] 상호주의 전략을 따르는 사람이 무조건 협력의 이타적 전략이나 무조건 배반의 이기적 전략을 따르는 사람보다 더 좋은 성과를 낼 수 있음을 보여주고 있다.

한편, 노왁(Martin A. Nowak) 등은 컴퓨터 시뮬레이션을 통한 연구를 통하여 TFT(tit-for-tat) 전략보다 더 나을 수 있는 2개의 대안적

38 　도모노[4], pp. 241-244.
39 　바인하커[1], p. 366.

전략을 제시하였다.[40] TFT 전략에서는 상대방이 실수로 배반행위를 한 경우에도 이를 전혀 용서하지 않음에 따라 이후의 협력행위가 불가능해지는 문제가 있다고 보고, 상대방 실수를 흡수할 수 있는 "너그러운 팃포탯 전략"이라는 의미의 GTFT(generous tit-for-tat) 전략을 새로이 제안하였다. 이 전략은 상대방의 협력에 대하여는 나도 협력으로 응대하고, 배신에 대하여도 세 번에 한 번꼴로는 협력이라는 용서로 응대하는 것이다. 이 전략에 있어서 언제 용서를 베풀지는 상대방이 이를 정확히 알고 악용하는 것을 방지하기 위해 확률적으로 구사된다. GTFT 전략이 TFT 전략보다 더 나은 전략이라는 것이 컴퓨터 시뮬레이션 결과로 증명되었다.

또 하나의 전략은 "승리하면 그대로, 패배하면 바꾸기"라는 뜻의 WSLS(Win Stay, Lose Shift) 전략이다. WSLS 전략은 첫째, 전회의 게임에서 게임 참가자 둘 다 협력했으면 나는 이번에도 협력하고, 둘째, 둘 다 배신했으면 나는 이번에는 협력하고, 셋째, 상대방이 협력했으나 내가 배신했다면, 나는 이번에도 배신하고, 넷째, 상대방이 배신했으나 내가 협력했다면 나는 이번에는 배신한다는 전략이다. 이 전략은 둘째, 셋째의 경우가 TFT 전략과 상이한 것을 알 수 있다. 둘째의 경우는 서로의 신뢰감 상실을 회복할 수 있는 기회를 한 번 제공한다는 의미가 있으며, 셋째의 경우는 상대방이 무조건 협력하는 순수 이타주의일 경우 최대한의 이익을 이끌어낼 수 있다는 의미가 있다. 이 전략은 TFT 전략은 물론이고, GTFT 전략보다도 더 나은 전략인 것으로 분석되었다.

간접적인 상호주의 게임

간접적인 상호주의 게임에서 참가자 중 한쪽은 제공자, 다른 쪽은 수령자 역할을 맡는다. 제공자는 게임 전에 받은 초기 금액 중에서 미

---

[40]   노왁 & 하이필드[20], pp. 53-96.

리 정해진 일정한 금액을 수령자에게 기부할지 말지를 결정한다. 기부한 금액은 2배로 수령자에게 건네진다. 한 그룹은 여러 명으로 구성되어있고, 구성원들은 제공자와 수령자의 역할을 무작위로 할당받는다. 게임은 여러 번 반복되지만, 같은 상대와는 또다시 한 조가 되지는 않기 때문에 이전에 기부를 받았다고 해서 이를 돌려주는 방식의 기부는 할 수 없게 된다. 간접적인 상호주의 게임의 특징은 참가자가 과거에 어떠한 결정을 했는지가 공개되어, 기부행위를 해온 사람인지 아닌지에 대한 평판이 형성된다는 것이다.

이 게임을 실제로 실행하면 50-90%의 참가자가 기부행위를 하는 결과를 얻을 수 있으며, 특히 이전의 게임에서 기부를 많이 해왔던 사람은 다른 사람으로부터 기부를 받을 가능성이 매우 높아진다. 친절한 사람이라는 평판이 자신이 직접 친절하게 대하지 않았던 다른 사람들로부터도 친절하게 대접받게 되는 것이다.[41]

4 협력적 행동의 진화

먼 옛날 수렵채취시대 때부터 인간들은 고립적으로 살아온 것이 아니라 씨족 간, 부족 간 집단적인 생활을 하면서 서로 협동하며 살아왔다. 인간 생활에 있어 농경사회, 산업사회 등으로 발전하고 사회적 복잡성이 확산되어 온 과정은 인간들이 점점 더 큰 규모로 협력하는 새로운 방법을 도입하고 수익성 있는 비 제로섬 게임을 수행하는 방법을 고안한 결과라고 할 수 있다. 그리고 인간은 집단 내의 협력행동을 유도하기 위해 협력 결과를 공정하게 배분하는 방법과 변절문제를 해결하기 위한 정교한 방어기제를 발전시켜 온 것이다.

41　　도모노[4], p. 254.

상호주의의 공진화

인간의 강한 상호주의 행태의 진화에는 문화적인 요소 이외에도 유전적인 요소가 있다는 증거가 많다. 강한 상호주의는 세계 여러 문화에서 공통적으로 확인되고, 인간뿐만 아니라 다른 영장류에서도 이와 비슷한 행태가 관찰되기 때문에 이를 순전히 문화적 산물이라고 할 수 없는 것이다. 또한 뇌에서 분비되는 옥시토신(oxytocin)이라는 호르몬이 인간의 신뢰와 협력을 유도하는 기능을 한다는 생물학적 증거도 있다.[42]

인간의 협력적 행동의 진화에는 유전적인 요소뿐만 아니라 문화적인 요소가 영향을 끼치고 있다는 관점에서, 유전자와 문화의 공진화 과정이라고 할 수 있다. 문화의 유전적인 과정이란 인간 집단들이 지역이나 시대 등에 따라 문화적, 행동적으로 차이를 보이고, 이것이 학습, 교육, 모방, 기타 사회적 전달에 의하여 같은 종 안에 있는 다른 개체들에게 전달되는 과정을 의미한다. 문화적으로 협력적인 집단들은 투쟁이라는 도태 압력에 대하여 비협력적인 집단보다 더 잘 적응하여 더 많은 후손을 갖게 되고, 이는 더 많은 협력의 유전자를 확산시키게 된다는 것이다.[43]

집단선택 이론

진화는 생물학적 개체에 있어서 어떤 돌연변이가 자연 선택되어 확산되어가면서 종의 분화를 일으키는 지속적인 과정이라고 할 수 있다. 환경에 가장 적합한 변이적인 특성을 가진 개체가 생존이나 번식에서 유리하게 되어 그 개체 수를 늘려가는 것이 진화의 자연선택 과정인 것이다. 이와 같은 진화 과정은 개체 수준에서, 보다 정확하게 말

---

42   바인하커[1], p. 656.
43   도모노[4], p. 308.

해서 개체 내의 유전자 수준에서 이루어지며, 이를 개인선택 이론이라고 한다. 진화란 특정의 유전자가 생존이나 번식에 유리한 능력을 통하여 대를 이어 확산되어가는 과정이라는 것이다.

그러나 친족이 아닌 집단이나 국가를 위하여 희생하는 것과 같이 개별 인간과 그 유전자의 생존과 번식에 불리한 행위는 개인선택의 진화논리로는 설명할 수 없고, 집단선택 이론으로 설명할 수밖에 없다. 유전자를 거의 공유하지 않는 사람들을 위하여 자기희생을 하는 유전자 특성은 자연 도태되어 진화할 수 없는 것이다. 그러나 집단선택 이론에 따르면, 어떤 집단이 생존과 번식을 위한 투쟁에서 승리하는데 불가결한 충성심, 결속력, 용기, 희생 등을 갖추었는지 아닌지의 특성에 따라 그 집단의 도태 여부가 결정된다면, 집단수준에서의 군 도태가 자연히 협력 문화를 진화시킨다고 한다.[44]

집단적 협력이라는 규범이 성립하면 그것을 더욱 강화하고 유지하는 기능을 하는 것은 규범의 내부화와 이에 수반되는 사회적 감정이라 할 수 있다. 규범의 내부화는 사회 규범을 준수하면 자기 자신에게 보상을 주고 그것을 못 지키면 자기 자신에게 벌을 주는 "개인이 갖춘 재가행사시스템"이라 할 수 있으며, 사회적 감정은 규범을 준수했을 때 내적인 보상으로 쾌감을 얻고 규범을 위반했을 때는 내적인 처벌로 불쾌감을 느끼는 것을 말한다. 배신자 검색능력 등 타인의 마음을 읽는 본능도 협력관계의 유지에 필요한 선천적인 능력이다.[45]

---

44   도모노[4], pp. 309-310.
45   도모노[4], pp. 312-315.

5 인간의 부정직성[46]

베커(Gary Becker)의 "합리적 범죄의 단순 모형"에 의하면, 범죄자는 편익과 비용의 합리적 분석을 토대로 범죄를 저지른다고 한다. 따라서 검거비율을 높이거나 처벌수위를 높이면 범죄는 감소하게 된다고 한다. 그렇지만 대다수의 사람들은 편익과 비용의 분석 없이 기회가 닿으면 언제라도 부정행위를 저지를 수 있다. 또한, 보상이 크다고 부정행위가 자주 일어나는 것은 아니며, 오히려 보상이 너무 크면 부정행위가 줄어들 수도 있다. 보통 사람들은 자기 자신을 정직한 사람이라고 말할 수 있는 범위 내에서만 부정행위를 저지른다.

인간 행동에 관한 "퍼지 요인이론(fudge factor theory)"에 의하면, 사람들은 상충되는 두 가지 요인, 자아 동기부여와 재정적 동기부여에 따라 행동한다고 한다. 따라서 사람들이 부정행위를 할 때에는 언제나 자신의 자아 이미지를 훼손하지 않는 범위 내에서 이익을 향유할 수 있는 그 기준선을 파악하려고 노력하게 된다. 그 결과 자신의 부정행위를 합리화할 수 있는 소지가 클수록, 그리고 돈의 추상성이 커서 부정행위와 자기 자신과의 심리적 거리가 멀수록 부정행위의 유혹에 쉽게 넘어가게 되는 것이다. 한편, 사람들은 주위로부터 뿌리치기 어려운 유혹이 있을 때마다 이를 견뎌내기 위해 많은 에너지가 소모되고 결국에 가서는 의지력이 소진되고 자아고갈(ego depletion) 상태에 빠지게 된다. 그러면, 욕망 통제가 어려워지고 정직성도 감소하게 된다.

진품조건이 사람들의 정직성을 증가시키지는 않지만, 가짜 상품을 쓰면 사람들의 도덕적 자제력이 약해지고 부정행위가 증가하게 되는데, 이를 자기신호화(self signaling)라고 한다. 가짜 상품은 이를 사용하는 사람들의 부정행위를 유도할 뿐만 아니라, 타인의 도덕성을 낮게

---

46   에리얼리[12]를 주로 참조하였다.

평가하도록 만든다. 사람들은 자기 스스로 만들어낸 거짓말에 대하여 타인보다도 더 믿는 경향이 있으며, 이를 자기기만(self-deception)이라고 한다. 예컨대, 자격증, 졸업장, 이력서 등에 관한 거짓 기록을 공식화할 때 자기도 모르는 사이에 자기기만이 강화된다고 한다. 그것이 마치 진실인양 실제로 느끼게 되는 것이다.

일반 사람들은 자신이 원하는 것을 선택할 때 직감에 의존하면서, 사후에 그 선택을 합리화하기 위하여 이야기를 만들어내는 경우가 많다. 일반적으로 창의적인 사람일수록 자신의 이기적인 관심과 행동을 합리화하기 위한 그럴듯한 이야기를 더 잘 지어내기 때문에 부정직한 행위를 저지르기 쉽다. 다만 지능은 창의성과 직접적인 관련이 없기 때문에, 부정직함과도 관련이 없는 것으로 보인다. 사람들은 불쾌감을 느낄 때 부정행위를 많이 저지르는데, 그 이유는 이러한 행동을 합리화하기가 훨씬 쉬워지기 때문이다.

한편, 성경에 대한 맹세나 명예규칙(honor code)의 작성과 같이 사람들에게 단순히 도덕적 규범을 떠올리게 하는 것만으로도 부정행위를 어느 정도 막을 수 있다. 그리고 자물쇠는 정직한 사람들을 정직한 채로 남아있게 하며, 자물쇠가 없을 경우 정직한 사람도 강한 유혹을 느끼게 된다. 또한, 사람들에게 감시받고 있다는 느낌을 주는 것만으로도 나쁜 행동의 상당 부분을 금지시킬 수 있다. 반면에 한 집단의 구성원들이 서로 친숙해질 경우 이타적 경향의 요소가 강화되고 직접적인 감시의 요소는 완화된다. 부정행위를 하는 사람들이 우리가 속한 사회집단의 일원일 경우 그러한 부정행위는 사회적으로 더 쉽게 용인되는 경향이 있으며, 이를 "깨진 유리창 이론(broken window theory)"이라고 한다.

🎓 **연구사례** 골퍼의 부정행위

에리얼리(Dan Ariely)와 그의 동료는 일반 골퍼를 대상으로 설문조사를 했다. 설문내용은 경기를 할 때 자기 자신 이외에 아무도 보지 않는 상황에서 일반적인 골퍼라면 규칙을 따를 것인지 아니면 위반할 것인지에 대하여 물었다. 약 2만 명에 달하는 골퍼들의 회신결과를 요약하면 다음과 같다. 이들은 타인보다 자기 자신에게 대해서 훨씬 관대함을 알 수 있다.

━━━ 골퍼의 부정행위

유형	부정행위 방법	부정행위 경향	
		타인에 대해	자신에 대해
공 옮기기	클럽으로	23%	8%
	발로 차서	14%	4%
	손으로 잡아서	10%	2.5%
멀리건	1번 홀에서	40%	18%
	9번 홀에서	15%	4%
점수 기록	홀별 거짓 기입	15%	4%
	합계 거짓 기입	5%	1%

🎓 **연구사례** 인간의 부정행위에 관한 실험

에리얼리(Dan Ariely)와 그의 동료들은 사람들의 부정행위에 관한 다양한 실험들을 수행하였다. 실험은 대학교 학생들을 대상으로 이루어졌으며, 학생들은 간단한 몇몇 문제를 풀고 그 대가로 돈을 받는 것이었다.

문제는 각 12개의 숫자로 이루어진 3×4 매트릭스에서 합이 10이 되는 숫자의 조합을 찾는 것으로 5분 동안 총 20개의 문제를 풀고 난 후에 맞힌 문제의 개수에 따라 각각 50센트씩을 받는 것이었다. 실험대상자는 주어진 시간 동안 문제를 풀고 나서 감독관에게 시험지를 제출하면, 감독관은 정답의 개수를 확인하고 돈을 지급하였다. 실험 결과 실험대상자들은 평균 4개의 문제를 맞히고, 2달러를 받아갔다. 이와 아울러, 실험대상자가 부정행위를 할 수 있도록 기회를 주는 다양하게 변형된 실험들도 수행하였다. 다양한 실험의 결과를 요약하면 다음과 같다.

(1) 감독관이 맞힌 개수를 확인하는 것이 아니라 실험대상자 스스로가 맞힌 개수를 보고하고 시험지는 파쇄기로 파지하여 증거를 없애는 실험에서, 실험대상자는 평균 6개 문제를 맞힌 것으로 보고하고 3달러를 받아갔다.

(2) (1)의 실험에서 보상금액을 맞힌 문제당 25센트, 50센트, 1달러, 2달러, 5달러, 심지어 10달러까지 다양화하여 실험을 해 본 결과, 보상금액의 크기와는 관계없이 스스로 맞혔다고 보고한 문제의 개수는 평균 6개로 동일하였다.

(3) (1)의 실험에서 시험지를 절반으로만 찢어 증거가 완전히 사라지지 않고 부정행위가 들통 날 수도 있는 조건의 실험에서도 맞혔다고 보고한 문제의 개수는 평균 6개로 동일하였다.

(4) (1)의 실험에서 감독관을 시각장애인으로 하고 돈도 실험대상자가 직접 상자에서 꺼내가도록 하는 등 부정행위를 훨씬 더 쉽게 저지를 수 있는 조건의 실험에서도 맞혔다고 보고한 문제의 개수는 평균 6개로 동일하였다.

(5) (1)의 실험에서 감독관이 사전에 다른 사람들의 평균 정답 개수는 4개 혹은 8개라고 알려준 후 문제를 풀게 하였는데, 어느 경우든 맞혔다고 보고한 문제의 개수는 평균 6개로 동일하였다.

(6) 결론적으로 사람들은 누구나 사소한 부정행위를 아무렇지 않게 저지르며, 부정행위의 수준은 보상의 수준, 부정행위가 발각될 가능성, 그리고 자기가 저지르는 부정행위가 두드러져 보이는지 여부와 관계없이 동일하였다.

선택의 욕구

인간은 누구나 자율적인 선택을 선호한다. 자기 스스로 선택하려는 인간의 욕구는 동물에서도 흔히 나타나는 자연스러운 현상이다. 셀리 그먼(M. Seligman)의 개 실험에 의하면, 자기 스스로 선택할 수 있다고 지각한 개는 고통을 줄이기 위하여 적극적인 행동을 보였으나, 스스로 선택할 수 없다고 포기한 개는 무기력한 상태를 보인다고 한다. 그리고 동물원에 갇혀 있는 동물들은 스스로의 삶을 통제할 수 없음에 따라 느끼는 스트레스로 우울증과 불안 증세를 보이며 수명 단축, 출산율 저하, 새끼 사망률의 상승과 같은 결과가 초래된다고 한다. 인간의 경우도 마찬가지다. 자기 스스로 선택할 수 없는 사람들은 스트레스를 받기 쉽다. 이와 대조적으로, 자신의 일을 자기 스스로 통제할 수 있다고 믿는 높은 지위에 있는 사람들이나 낙관적이고 긍정적인 사고를 가진 사람들은 일반적으로 건강한 것으로 나타난다.

선택의 심리

사람들은 다른 사람을 의식해서 종종 최적이 아닌 것을 선택하는 경향이 있다. 내가 생각하는 나와 타인이 생각하는 나 사이에는 항상 커다란 간극이 존재하지만, 나와 타인이 동일하게 나를 보는 것이 중요하지 나의 장점만을 타인에게 보이려고 하는 것은 좋지 않다. 그럼에도 사람들은 다른 사람에게 자기의 본 모습이 아닌 더 나은 모습을 보이려고 언제나 노심초사하며, 따라서 자신이 좋아하지 않는 선택을 하기도 한다. 또한 사람들은 자기 자신의 일관성 있는 정체성을 확립하고 난 뒤에는 그것을 더욱 강화시키는 방향으로만 선택을 하여 자기 정체성의 혼란을 사전에 회피하려고 애쓴다. 사람들은 어쩔 수 없이

---

[47]   그린필드[18], 아이엔가[19]를 주로 참조하였다.

선택을 변경한 뒤에는 종전에 대한 기억을 하지 못하거나 당초부터 그러한 선택의 입장이었다는 자기합리화로 선택변경에 따른 갈등을 해소하려는 경향이 있다. 서로 모순되는 선택을 한 경우에도 보다 높은 차원에서 이들을 포괄할 수 있는 원칙을 표명함으로써 일관성과 융통성을 갈등 없이 해소하기도 한다.

사람들은 포만감으로 다양한 선택지를 선호하기도 하지만, 선택지가 많다고 해서 항상 좋은 것은 아니다. 선택지가 너무 많으면 이에 압도당하여 선택을 제대로 하지 못하는 경우가 자주 있다. 밀러(G. Miller)는 인간의 정보처리 능력의 한계에 따라 적정한 선택지 수를 7 ± 2로 보고 있다. 자신의 선호를 구체적으로 아는 사람일수록 다양한 선택지 중에서도 손쉬운 선택을 할 수 있으며, 선택지의 단순화, 범주화, 유형화 등을 통하여 선택을 용이하게 만들 수도 있다. 일반적으로 선택의 자유를 좋아하는 사람들은 선택권이 확대될 때 만족감이 증가할 수 있으나, 선택의 의무를 자주 느끼는 사람들은 선택권이 확대될 때 오히려 만족감이 감소하는 경향이 있다.

어떤 경우에는 사람들이 종종 자신에게 귀착될 수 있는 책임 문제 등으로 인하여 자기 자신이 해야 할 선택을 주저하거나 남에게 떠넘길 수 있다. 의사, 변호사, 회계사와 같은 전문가들은 어려운 결정을 해야 하는 이러한 사람들의 개인책임에 대한 부담감을 줄여주기 위해 자신의 선호나 의견을 분명하게 밝힐 필요가 있다. 한편, 선택에 대한 권리가 완전 박탈당한 사람들의 경우에는 저항 감정이 생기게 되며, 이를 유도 저항(reactance)이라고 한다. 예를 들어 금연, 금주, 다이어트 등 자기통제 문제를 외부의 힘을 빌어서 해결하고자 할 경우에는 유도 저항이 야기될 수 있기 때문에 주의하여야 한다.

일상적인 생활에 있어서 사고, 감정, 행동 등의 상당 부분은 의식적인 선택이나 숙고의 중재를 받지 않고 환경적인 특성 등에 따라 자동적으로 결정되며, 어떤 우연한 사실이 선택의 결과를 바꾸는 수도 있다. 사람들은 종종 브랜드 이름에 현혹되어 제품의 질을 평가하는 경향이 있으며, 선거에서 투표소, 후보자의 용모, 투표용지에서의 후보자 순서와 같은 불합리한 요인의 영향을 받을 수도 있다. 패션업계의 경우 동종업계에 종사하는 사람들끼리의 잦은 전시회나 회합을 통하여 비슷한 경향을 만들고, 이는 순 노출효과(mere exposure effect)를 통하여 우연히 큰 유행을 가져오기도 한다.

선택의 제약요인

우리가 자율적 선택을 선호한다고 해서 항상 자유롭게 선택할 수 있는 것은 아니다. 자유로운 선택으로 보이는 경우라고 하더라도 실제에 있어서는 강요되거나 조작되는 경우가 많이 있으며, 특히 동의 여부 등의 개념이 불명확한 경우가 많다. 또한 개인의 자유 선택이라고 하더라도 낙태, 성매매, 마약 등은 법적으로 허용되지 않는다. 우리가 자유롭게 선택할 수 있는 경우라고 하더라도 언제나 합리적인 의사결정을 할 수 있는 것도 아니다. 스트레스 또는 피로 등으로 정신이 복잡할 때 우리는 이성에 따라 심사숙고하여 판단하는 것이 아니라 직관에 따른 성급한 결정을 하게 되는 것이다.

문화는 사회 구성원 각자의 역할과 그 역할에 따른 행동의 규약을 규정함으로써 사람들의 선택에 영향을 끼치게 된다. 문화는 가능한 것과 불가능한 것을 규정할 뿐만 아니라, 사회 구성원들이 세상을 해석하는 방식에도 관여함으로써 선택에 영향을 끼치는 것이다. 사람들은 자기 마음속 깊이 뿌리박힌 문화적 가치관이 자신의 선택에 있어서 보이지 않는 위력을 발휘하고 있다는 것조차 느끼지 못하는 경우가 많다. 또한, 문화적 편견은 인간의 직관적인 판단시스템과 결합하여 인지상의 오류를 범하는 경우가 흔히 있다.

어느 문화에서나 권위와 명령에 따르도록 유도하는 보이지 않는 힘이 존재하여 자신의 신념을 지키려는 충동과 언제나 갈등을 일으키지만 사람들은 자기의 소신에도 불구하고 결국 권위나 명령에 따르게 된다. 누구나 권위나 명령에 도전하기 위해서는 용기가 필요하고 위험이 크기 때문이다. 특히, 종교 집단이나 자기계발 집단 등은 권위를 존경하고 규칙을 따르는 사람의 성향을 이용해 많은 추종자를 만들고 이들에게 막강한 영향력을 행사한다. 이와 같이 권위나 명령은 사람들의 의사결정에 미치는 영향이 매우 크기 때문에, 그 정당성, 영향력, 그리고 오용에 관하여 항상 주의를 기울여야 하고 그에 대한 대처방법을 강구할 필요가 있다.

사회 통념에 따르면 시장은 선택을 구현하고 선택은 시장을 육성한다고 하나, 시장에도 한계가 있고 조작이 많기 때문에 진실한 정보공개 등의 적절한 규제가 필요하다. 당사자끼리 서로 동의하는 거래는 다른 선택보다 낫다고 할 수 있지만, 다른 선택대안이 없을 경우 교환을 통하여 상황이 더 나빠질 수도 있다. 시장에는 도덕이 없고 단지 사람이 가진 돈이나 정보, 그리고 교환할 가치가 있는 것을 밑천으로 한 협상이나 거래만이 존재하는 만큼, 지불할 돈이나 교환할 가치가 있는 재화가 없을 경우 시장은 더 이상 풍부한 선택의 원천이 될 수 없다. 기업은 사람들의 선호에 대응할 뿐만 아니라 광고나 마케팅을 통하여 사람들의 선호 그 자체를 만들어낼 수 있다. 그리고 시장은 시장에서 해결할 수 없는 것이 없도록 만드는 강한 침투성 때문에 다른 방식으로 결정해야 할 사안까지도 상품화하고 있다. 장기, 성, 마약 등과 같이 절대 사거나 팔지 말아야 할 대상까지도 상품화하고 있는 것이다.

선택과 개인 책임

개인 선택을 존중하여야 한다는 정치적 입장에서는 정부는 작아야 하고 민간 규제를 하지 말아야 하며 사람들은 자기가 선택한 결과에 대하여 전적으로 책임져야 한다고 주장한다. 그러나 개인의 선택 결과에 따라 다른 사람이나 사회 전체에 피해가 발생하는 것까지 막을 방도는 없으며, 이러한 피해에 대해 개인에게 모든 책임을 지우는데도 한계가 있다. 예컨대, 개인의 부주의한 운전에 따른 교통사고로 교통정체 비용 등의 사회적 비용이 발생하는 것까지 막을 수는 없고, 이때에 발생하는 사회적 비용을 전적으로 개인에게 부담시키는 것도 현실적으로 어렵다. 따라서 부주의한 운전에 따른 사회적 피해가 발생하지 않도록 미리 과속 규제, 교통법규 단속 등의 정부 규제가 필요한 것이다.

한편, 선택에 대한 개인 책임을 부과하기 위해서는 선택을 하는 사람의 동기와 의도, 그리고 대안이나 정보의 존재 여부 등 선택을 내린 상황도 함께 감안하여야 한다. 사람의 선택을 평가할 때 개인의 자유의지만을 강조할 것이 아니라 그들이 처했던 특수한 상황적인 요인과 책임의 공유영역도 함께 고려하여야 한다. 예컨대, 악천후에 등반하여 조난을 당한 등반 전문가와 처음 간 야구장에서 부상당한 여성 관중의 경우는 상이한 것이다.

개인이 원칙적으로 선택 책임을 지는 사회에서 선택의 힘을 키우기 위해서는 선택의 배경으로 작용하는 상황이나 환경의 위력을, 특히 문화적 영향력을 인식하여야 하며, 또한 우리의 직관적이며 비이성적인 성향을 인정하고 이것에 유념하여야 한다. 직관적 판단은 매우 유용하여 깊이 생각하지 않고 일상생활의 많은 부분을 간단히 처리할 수 있게 해준다는 이점이 있으나, 많은 편향과 오류를 낳기 쉽다는 문제가 있다.

Chapter 05

인간 행태의 편향과 오류

1 인간의 사고체계

최근의 행동 경제학, 신경 경제학 등은 심리학, 인지 심리학, 뇌 과학, 언어학, 진화론, 인류학, 철학 등 다양한 학문과의 협동적 연구를 통해 인간의 사고와 인지 과정, 그리고 행동의 동기 등에 관하여 다양한 연구를 수행하고 있다. 특히 행동 경제학은 잘 통제된 실험 등을 통하여 인간의 사고와 행동에 있어서 다양한 편향과 오류를 밝히고 있으며, 신경 경제학은 기능성 자기공명영상장치(fMRI) 등의 과학적 장비를 동원하여 인간의 다양한 인지와 감정 기능과 관련된 특정의 뇌 영역을 탐구함으로써 인간 행동의 동기를 밝히고 있다.

뇌의 주요 부위와 기능[48]

뇌는 크게 후뇌, 중뇌, 전뇌로 구별된다. 후뇌는 흔히 뇌간이라고 불리며, 동물의 가장 기본적인 기능인 호흡, 심장박동, 각성과 운동기술 등을 통제한다. 후뇌에는 연수, 소뇌, 교가 위치한다. 연수는 척수가 두개골로 연장된 것으로 심장박동, 혈액순환과 호흡을 조율하며, 소뇌는 피아노 연주 등과 같은 미세한 운동기술을 통제하고, 교는 소뇌로부터의 정보를 뇌의 나머지 영역으로 전달하는 기능을 한다. 중뇌

---

[48]　샤터[33], pp. 116–126.

는 외부로부터의 자극에 적절히 대응하게 하는 역할을 한다. 중뇌에는 시개와 피개가 위치하는데 시개는 눈, 귀, 피부 등으로부터의 자극 정보에 향하도록 하고, 피개는 운동과 각성, 그리고 도파민의 생성을 통하여 쾌락 추구와 동기에도 관여한다.

전뇌는 인간만이 발달되어 있는 뇌의 가장 상위 수준의 부분으로서 복잡한 인지능력과 정서, 감각, 운동기능을 통제하며, 대뇌피질과 피질하 구조로 구분된다. 대뇌피질에는 후두엽, 두정엽, 측두엽, 전두엽 등이 위치하고 피질하 구조에는 시상, 변연계(시상하부, 해마, 편도체 등), 뇌하수체, 기저핵, 선조체 등이 위치한다.

후두엽은 시각 정보를 처리하고, 두정엽은 촉각 정보를 처리하며, 측두엽은 청각과 언어에 관여하고, 전두엽은 추상적인 사고와 계획, 기억, 판단 등 인간의 가장 복잡한 기능에 관여한다. 한편, 피질하의 시상은 감각기관에서 오는 모든 정보를 중계·여과하여 이를 대뇌피질로 전달하는 기능을 한다. 시상하부는 체온, 배고픔, 갈증, 성행위 등 기본 욕구를 조절한다. 해마는 새로운 기억을 형성하고 이 새로운 기억을 지식 네트워크와 통합시켜 대뇌피질의 다른 영역에 영구히 저장하는데 중요한 역할을 한다. 편도체는 많은 정서의 형성 과정, 특히 두려움과 같은 정서적 기억의 형성에 관여한다. 뇌하수체는 신체의 호르몬 생산체계인 내분비선으로서, 여러 신체 활동을 통제할 수 있는 호르몬을 분비한다. 기저핵은 수의적 행동[49]을 통제하며, 선조체는 자세와 움직임의 통제에 관여한다.

시스템1과 시스템2[50]

카너먼(Daniel Kahneman)의 연구에 의하면, 우리 인간의 사고체계

---

49 대뇌의 의지에 따른 행동을 의미하며, 자율신경계에 지배받는 불수의적 행동과 대비되는 말이다.

50 카너먼[6], pp. 33−40, pp. 66−71.

는 직관적 사고를 담당하는 시스템1과 논리적 사고를 담당하는 시스템2로 구성된다고 한다. 시스템1은 무의식적, 자동적, 즉각적, 본능적, 충동적인 빠른 사고를 주로 담당하는 한편, 시스템2는 의식적, 의도적, 통제적, 집중적, 억제적인 느린 사고를 주로 담당한다. 시스템1은 주로 일상적인 사건, 단순한 과제들을 처리하고 기억 기능에 의존해 숙달된 문제의 해결에 활용되지만, 시스템2는 주로 복잡한 사건, 복합적인 과제들을 처리하고 추론 기능에 의존해 이례적 문제의 해결에 활용된다고 한다.

시스템1은 직관 등을 통하여 신속하게 문제를 해결하는 과정에서 시스템적 편향과 오류의 가능성이 큰 반면에, 시스템2는 논리적 추론 등을 통하여 신중하게 문제를 해결하지만, 이에 많은 시간과 노력이 소요된다.[51] 시스템1은 스스로 처리하기 어렵다고 판단하는 문제에 대하여 시스템2에 그 해결을 요청하는 한편, 시스템2는 시스템1에 의한 사고 및 문제 해결을 항상 의심, 감시, 승인한다. 하지만 많은 사람들은 시스템2에 의한 자기감시 기능이 작동하기도 전에 자신의 직관만을 믿고 시스템1에 의한 성급한 판단을 하는 경향이 있다. 예를 들어 "배트와 공을 합친 가격은 1달러 10센트이다. 배트의 가격이 공의 가격보다 1달러 더 비싸다. 그렇다면 공의 가격은 얼마일까?"라는 질문에 대해 많은 사람들은 직관적인 오답을 내놓는다. 10센트라고. 그러나 조금만 신중하게 생각하면 정답이 5센트라는 것을 금방 알 수 있다. 이 문제에 대해 하버드, MIT, 프린스턴 대학생들 중 절반 이상이 틀렸다고 한다.

머릿속에 바로 떠오르는, 피상적으로 그럴듯한 대답을 수용하고 싶은 유혹을 떨쳐버리고 자신의 직관을 자주 의심하는 사람들이 더 합리

---

51 우리는 시스템1을 사용할 때보다 시스템2를 사용할 때 정신적 노력을 많이 기울이게 되며, 그러한 정신적 노력의 정도는 동공의 크기로 파악할 수 있다고 한다. 동공의 크기는 현재 정신적 에너지의 활용 정도를 가늠하게 해주는 민감한 지표인 것이다.

적인 사람이다. 우리는 성급한 직관에 의한 판단으로 오류와 편향이 생길 가능성이 높은 상황이 언제인지 파악한 다음, 그런 오류와 편향이 일어나지 않도록 시스템2에 의한 자기감시 기능이 제대로 작동될 수 있도록 하여야 한다.

인지 부하와 시스템1

시스템2에 의한 사고와 판단에 있어서 인지 부하(cognitive load)가 걸리면 자제력이 약화되고 시스템1에 의존한 행동의 가능성이 커지게 된다. 어떤 생각이나 행동을 자제하는 것도 시스템2가 수행하는 기능 중의 하나이며, 이에도 많은 주의와 노력이 필요하다. 자신이 싫어하는 무언가를 억지로 하도록 자신을 독려해야 한다면 자제력 유지의 노력에 따른 피곤함이 누적되어 결국 새로운 도전이 닥쳐왔을 때 자제력을 발휘하려 하지 않거나 그럴 수 있는 능력이 줄어든다. 이러한 현상을 자아 고갈(ego depletion)이라고 한다. 자아가 고갈된 사람은 더 이상 자제력을 발휘할 수 없기 때문에 어려운 인지작업에 직면하게 되면 쉽게 포기하려고 할 것이다. 사람들의 자제력 수준이 모두 같은 것은 아니며, 높은 자제력을 보여주는 아이일수록 나중에 커서 지적 수준이 높은 것으로 나타났다.[52]

> **🎓 연구사례 마시멜로 실험[53]**
>
> 미셸(Walter Mischel)이 실시한 실험에서 4-5세 아이들은 조그만 방에 혼자 놓여져, 실험자가 돌아올 때까지 참게 되면 마시멜로 3개를 보상받았고, 이를 참지 못하고 언제든 벨을 누르게 되면 마시멜로 1개만 얻을 수 있었다. 실험의 결과, 아이들은 마시멜로가 눈 앞에 보였을 때는 평균 1분, 그러나 보이지 않았을 때는 11분 정도 참았다고 한다. 이 실험에서 유혹을 잘 견뎌낸 아이들

---

52 카너먼[6], pp. 62-65.
53 탈러[5], pp. 179-180.

과 그렇지 못한 아이들의 10-15년 후를 비교해본 결과, 자제력이 컸던 학생들이 인지과제 제어능력, 지능지수 등 모든 면에서 좋은 성과를 보였다고 한다.

인지적 편안함과 시스템1

우리는 인지적으로 편안함을 느낄 때 기분도 좋고, 보이는 것들이 대부분 마음에 들고, 현재 상태가 친근하고 안정되었다고 느낀다. 우리는 깨끗하고 뚜렷한 서체, 발음하기 쉽고 운율이 있는 문장, 듣거나 본 적이 있는 문장, 반복적이거나 쉽게 연상되는 문장 등에 대하여 인지적인 편안함을 느낀다. 우리가 인지적 편안함을 느낄 때 더 직관적이고 창조적으로 되는 반면에, 보다 쉽게 경계를 풀고 시스템1에 의한 의존을 늘림으로써 오류와 편향에 빠질 가능성이 더욱 커진다.[54]

☞ 연구사례 단순 노출효과[55]

미시간 대학은 몇 주 동안 학보 1면에 광고처럼 보이는 상자 하나를 실었다. 상자 안에는 kadirga, saricik, iktitaf와 같은 터키어(혹은 터키어 발음이 나는) 단어 중의 하나를 담았다. 단어마다 등장횟수는 상이하였다. 1회만 나온 단어도 있었고, 2회나 5회, 심지어 25회나 나온 단어도 있었다. 학보에 가장 많이 등장한 단어들은 정작 일반적으로 거의 사용하지 않는 단어들이었으며, 단어에 관한 어떤 설명도 없었다. 이 이상한 광고게재가 끝난 후 대학생들에게 질문지를 보내 광고에 등장했던 단어들에 대해 어떤 인상을 받았는지 물어봤다. 결과는 놀라웠다. 자주 등장한 단어일수록 더 우호적인 반응을 받은 것이다. 중국어와 같은 표의문자나 얼굴 등의 사물을 이용한 다른 많은 실험들도 같은 결과를 얻었다.

54　　카너먼[6], pp. 88-107.
55　　카너먼[6], p. 101.

시스템1에 의한 어림셈[56]

어림셈이란 휴리스틱(heuristic)이라고도 불리며, 시스템1의 직관적 사고를 사용하여 빠른 결정을 내리는 문제해결의 간편 방법 또는 지름길을 의미한다. 어림셈을 이용한 빠른 판단은 완전한 답은 아니더라도 어느 정도 만족스러운 답을 재빨리, 그것도 큰 노력 없이 얻을 수 있다는 장점이 있다. 어림셈은 명확한 실마리가 없거나 깊이 생각할 시간적 여유가 없을 때 자주 활용되지만, 어림셈에 의한 성급한 판단은 종종 터무니없는 실수를 초래할 수도 있기 때문에 항상 주의하여야 한다. 어림셈에는 판단 어림셈, 가용성 어림셈, 감정 어림셈, 대표성 어림셈 등이 있다.

(1) 판단 어림셈(judgement heuristic): 어떤 질문에 대하여 빠르고 적절한 대답을 직관적으로 찾아내는 단순한 절차를 말한다. 미국인과 독일인 학생들을 대상으로 미국 샌디에이고와 샌안토니오 중에서 어느 도시의 인구가 많다고 생각하는가라는 질문을 하였을 때 독일인이 미국인보다 정답률이 높았다. 독일인들은 이름을 들어본 적이 있는 익숙한 도시가 아마도 인구가 많을 것이라는 판단 어림셈에 따라 올바른 판단을 할 수 있었던 것이다.[57]

(2) 가용성 어림셈(availability heuristic): 특정 사례가 머릿속에서 얼마나 쉽게 연상되느냐, 즉 기억의 친숙성에 따라 그 발생 빈도를 판단하는 것을 말한다. 미국 사람들에게 자살과 타살, 어느 쪽이 더 많을 것 같으냐고 물으면 대부분의 사람들은 매스컴 등을 통해 타살에 관한 사건을 더 많이 접하기 때문에 타

56 　도모노[4], pp. 69-101, pp. 279-290.
57 　도모노는 이를 재인 어림셈(recognition heuristic)이라고 불렀다.

살이 많을 것이라고 잘못 대답한다.

(3) 감정 어림셈(emotion heuristic): 순간적인 자극에 따라 만들어진 감정 등을 통해 직관적인 판단을 하는 것을 말한다. 우리가 선택문제에 직면하면 가장 먼저 선택대상이 좋은지, 나쁜지 또는 유쾌한지, 불쾌한지의 감정을 직감적으로 파악한 후 그것을 가이드라인으로 하여 또는 그에 따라 선택대안을 압축한 다음 그중에서 최종 선택을 하게 된다고 한다. 전두엽 등의 뇌 손상으로 감정을 전혀 느낄 수 없는 사람들은 이러한 의사결정을 할 수 없다고 한다. 나쁜 결과가 나올지 몰라 갖게 되는 건강한 두려움은 의사결정에 중요한 역할을 한다.

(4) 대표성 어림셈(representative heuristic): 광범위한 표본들에 근거하여 충분하게 분석하지 않고 작은 표본의 대표적 유형에 기초하여 개념적 유추를 하거나 무작위(random) 현상 속에서 패턴이나 인과관계를 찾으려 하는 것을 말한다. 앞의 "사고실험 8"에서 본 바와 같이 하루 평균 15명의 아기들이 태어나는 작은 병원과 하루 평균 45명의 아기들이 태어나는 큰 병원 중에서 1년 동안 남아가 60% 이상 태어난 날짜 수에 있어서 많을 것으로 생각되는 병원은 어느 것일까라고 물으면 대부분의 사람들은 남아의 출생 확률은 50%라는 대표성 어림셈에 따라 두 병원이 같을 것이라고 대답한다. 그러나 작은 병원이 큰 병원보다 편차가 더 커서, 평균에서 벗어난 결과가 발생할 확률이 더 높다. 구체적으로 작은 병원에서는 1년 중 약 55일, 큰 병원에서는 약 27일 그런 일이 발생된다고 한다.

기억, 지각, 상상의 오류

인간만이 미래를 상상할 수 있는 동물이다. 인간 뇌가 이룩해낸 최대의 업적은 현실세계에 존재하지 않는 사물과 사상을 상상할 수 있는 능력이며, 이 능력을 통하여 우리는 미래를 생각할 수 있게 된다. 그러나 과거를 잘못 기억하고 현재를 잘못 지각하게 만드는 오류들이 우리로 하여금 미래를 잘못 상상하도록 만든다. 우리 뇌는 경험 전체를 실제 있는 그대로 기억 속에 저장하지 않으며, 몇 가지 중요한 실마리로 축소, 압축하여 저장한다. 그리고 나중에 우리가 그 기억을 기억해낼 때에도 뇌는 그 경험들을 있는 그대로 복원하지 않고 압축해놓은 정보 덩어리를 재조합한다. 이 과정에서 실제로 저장되지 않았던 세부사항을 나중에 채워 넣기까지 한다.

이러한 채워 넣기 현상은 우리의 과거 기억을 왜곡시키고, 우리의 지각과정에도 영향을 준다. 우리 뇌는 빠진 정보들을 보완하기 위하여 우리도 모르는 사이에 없는 것을 보고 듣게 한다. 우리의 지각 경험은 세상의 이미지가 실제 있는 그대로 뇌에 전달되어지는 생리적인 현상이라기보다는 우리가 이미 알고 생각하고 느끼고 믿고 원하는 것들에 영향을 받아 일어나는 심리적인 현상인 것이다.

한편, 우리는 기억과 지각 경험을 정확한 것으로 잘못 받아들이듯이 미래에 대한 상상도 정확한 것으로 잘못 생각한다. 하지만 우리는 미래에 관해 상상하고 있는 것 중에서 우리가 빠뜨리고 간과하고 있는 중요한 사항이 많다는 것을 알아야 한다. 그리고 우리의 상상에는 대부분의 세부사항이 결여되어 있어, 미래가 우리 상상대로 이루어지는 경우란 거의 없다는 것도 알아야 한다. 우리는 즐거움을 느끼기 위해,

---

58 　　 길버트[15]를 주로 참조하였다.

또는 미래 행동의 동기부여를 위해, 또는 미래 위험에 효율적으로 대처하기 위해 미래를 상상하지만, 미래에 일어날 수 있는 모든 세부사항까지 구체적으로 상상하지는 못하기 때문에 미래가 눈앞에 닥쳤을 때 전혀 예측하지 못했던 세부사항에 놀라게 되는 경우가 많다. 한편 우리는 이처럼 부정확할 수밖에 없는 미래에 관한 상상을 아무리 의식적으로 하지 않으려 애써도, 자기 자신도 모르는 사이에 늘 하게 되는 것이다.

부존재 인식의 어려움

우리는 일상생활에서 어떤 것이 부재하다는 것을 인식하기란 무척 어렵다. 부모님이 기원해 주셔서 시험에 합격했다고 말하기는 쉽지만, 부모님이 시험 합격을 기원해 주셨음에도 불구하고 떨어진 수험생에 주목하는 사람은 거의 없다. 보이지 않는 것에 대해 주의를 기울이지 않는 경향은 우리가 내리는 의사결정이나 미래를 생각하는 방식에도 많은 영향을 끼친다. 겉으로 드러나는 요인만 중요시하고, 드러나지 않는 요인에 대하여는 거의 주의를 기울이지 않는 경향이 있다. 또한 우리는 구체적으로 상상하지 못하는 것에 대해서는 실제로 일어나지 않을 것처럼 생각하기 쉽다.

현재에 기초한 회상과 상상

우리는 과거를 회상할 때 과거의 빈 공간을 현재의 경험으로 채우고, 미래를 상상할 때에는 현재의 감정을 기초로 새로이 창조하는 경향이 있다. 우리는 현재 생각하고 말하고 느끼고 행동하고 있는 것을 예전에도 똑같이 그렇게 생각하고 말하고 느끼고 행동했다고 회상하는 경향이 있으며, 오늘과는 전혀 다른 미래를 상상하지 못하고 오늘의 감정에 기초하여 미래를 상상하는 경향이 있다. 현재의 경험이나 감정은 너무나 강력하고 생생해서 과거를 회상할 때뿐만 아니라 미래에 대하여 상상할 때도 이를 지배하는 경향이 있는 것이다.

현실의 왜곡

우리의 경험은 본질적으로 모호하기 때문에 우리에게 유리한 방향으로 현실을 왜곡하여 해석하려는 경향이 있다. 따라서 사실을 자기에게 유리한 방향으로 조작하거나 또는 자신에게 유리한 사실만을 수집하거나 또는 자신에게 불리한 사실에는 눈을 감게 된다. 그리고 우리가 원하는 결론을 내리게 해주는 정보에 대해서는 관대하지만, 우리가 원하는 결론과 배치되는 정보에 대해서는 매우 엄격한 증거를 요구하게 되는 것이다. 하지만 우리의 현실 지각이 너무 터무니없지는 않다는 것을 믿게 하기 위하여 우리의 뇌는 우리의 눈이 보는 것을 그대로 수용하는 동시에, 우리의 눈은 우리의 현실 지각을 긍정적인 것으로 만들기 위하여 우리가 보고 싶은 것을 찾아낸다. 결국 우리를 섬기는 뇌와 눈의 이런 음모를 통하여 우리는 엄연한 현실과 낙관적인 자기착각의 사이에서 살게 되는 것이다.

심리적 면역체계

우리가 우리에게 유리한 방향으로 사실을 조작할 경우에는 그것이 우리가 의식하지 못하는 수준에서 이루어져야 효과가 있다. 일부러 긍정적으로 바라보도록 시도한다면 이는 자기 파괴의 씨앗이 될 것이다. 그래서 우리는 사실을 조작할 때는 무의식적으로 하고, 그 결과를 즐길 때에는 의식적으로 한다.

우리의 심리적 면역체계는 사실을 조작하고 비난의 대상을 바꾸는 등의 방법을 동원해서 우리로 하여금 긍정적인 관점을 유지하도록 한다. 그러나 우리가 슬프거나 질투나거나 화가 나거나 좌절하는 모든 상황에서 그러한 반응을 보이는 것은 아니다. 우리의 감정이 몹시 상하거나 극심한 고통을 제거할 필요가 있을 경우나, 그리고 도저히 빠져 나갈 구멍이 없는 상황에 처했을 경우에만 우리의 심리적 면역체계가 작동한다. 우리는 우리의 경험을 바꿀 기회가 없다고 생각할 경우에만 그 경험을 바라보는 우리의 관점을 바꾸는 것이다.

우리는 어떠한 불행한 상황에 처한다 하더라도 심리적 면역체계에 따라 그 부정적인 기분이 크게 완화되는 경험을 하게 될 것이지만, 현재 시점에서는 우리의 미래 감정이 점차 나아질 것이라는 상상을 제대로 하지 못하기 때문에, 미래에 경험하게 될 고통의 강도와 지속기간을 너무 과대평가하게 된다.

한편, 아무리 특별한 사건이라도 그 사건이 왜 일어났는지 설명을 듣게 되면 그 사건은 평범하게 보이게 되고, 따라서 이에 대하여 더 이상 생각하지 않도록 되기 때문에 그 사건으로 인한 영향력이 크게 줄어든다. 이미 설명된 사건은 완결된 사건으로 우리의 관심 밖으로 밀려나게 되는 것이다.

반복적인 실수

우리는 과거 경험으로부터 배우지 못하고 같은 실수를 반복한다. 우리는 즐겁고 자랑스러웠던 경험은 앞으로도 반복해서 해보고 싶어 하고, 고통과 후회를 주었던 경험은 두 번 다시 하기 싫은 것이다. 그런데 문제는 과거의 경험에 대한 기억이 정확하지 않다는 데 있다. 과거에 대한 기억이 정확하지 않기 때문에 과거의 경험을 미래의 올바른 선택에 제대로 반영할 수 없는 것이다.

우리가 어떤 기억을 쉽게 떠올릴 수 있는지 여부를 결정하는 주요 요인은 얼마나 자주 그 경험을 했는지 여부뿐만 아니라 그 경험이 얼마나 희귀하고 이례적이었는가에 달려있다. 실제 발생 가능성이 낮은 경험일수록 기억에 더 잘 남는다는 사실 때문에 우리는 미래 경험을 예측할 때 오류를 범하거나 같은 실수를 반복하게 된다. 지난 여행에서 가장 즐거웠던 순간만 기억하고 지루하고 평범하였던 순간은 기억하지 못함으로써 그곳으로 다시 여행갈 계획을 세우는 것이다. 그리고 우리는 과거의 경험이 얼마나 즐거웠는지 판단할 때 경험 전체에서 느끼는 즐거움의 총합보다는 마지막 순간에 느꼈던 즐거움에 더 큰 영향을 받게 됨으로써 때때로 이해하기 어려운 선택을 하기도 한다. 또한, 우리의 기억은 과거에 우리가 틀림없이 갖고 있었다고 생각하는 어떤 견해나 이론에 커다란 영향을 받는다. 그러다 보니 이것들이 사실과 다를 경우 우리의 과거 기억도 틀리게 되는 것이다.

미래의 정확한 예측

우리는 미래에 대한 상상에서 많은 오류를 범한다는 사실을 알고 있다. 그러면 대체 어떤 방법으로 미래의 일을 올바르게 예측할 수 있을까? 많은 연구에 따르면, 다른 사람들의 실제 경험을 사용하여 놀라울 정도로 정확하게 자신의 미래 감정을 예측할 수 있다고 한다. 결국 우리가 내일을 어떻게 느낄지 가장 정확하게 예측할 수 있는 방법은 다른 사람이 우리한테 내일이 될 오늘을 어떻게 느끼고 있는지를 살펴보면 된다는 것이다. 해결책이 이처럼 간단하고 효과적이라면 누구나 이 방법을 사용할 것이라고 기대해 봄직하다. 그러나 사람들은 그렇게 하지 않는다.

사람의 다양성과 독특성에 대한 강한 믿음이 우리가 타인을 우리 경험의 대리인으로 사용하기를 거부하는 주요 요인이다. 다른 사람들의 실제 경험을 우리의 미래 경험의 대용물로서 사용하려면 동일한 사건에 대한 다른 사람들의 반응과 우리의 반응이 대체로 비슷할 것이라고 믿어야만 한다. 그런데 사람들의 감정적 경험이 매우 다양하다고 믿는다면 다른 사람들의 경험을 대용하는 것이 쓸모없는 일이 되어버린다. 이와 같이, 다른 사람의 경험이야말로 우리의 미래 감정을 예측함에 있어 손쉽고 효과적인 방법이지만, 우리는 서로가 얼마나 비슷한지 깨닫지 못하기 때문에 이 믿을 만한 방법을 거부하는 대신, 흠도 많고 오류도 많은 우리의 상상에 의존하게 되는 것이다.

3 인간의 편향과 오류

편향과 오류의 원인

편향(bias)이란 어떤 문제를 해결하는 데 있어서 여러 가지 대안이 있음에도 불구하고 특정의 시각을 고수하려는 경향을 말하며, 오류(fallacy)는 합리적이고 이성적인 생각이나 행동으로부터 시스템적으로 빗나가는 것을 의미한다. 정보가 매우 불완전한 상태에서 우리가 빠르고 안전한 의사결정을 내려야 할 때 시스템1에 의한 직관적인 사고와 판단은 불가피하며, 대부분의 경우 편향이나 오류 없이 잘 작동된다. 시스템1에 의존한 처리방식은 인류의 오랜 진화과정을 통하여 발전되어 온 귀납적 추론방식으로서, 인위적인 노력 없이 무의식적으로 반응하는 특징이 있다. 반복적이면서 일상적 업무를 처리하기 위하여 많은 노력과 시간이 소요되는 시스템2의 연역적 추론방식에 의존하는 것은 비경제적인 것이다.

그러나 시스템1에 의한 사고와 판단은 불완전하고 파편적인 지식이나 정보를 자의적으로 해석하고, 이를 기초로 성급한 결정을 내림으로써 편향과 오류를 범하기 쉽다. 특히, 인지적 편안함이나 인지 부하, 자아 고갈 등으로 시스템1이 판단과 행동에 더 많은 영향을 끼치게 되면, 그 결과 편향과 오류의 가능성도 자연히 커지게 된다.

시스템1에서 기인하는 오류를 막는 방법은 원칙적으로 간단하다. 우리가 인지적 지뢰밭에 있다는 것을 인식하고, 판단의 속도를 줄이고, 시스템2에 더 많은 도움을 요구하면 된다. 우리 모두가 자신이 심각한 오류에 빠지려고 할 때마다 크게 울려주는 경고의 벨을 가지고 싶어 하지만 불행하게도 그런 벨을 구하기는 어렵다. 이성의 목소리는 잘못된 직관의 목소리보다 훨씬 더 희미하고, 특히 이성이 여러 가지 어려운 결정 때문에 스트레스를 받고 있을 때에는 자신의 직관에 의문을 표시하기가 더욱 어려운 것이다. 그러나 관찰자는 행위자보다 인지적으로 덜 바쁘고 정보에 더 개방되어 있으므로, 우리는 주위의 비평가나 수다쟁이의 말을 경청할 필요가 있다. 이와 함께, 조직은 개인보다 천천히 의사결정을 하고, 질서정연한 절차를 부과할 수 있는 힘이 있기 때문에 편향과 오류를 개인보다는 더 잘 피할 수 있다.[59]

4 다양한 편향과 오류들[60]

(1) 자기관찰의 착각(introspection illusion)

많은 사람들이 자기 자신의 주장에 대하여는 정확한 근거에 기초한 올바른 내용이라고 굳게 믿는 한편, 다른 사람들의 주장에 대하여는 틀린 근거에 기초한 잘못된 내용이라고 확신하는 경향을 의미한다. 우리는 자신의 생각은 너무나 익숙하고 잘 알고 있기 때문에 언제나 진실이라고 믿는 반면, 다른 사람들의 마음은 우리가 잘 알 수가 없고 그들이 주장하는 내용이 익숙하지도 않아 그들 생각은 잘못된 것이라고 쉽게 결론내리는 경향이 있다. 이와 같이 자기 자신이 갖고 있는 확신보다 더 확신을 주는 것은 없는 것이다. 그러나 그런 확신은 위험할 수 있다. 우리가 무언가에 대해 강한 확신이 들수록 더욱 자신에 대해 비판적이 되어야 한다.

(2) 주의력 착각

우리는 집중하고 있는 것, 보고 싶은 것만 보고 있으며, 우리의 시야에서 일어나는 모든 것을 보는 것은 아니다. 그러나 우리는 모든 것을 지각하고 있다고 착각하며, 이를 주의력 착각이라고 한다. 예컨대,

---

59 　카너먼[6], pp. 510-511.
60 　카너먼[6], 탈러[5], 탈러[11], 애리얼리[13], 애리얼리[14], 길버트[15], 도벨리[16], 도벨리[17], 윌린[28], 핸드[29] 등을 주로 참조하였다.

차브리스(Christopher Chabris)와 사이먼스(Daniel Simons)가 공동 제작한 "보이지 않는 고릴라"라는 이름의 동영상 실험은 우리가 눈에 보이는 모든 것을 보는 것이 아니라, 우리가 집중해서 보고 싶은 것만을 본다는 사실을 여실히 증명하고 있다. 이 짧은 동영상 실험에는 농구하는 두 팀이 나오는데, 한 팀 학생들은 흰색 셔츠를, 다른 팀 학생들은 검은색 셔츠를 입고 있고, 동영상 시청자들은 흰색 셔츠를 입은 팀의 패스횟수를 세라는 지시를 받는다. 동영상 중간에는 고릴라 복장을 한 학생이 등장하여 약 9초간 코트를 가로질러 천천히 걸으면서 가슴을 두드리는 등 몸짓을 취하기도 한다. 그런데 이 동영상을 본 수천 명이 넘는 사람들의 절반 정도는 이 특이한 장면을 전혀 눈치 채지 못했다. 그들이 고릴라 복장을 한 학생을 보지 못한 이유는 검은색 셔츠를 입은 팀은 무시한 채 흰색 셔츠를 입은 팀의 패스횟수를 세는 것에만 집중하였기 때문이다. 이 세상에는 우리가 보지 못하는 많은 것이 존재하며, 우리는 세상을 보고 싶은 것, 보아야 하는 것만을 볼 것이 아니라 보이는 그대로 보도록 노력할 필요가 있다.

(3) 완벽한 기억에 대한 착각

우리는 과거를 정확히 기억하고 있다고 생각하나 그 기억은 세월에 따라 변한 것이며, 특히 과거의 기억은 오늘날의 견해에 맞춰 수정된 것이다. 과거에 대한 기억은 실제로 존재하였던 과거 그 자체에 대한 기억이 아니라 오늘날의 입장에서 새롭게 각색한 과거의 기억일 뿐인 것이다. 우리는 그렇게 함으로써 현재와는 다른 과거에 부딪히게되는 괴로운 순간들을 피할 수 있다. 9.11 테러 당시의 기억과 같이 생생하고 세밀한 섬광기억(flashbulb memories)조차 보통의 기억들과 마찬가지로 오류가 발생할 수 있으며 심지어 조작되기도 한다.

(4) 수영선수 몸매에 관한 착각(swimmer's body illusion)

선택 기준과 결과가 서로 뒤바뀌는 경향을 의미하는 것으로, 예컨대 원래 몸매가 좋아서 수영선수가 된 것을 수영을 해서 몸매가 좋은 것으로 생각하는 경우이다. 또한 화장품 광고에 등장하는 여성모델은 그 화장품을 사용해 예뻐진 것이 아니라 원래 아름다워서 화장품 모델이 된 것이다. 우리는 성공하고 많은 돈을 벌어 행복한 것이 아니라 긍정적 마음으로, 행복한 마음으로 살다 보니까 성공하고 돈도 많이 벌게 된다. 또한, 운(luck) 등에 따라 성공하였기 때문에 능력 있는 경영자로 인정받는 것이며 능력이 있는 경영자라고 모두 성공하는 것은 아니다. 능력 있는 경영자라도 얼마든지 실패할 수 있다.

(5) 정당성의 착각(illusion of validity)

사람들이 실제보다 예측을 더 잘 할 수 있다고 착각하기 쉬운 경향을 의미한다. 예측에 있어서 주관적 자신감은 사후적으로는 언제나 과거를 잘 설명할 수 있다는 인지적 편리함이 반영된 결과로 우리의 예측 능력과는 거의 관계가 없다. 매일 쉽게 설명할 수 있는 과거의 현상이 있기 때문에 미래가 예측 불가능하다는 생각은 점차 약해진다. 그러나 불확실한 환경 속에서 전문가가 하는 예측의 정확성은 컴퓨터를 사용하여 무작위로 하는 단순 통계적인 방법보다 별로 나을 것이 없다. 예컨대, 금융전문가가 운용하는 뮤추얼펀드의 운용성과에 있어서도 연간 상관관계가 거의 제로에 가까운 것으로 분석되었다. 그들이 매년 지속적으로 좋은 성과를 낼 수 없다는 의미이다. 특정연도에 좋은 운용성과를 낸 펀드들은 그들 실력 때문이 아니라 단지 운이 좋았을 뿐일 가능성이 훨씬 크다. 전문가들은 부인하겠지만 전문가의 임상적 예측능력이 통계적 알고리즘에 비하여 못하다는 증거는 많이 있다. 전문가는 사실을 너무 복잡하게 생각하고 복잡한 정보를 해석하려고 하며, 그 과정에서 일관성이 부족해지기 쉽기 때문이다. 그럼에도 전문가들은 그들 자신의 예측능력이 다른 사람보다 훨씬 더 낫다고 믿는다. 자신들은 전문가적인 지식을 가지고 있어 예측능력이 훨씬 나을 수밖에 없다는 착각이 그들의 커뮤니티에 의하여 유지, 강화된다.

(6) 사전정보 효과

사전에 주어지는 정보는 기대감이나 고정관념을 형성하여 사람들의 선택에 영향을 끼친다. 사전에 아무런 언급이 없을 경우 많은 사람들은 일반 맥주보다 식초를 조금 넣은 맥주를 선호하지만, 맥주에 식초를 조금 넣었다는 말을 미리 들으면 식초 넣은 맥주의 선호도가 급격히 떨어진다고 한다. 우리가 어떤 영화를 보러갈 때 그 영화가 지금 호평을 받고 있다는 얘기를 듣는 것만으로도 좀 더 재미있게 그 영화를 감상할 수 있다. 그리고 맛의 블라인드 테스트(blind test)에서 선호도 차이가 별로 없는 음료라고 하더라도 브랜드 정보를 노출하고 테스트할 때에는 맛에 대한 평가가 크게 달라진다. 각 선택대안에 있어서 기대감이나 고정관념을 형성시킬 우려가 있는 정보를 미리 주지 않는 것만으로도 우리는 좀 더 공정한 평가를 할 수 있다.

(7) 정박 효과(anchoring effect)

과거 자신의 경험으로부터 형성된 고정관념이나 맨 처음 입력된 정보가 정신적 기준으로 작용하여 그 이후의 의사결정에 지속적인 영향을 주는 것을 의미한다. "닻 내림 효과"라고도 한다. 우리는 매우 어려운 질문을 접할 때마다 지푸라기라도 잡으려는 심정을 갖게 되며 이때 닻은 그럴듯한 지푸라기가 된다. "세상에서 가장 높은 삼나무는 1,200피트를 넘을까, 넘지 않을까?"라는 질문 후에 "세상에서 가장 높은 삼나무의 높이는 어느 정도일까?"라고 물으면 답변의 평균은 844피트였다. 그러나 첫 번째 질문의 1,200피트를 180피트로 바꾸어 물을 경우 답변의 평균은 282피트로 크게 감소하였다. 1,200피트나 180피트가 닻 내림의 역할을 한 것이다. 정박 효과는 일상생활에서 자주 볼 수 있는 현상이다. 어떤 상품의 권장소비자 가격은 거래의 기준 가격이 되며, 매도호가와 같이 협상에서 처음 제시되는 조건은 추후 협상의 기준점이 된다. 또한 아무리 유능한 판사라도 유사한 사건에 대한 검사의 구형량에 따라 판결 형량이 상이해지는 것은 어쩔 수 없다.

(8) 소유 효과(endowment effect)

와인이나 기념카드, 기념주화와 같이 거래 목적이 아니라 소비나 즐길 목적으로 보유하고 있는 재화의 경우 이를 가지고 있는 사람이 이를 사려는 사람보다 훨씬 더 높은 가치를 부여하는 현상을 말한다. 다시 말해, 소유 효과로 말미암아 사람들이 어떤 물건을 내놓고 그 대가로 희망하는 최소 금액, 즉 수취의사 금액과 그것을 손에 넣기 위해 지불할 만하다고 생각하는 최대 금액, 즉 지불의사 금액 사이에는 괴리가 발생하게 된다. 어떤 사람은 100달러의 높은 가격으로도 자신이 보유하고 있는 포도주를 팔려고 하지 않으면서, 같은 포도주를 경매에서 35달러 이상으로는 사려고 하지 않는다. 이는 손실회피 현상과 관련되는 것으로 동일한 물건을 얻었을 때의 효용 증가보다 잃었을 때의 효용 감소가 더 크기 때문이며, 그 동안 그 물건을 소유한 데 따른 애착에 기인할지 모른다. 소유 효과는 개인적인 기념품이나 수집품과 같이 통상적으로 거래되지 않는 재화의 원활한 거래를 더욱 제한하는 요인으로 작용할 수 있다.

(9) 프레이밍 효과(framing effect)

같은 내용의 선택적 대안이라고 하더라도 그 표현방식(frame)에 따라서 상이한 결론에 도달하는 것을 의미한다. 같은 내용이라 하더라도 생존율이 90%인 약과 사망률이 10%인 약, 그리고 지방 5%를 포함한 우유와 지방 95%를 제거한 우유에 대한 인식은 다를 수밖에 없다. 이처럼 프레이밍 효과는 사람들의 감정에 영향을 주어 상이한 판단을 가져온다. (1) 95달러를 딸 확률이 10%이고, 5달러를 잃을 확률이 90%인 도박을 하겠는가? (2) 100달러가 당첨될 확률이 10%이고, 아무 것도 당첨되지 않을 확률이 90%인 5달러짜리의 복권을 사겠는가?라는 사실상 똑같은 질문에서 대해 많은 사람들은 (2)의 경우에 긍정적인 대답을 더 많이 한다. 사람들은 도박에서 돈을 잃는다는 "손실적인" 표현보다는 산 복권이 당첨되지 않는다는 "비용적인" 표현에 대해 훨씬 덜 부정적인 감정을 가진다. 프레이밍 효과는 민간 기업들의 마케팅 활동뿐만 아니라 정부의 중요 정책의 홍보에 있어서도 내용 이외에 그 표현방식에 세심한 주의를 기울여야 할 필요가 있음을 보여준다.

(10) 점화 효과(priming effect)

제시 단어나 어떤 모습으로부터 연상되는 생각 등에 의하여 행동과 선택이 영향을 받는 것을 의미하며 관념운동 효과(ideomotor effect)라고도 한다. 노인과 관련된 단어를 들은 사람은 자신도 모르게 느릿느릿 행동하고, 행복과 관련된 단어를 들은 사람은 즐거운 표정을 짓게 된다고 한다. 또한 우리는 벽에 붙어있는 단순한 포스터만 보아도 그 내용에 영향을 받는다. 이와 관련하여 다음과 같은 실험 사례가 있다. 어떤 직원 휴게실에서 차나 커피를 마실 때마다 "정직상자"에 자발적으로 돈을 집어넣어 왔다고 한다. 휴게실 벽에는 품목별 가격목록이 붙어 있었는데, 어느 날인가부터 그 위에 조그만 배너포스터를 붙여 놓았다. 어떤 경고나 설명 없이 10주간 매주 교대로, 응시하는 사람의 눈(eyes) 또는 예쁜 꽃의 이미지들로 그려진 포스터가 붙여진 것이다. 그러자 "정직상자" 안의 모금금액은 포스터의 내용에 따라 달라졌다. 포스터 내용이 응시하는 사람의 눈이었을 때가 예쁜 꽃이었을 때보다 3배가량 늘었다. 감시당한다는 것을 상기시켜주는 순전히 상징적 이미지가 사람들의 행동을 변화시킨 것이다.

(11) 후광 효과(halo effect)

한 요소가 다른 요소의 평가에 지속적인 영향을 주는 것을 말한다. 예컨대, 좋아하는 사람은 모든 것이 좋아 보이게 되는 현상을 의미한다. 이는 정합성에 따른 인지적 편안함에 기인한다. 성, 인종, 부모의 가문, 외모 등이 다른 요소의 평가에 영향을 줄 경우 후광 효과는 차별의 한 요인이 될 수 있다. 후광 효과를 없애기 위해서는 각각의 평가에 있어서 독립성이 유지되도록 하여야 한다. 즉, 독립적 판단의 원칙이 지켜져야 한다. 앞선 평가가 뒤따르는 평가에 영향을 끼침으로써 특정 편향을 보이게 되면 판단의 정확성이 떨어지고 오류 가능성이 커지게 된다. 회의에서도 후광 효과를 줄이고 집단 내 지식과 의견의 다양성이 주는 가치를 잘 활용하기 위해서는 회의참가자들의 독립적 판단이 중요하다. 공개토론 회의에서 먼저 나서서 단호하게 말하는 사람의 의견이 다른 사람의 의견에 영향을 끼치기 쉽다. 특히, 직위가 높은 사람이 먼저 발언할 경우에는 더욱 그렇다. 회의참석자들의 독립적 판단을 위해 미리 각자의 의견을 짧게 요약해서 적어내도록 하는 것도 하나의 방법이다.

(12) 초깃값 효과(default option effect)

대다수 사람들이 초기에 설정되어 있는 옵션을 따르는 경향이 있는 것을 의미하며, 이는 사람들의 현상유지 편향과도 관련이 있다. 예컨대 회사에서 연금저축 가입이 초깃값으로 설정되어 별도의 의사표시가 없는 한 월급의 일정액이 자동 불입되는 경우가 연금저축의 비가입이 초깃값으로 설정되어 있는 경우보다 훨씬 더 저축률이 높이게 된다. 한편, 초깃값 효과는 초깃값이 전혀 제시되지 않을 때에도 적용된다. 그럴 경우 우리는 간단하게 우리의 과거를 개인적인 초깃값으로 삼고 현재의 상태를 계속 유지하려고 한다. 사람들은 자신들이 잘 알고 있는 것을 사랑한다. 새로운 것을 시도해 볼 것인지 아니면 옛것을 고수할 것인지 선택의 기로에 놓이면 우리들은 보통 보수적 성향으로 흐른다.

(13) 정보편향 효과(information effect)

정보가 많을수록 더 나은 의사결정을 할 수 있다는 잘못된 믿음을 말한다. 정보가 많다고 언제나 유용한 정보가 많은 것은 아니며, 그중 서로 상충하는 정보들이 있을 수 있고 너무 많은 정보에 사람들이 매몰될 수도 있다. 가용 정보의 홍수 속에서 중요하고 유용한 정보만을 골라낼 수 있는 능력이 무엇보다 중요하다.

(14) 인식가능 희생자 효과(identifiable victim effect)

사람들이 다수의 고통보다 어떤 한 사람의 고통에 더 큰 동정심을 갖게 되는 현상을 의미한다. 대규모 지진으로 희생된 수많은 모르는 사람들에 대한 동정심이나 관심보다 무너진 건물더미 속에 갇혀있는 어떤 한 사람에 대한 동정심과 그 사람의 구조에 대한 관심이 훨씬 더 큰 법이다. 일찍이 소련의 스탈린(J. V. Stalin)도 "한 명의 죽음은 비극이지만 100만 명의 죽음은 통계일 뿐이다"라고 말하였다. 이러한 비합리적인 현상은 우리가 어떤 사건을 인식함에 있어서 근접성, 생생함, 그리고 의미부여 등에 따라 상이한 감정을 갖게 되는 결과라고 생각된다. 근접성은 물리적, 정신적 근접성을 포함하는 개념으로, 우리는 친인척이나 친구들을 비롯하여 가까운 주변사람들에 대해 동정심을 갖기 쉽다. 또한, 우리는 다른 사람의 고통이 근처에서 생생하게 전해질수록 그 사람에 대해 동정심을 갖기 쉬우며, 남을 돕는데 사신의 역힐이 크다고 생각할수록 도움을 주기 쉽다.

(15) 플라시보 효과(placebo effect)

실제로는 효과가 없는 약이지만 좋은 약이라는 기대만으로 병세가 좋아지는 현상을 의미한다. 예컨대, 의약관계의 임상실험에서 새롭게 개발한 신약의 치료 효과를 알아보기 위해 실험 집단에는 신약, 통제 집단에는 위약(환자는 신약으로 인식함)을 사용하게 되는데, 플라시보 효과로 인하여 통제 집단에도 치료 효과가 나타나는 경우가 적지 않다고 한다. 보통 싼 약보다 비싼 약의 효과가 더 크며, 이는 "싼 게 비지떡"이라는 무의식적 반응과 크게 다르지 않다. 일반적으로 플라시보가 효력을 갖도록 만드는 기대감에는 두 가지 기제가 작용한다. 우선은 약과 치료자에 대한 신뢰와 믿음이다. 그 다음은 병세 호전에 대한 기대감과 실제의 경험이다. 고통을 느끼는 상태에서 기대감이 생겨나면 엔도르핀과 같은 진통물질이 분비된다. 이는 고통을 덜어줄 뿐만 아니라 기분 좋은 상태로까지 만들어주며, 병세 호전의 느낌을 갖게 한다. 이런 플라시보 효과를 통해 마음이 육체를 통제하는 놀라운 방식을 보는 것이다. 그러나 마음이 놀라운 결과를 이끌어내는 구체적인 과정에 대해 아직까지 명확하게 알려진 바가 없다. 스트레스가 줄어들고 호르몬 분비나 면역체계 등에 변화가 생기는 작용 정도만이 알려져 있을 뿐이다.

(16) 사혈 효과

어떠한 이론이 잘못되었다고 해서 바로 포기하는 것이 아니라 그것보다 더 나은 이론이 나타났을 때에야 비로소 포기하게 되는 것을 의미한다. 과거 뚜렷한 근거 없이 거머리를 이용하여 피를 뽑는 치료방법, 즉 사혈 방법이 유행하였던 것에서 유래한다. 이 치료법은 그 효과를 의심할만한 많은 증거가 있었음에도 불구하고 수백 년 동안 존속되었다. 19세기에는 거머리 무역이 성행하여 프랑스가 치료 목적을 위해 수입한 거머리 수가 연간 수천만 마리에 달했다고 한다. 토머스 쿤(T. S. Kuhn)에 의하면, 종전의 주류 과학이론이 자연현상을 제대로 설명할 수 없게 되었다고 해서 금방 폐기되는 것이 아니라, 새로운 이론이 나타나 현실 설명력이 충분하게 입증될 때까지 이들과 공존하다가 폐기된다고 한다.

(17) 포러 효과(Forer effect)

모든 사람들에게 보편적으로 적용될 수 있는 성격묘사 등을 자기 자신과 관련하여 특별히 타당한 설명이라고 생각하는 경향을 의미한다. 타로, 점 등은 흔히 보편적이고 모호하고 희망적인 내용을 포함하는 경우가 많으며, 이를 듣는 사람들은 이런 내용을 자기 입장에 맞춰 해석하거나 설사 틀린 내용이 있다 하더라도 좋은 내용만을 선별적으로 받아들이려는 경향이 있다. 버트럼 포러(Bertram Forer)라는 심리학자는 보편적으로 적용될 수 있는 일반적인 성격묘사를 한 후, 이를 학생들의 성격 테스트인양 들려주고 자신의 성격과 일치하는 정도를 평가하도록 하였다. 학생들은 평균적으로 5점 만점에 4.3을 주었다고 한다.

(18) 노력 정당화 효과(effort justification effect)

우리는 어떤 일에 대하여 많은 에너지를 투입할수록 그 결과에 대해 과대평가하는 경향이 있다. 자기 자신이 직접 수고해서 만든 것에 대하여 많은 애착을 가지며 과대평가하는 경향을 특히 이케아 효과(Ikea effect)라고 한다. "이케아"는 조립식 가구 등을 전문적으로 파는 대형매장의 이름이다. 최근 들어 많은 기업들이 고객들에게 맞춤형 상품을 제공하고 있다. 고객들이 자기만의 상품을 설계하고 주문할 수 있는 것이다. 이와 같은 상품이 인기를 끄는 것은 개별 고객에게 특화된 상품을 제공하기 때문일 수도 있겠지만, 그것보다는 상품의 제작과정에 고객이 직접 참여함으로써 상품에 대한 애착이 더욱 커진다는 점에 있다. 한편, 어떤 대상에 대하여 많은 노력을 투입하면 그 대상에 대한 애착은 더욱 커지겠지만, 그런 노력으로부터 좋은 결실을 얻지 못할 경우 그 결과물에 대한 애착이 크게 떨어지게 된다.

(19) 자이가르닉 효과(Zeigarnik effect)

아직 완결되지 않은 과제는 잘 잊어지지 않고, 이미 완결된 과제는 기억 속에서 쉽게 사라지는 현상을 말한다. 이 효과는 이를 연구한 사람의 이름을 따서 붙여진 것이다. 자이가르닉 효과에 따르면 고통스러운 과제는 빨리 완결하여 잊어버리는 것이 바람직하며, 즐거운 과제는 천천히 완결하여 기쁨을 오래 만끽하는 것이 필요하다. 한편, 최근 연구에 따르면, 아직 해결되지 못한 과제들은 그것들을 어떻게 다룰지에 대한 분명한 생각을 갖기 전까지만 우리 머릿속에 계속 붙어 다니면서 우리를 괴롭힌다는 사실이 입증되었다. 과제를 완결하지 않더라도 과제 해결에 대하여 좋은 계획을 갖고 있는 것만으로 그 과제를 쉽게 잊어버릴 수 있다는 것이다.

(20) 로젠탈 효과(Rosenthal effect)

다른 사람의 관심이나 기대로 좋은 결과를 얻게 되는 현상을 의미하며, 피그말리온 효과(Pygmalion effect)라고도 한다. 동일한 학업능력을 가진 학생 집단에서 임의로 일부 학생을 선택하여 우수한 학생들이라고 인식시키고 수업 지도를 맡긴 결과, 이들 학생의 성적이 동일 집단의 다른 학생들보다 훨씬 좋아졌다고 한다. 실험을 수행한 로버트 로젠탈(Robert Rosenthal)이라는 심리학자의 이름을 따서 이와 같은 명칭이 붙여졌다.

(21) 미끼상품의 효과

소비자가 선택할 때 상호 비교한다는 특성을 이용하여 팔고 싶은 상품보다 품질이 훨씬 열등하거나 비합리적일 정도로 고가인 상품을 함께 전시하여 특정 제품의 판매를 유도하는 것을 의미한다. 어떤 식당에서 5만원 하는 코스메뉴를 많이 팔기 위하여 품질이 훨씬 열등한 3만원인 메뉴와 품질에 있어서 큰 차이가 없으나 가격이 10만원이나 하는 고가메뉴를 함께 제시하는 경우가 이에 해당한다. 이는 3개의 선택지가 주어졌을 경우 많은 사람들이 중간 것을 선택한다는 사실을 이용하고 있을 뿐만 아니라, 품질 면에서 큰 차이가 없으나 가격이 턱없이 비싼 미끼메뉴를 함께 제시함으로써 팔고 싶은 메뉴를 부각시키고 있는 것이다. 일반적으로 사람들은 각 선택지별 주요 특성의 상호비교를 통하여 손쉬운 결정을 내릴 수 있으나 그것 때문에 잘못된 선택을 할 수도 있고 어떤 경우에는 불행해지기도 한다. 어떤 회사에서 매우 높은 보수를 받고 있던 CEO가 다른 회사 CEO들의 보수가 공개되자 갑자기 불만을 나타내며 더 높은 보수를 요구하기도 한다. 사람들이 행복해지려면 다른 사람들과 상호 비교하지 않는 방법밖에는 없을 것이다.

(22) 공짜 효과(zero price effect)

사람들이 정말로 원하는 제품이 아닌데도 공짜라면 분별없이 달려드는 것을 공짜 효과라고 한다. 공짜라는 말의 심리적 영향은 지대하며, 우리들은 공짜 제품에 대해 실제 가치보다 훨씬 더 큰 가치를 부여한다. 그것은 인간이 본능적으로 가지게 되는 손실에 대한 두려움을 없애주기 때문이다. 우리가 공짜가 아닌 제품을 고를 때에는 잘못된 결정으로 손실을 볼 가능성이 존재하지만, 공짜 제품을 고를 때에는 손실 가능성이 전혀 없다. 이와 관련한 실험에서 린트 트리플 초콜릿이 개당 15센트이고, 키스 초콜릿이 개당 1센트일 경우 소비자의 23%가 키스 초콜릿을 선택하였지만, 가격을 똑같이 1센트씩 내려 린트 트리플 초콜릿은 14센트로, 키스 초콜릿은 공짜로 했을 경우 키스 초콜릿을 선택하게 된 소비자는 69%나 되었다. 공짜는 할인의 한 형태가 아니며, 그것은 다른 위치에 있다. 1센트와 공짜의 차이는 엄청난 것이다. 우리가 많은 사람들의 관심을 끌기 위해서는 대폭적인 할인 전략만으로는 부족하며, 뭔가를 공짜로 제공하는 공짜 전략이 필요한 것이다.

(23) 수면자 효과(sleeper effect)

처음에는 드러나지 않고 잠자고 있던 효과가 나중에 나타나는 것을 말한다. 사람들은 어떤 정보가 어디에서 유래한 것인지에 대해서는 비교적 빨리 잊어버리지만, 그 정보가 전달하는 메시지 내용 자체는 훨씬 더 천천히 잊게 되는 것이다. 즉, 어떤 정보가 믿을 수 없는 출처에서 나온 것이라 해도 시간이 지나면 출처는 잊어버리게 되고 그 주장만이 설득력을 얻게 된다. 예컨대, 선거운동 중 이루어진 상대방에 대한 흑색선전은 그 선전을 누가 했는지는 금세 잊어버리고 흑색선전의 내용만이 사람들 기억 속에 남게 된다. 소위 "찌라시"에 실린 기사도 그 출처는 잊어진 채 그 내용만이 사람들 사이에서 회자된다.

(24) 동조 효과(bandwagon effect)

우리들이 다른 사람들의 의견이나 행동에 쉽게 영향을 받는 것을 의미한다. 즉, 사회적 영향력에 의하여 의사결정을 하게 되는 경향을 말한다. 우리들이 사회적 영향력을 받기 쉬운 이유는 많은 사람들이 공유하고 있는 의견이나 행동에는 우리가 잘 모르는 어떤 정보가 포함되어 있을 수 있다는 생각을 할 뿐만 아니라, 다른 사람들이 우리를 어떻게 평가할지 신경을 쓰면서 그들의 분노를 피하거나 환심을 사는 등 동료 집단의 압력을 느끼는 경향이 있기 때문이다. 결국, 우리들은 자신 의견을 공개적으로 표시해야 하는 상황에서 다른 사람들이 명백히 틀렸다고 생각하는 상황에서조차 그들의 의견이나 행동을 그대로 따르는 경향이 있다. 예컨대 단순히 세 개의 선분 길이를 비교하는 실험에서 혼자 결정할 때에는 오류를 범하는 경우가 거의 없으나, 다른 사람들이 모두 짜고 틀린 대답을 할 경우에는 이들의 의견에 동조하여 틀린 대답을 할 확률이 매우 높다고 한다. 그리고 다른 사람들이 우리 행동에 크게 주목한다고 생각하고 사회적 규범이나 유행에 동조하기 위하여 열심히 노력하는 것을 조명 효과라고 한다. 그러나 다른 사람들은 생각만큼 우리에 대해 관심을 갖고 있지 않으며, 따라서 우리는 다른 사람들을 너무 의식하여 행동할 필요가 없는 것이다. 동조 효과는 사람들이 이구동성으로 동의하는 의견에는 반대하지 못하는 집단사고 편향(group thinking bias)과 관련이 있으며, 다른 사람들의 행동을 그대로 따라 하는 군집 행태(herding behavior)와도 관련이 있다.

(25) 단순측정 효과(mere-measurement effect)

사람들이 자신 의도에 관하여 질문을 받았을 때 그 답변에 행동을 일치시킬 가능성이 높아지는 것을 의미한다. 이런 현상은 현실의 많은 상황에서 찾아볼 수 있다. 다이어트를 할 의향이 있는지 또는 운동할 의향이 있는지에 대한 질문을 받고 그에 대하여 대답했을 때, 이러한 답변은 당사자의 행동에 영향을 미친다. 예컨대, 사람들에게 선거일 바로 전날에 내일 투표할 의향이 있는지 물었을 때, 투표율을 무려 25%나 끌어올릴 수 있는 것으로 드러났다. 자동차 구매율을 높이기 위해 전국 4만 명 이상의 사람을 표본으로 선정하여 "향후 6개월 내에 새 차를 살 의향이 있습니까?"라는 간단한 질문을 던지는 것만으로도 구매율을 35%나 높일 수 있다는 사실이 밝혀졌다.

(26) 초두 효과(primacy effect), 최신 효과(recency effect)

처음 설명이 그 후에 뒤따르는 다른 모든 설명들을 무색하게 만드는 것을 초두 효과라고 한다. 예컨대, 회의에서 맨 처음 제시되는 의견은 회의에 강한 영향력을 끼치게 된다. 사람의 첫인상이 중요한 것도 초두 효과이다. 반면에, 가상 나중에 들어오는 징보가 과거의 정보보다 더 잘 기억되는 것을 최신 효과라고 한다. 우리의 기억력은 단기간만 지속되며 극도로 적은 기억용량을 갖고 있다. 만약에 새로운 정보가 들어오게 되면 더 오래된 기억은 내던져지는 것이다. 일련의 순서대로 들어온 인상들을 즉각적으로 다뤄야 할 때에는 초두 효과가, 그러나 얼마 동안 시간이 지나고 나면 그 때에는 최신 효과가 강하게 작용한다.

(27) 처분 효과(disposition effect)

주가가 상승 추세에 있는 주식이 더욱 상승하고 하락 추세에 있는 주식이 더욱 하락할 가능성이 큼에도 불구하고, 대부분의 사람들이 손실 확정을 꺼려 손해 난 주식은 매각하지 않고 이익 난 주식만을 매각함으로써 결과적으로 손해를 보는 경향을 의미한다. 이와 같은 불합리한 행태는 인간의 손실회피 또는 후회회피의 성향으로 설명할 수 있다. 또한 인간의 "편협한 범주화" 경향으로 설명할 수도 있다. 투자자는 포트폴리오 전체에 대하여 포괄적인 계좌를 가지고 있을 뿐만 아니라, 매수한 각 주식마다 별도의 계좌를 가지고 있으며 이 모든 계좌에서 이익을 남기고 폐쇄하길 바라는 경향이 있는 것이다. 이는 인간의 "정신적 회계" 성향과도 관련이 있다.

(28) 정신적 회계(mental accounting)

"심적 회계"라고도 하며, 자금의 원천이나 용도에 따라 별도의 회계를 하는 것을 의미한다. 예컨대, 사람들은 도박으로 번 돈으로 주로 위험이 높은 곳에 투자하려는 경향이 있으며, 이를 도박판 돈의 효과(house money effect)라고 한다. 사람들은 자녀의 학자금에 대비한 저축구좌를 가지고 있지만, 자동차를 구입하기 위하여 이 자금을 헐지는 않으며 고율의 이자를 부담하는 한이 있더라도 돈을 빌려서 충당하게 된다. 이와 같은 정신적 회계의 사례는 자기통제의 방법으로 활용되고 있는 셈이다. 어떠한 일이 있어도 자녀 교육비는 손대지 않겠다는 의지가 담겨있는 것이다. 정신적 회계의 또 다른 사례로 경마장에서 찾아볼 수 있다. 경마장의 최종 레이스에서는 예상 밖의 결과를 노리며 돈을 거는 사람이 많다고 한다. 대부분의 사람들은 그날 경마에서 손실을 보고 있고, 그러한 손실을 하루 단위의 정신적 회계의 마감까지 만회하려고 하는 경향이 있기 때문에 최종 레이스에서는 배당률은 높고 승산은 아주 낮은 말(long shot)에 돈을 거는 사람이 많다고 한다.

(29) 가용성 폭포(availability cascade)

어떤 위험에 대한 언론의 편향적인 반응들이 공공정책의 우선순위를 부적절하게 왜곡시키게 되며, 이는 결국 자기 자족적인(self-sustaining) 결과로 나타나는 경향을 말한다. 예컨대 언론이 수입쇠고기의 광우병 위험에 대하여 지나치게 과장된 보도를 하기 시작하면 이는 대중의 관심을 끌게 되고 이에 따라 언론은 이를 더욱더 경쟁적으로 보도하게 된다. 결국 정부나 정치권의 정책적인 대응이 불가피해지면서 쇠고기 수입의 전면 금지라는 극단적인 정부정책이 채택될 수 있다. 그런데 이러한 정책은 한미 간의 통상마찰 심화라는 또 다른 문제를 야기할 것이다. 이와 같이 언론의 과장·편향된 보도로 인해 잘못된 여론이 확산되고, 정부가 이에 적극적으로 대응할 경우 공공정책의 우선순위가 왜곡되는 문제가 초래되기 쉽다. 그렇다고 민주주의 사회에서 잘못된 여론이라고 해서 정부가 이를 완전히 무시하는 것도 쉽지 않을 것이다. 이런 딜레마 속에서 정부는 여론 악화의 초기 단계부터 적극적인 정보공개 등을 통하여 잘못된 여론이 더 이상 확산되지 않도록 적극적으로 대응하는 수밖에 없을 것이다.

(30) 후회 회피(regret avoidance)

사람들은 실패한다 하더라도 대다수 사람들과 같은 행동을 취하였을 때 후회가 적으므로 대중의 의사결정을 따르려는 경향이 있다. 펀드 매니저들은 남들 모두가 수익을 낼 때 혼자 손실을 볼 수 있는 위험을 선택하지는 않는다. 경영자는 다른 경영자들과 같이 경기가 좋을 때 투자를 늘리려고 하고 경기가 나쁠 때 투자를 줄이려고 한다. 이러한 경향은 군집 행태를 낳는다. 또한 사람들은 결과가 동일하더라도 아무런 행동을 하지 않았을 때보다 어떤 행동을 취했을 때 후회감정 등을 더 강하게 느낀다. 따라서 예컨대 초깃값이 있다면 이를 그대로 따르는 경향이 있으며, 특히 손실 발생의 가능성이 높은 일에 대해서는 후회 회피를 위해 현상 유지나 부작위 편향을 가지게 된다.

(31) 모호성 회피(ambiguity aversion)

위험보다는 불확실성이나 모호함을 기피하는 경향을 의미한다. 위험은 어떤 일이 일어날지는 알 수 없지만 그 확률에 대해 알고 있는 것이고, 모호성은 그 확률조차 알 수 없는 경우이다. 모호성 회피의 사례를 살펴보자. 예컨대 공이 담긴 두 개의 단지가 있다고 하자. 단지 A에는 빨간 공 50개, 파란 공 50개가 들어있고, 단지 B에는 몇 개의 빨간 공과 파란 공이 들어있는지 정확히 모른다. 만약 당신이 공을 하나 꺼내 빨간 공이면 10만원을 받는다면 어느 단지에서 공을 꺼낼 것인가? 그리고 파란 공일 경우 10만원을 받는다면 어느 단지에서 공을 꺼낼 것인가? 단지 B에 빨간(파란) 공이 많이 들었다고 생각하면 첫째 내기에서는 단지 B(A)에서, 둘째 내기에서는 단지 A(B)에서 선택하는 것이 일관성 있는 선택일 것이다. 그러나 대다수의 사람들은 모호성의 회피로 모두 단지 A에서 공을 꺼낼 것이다.

(32) 손실 회피(loss aversion)

손실로부터 느끼는 비효용이 동일 금액의 이익으로부터 느끼는 효용보다 큰 것을 말한다. 화폐의 한계효용이 체감한다면 손실회피 성향은 당연한 귀결이다. 그러나 사람들은 도박행위를 하는 등 종종 손실을 회피하지 않고 위험을 추구하기도 한다. 한편, 손실회피 성향은 소유효과를 설명하는 요인이 되기도 한다. 어떤 재화를 소유하는 사람이 이를 매도하고자 할 때의 가격은 매수 희망자가 매입하고자 하는 가격보다 더 높은 경향이 있는 것이다. 사람들은 손실 여부를 어떤 준거점을 기준으로 파악하며, 목표치가 준거점이 될 경우 목표 미달에 따른 손실 감정이 목표 성취에 만족 감정보다 훨씬 강하게 느끼게 된다. 뉴욕의 택시 기사는 하루 버는 수입을 준거점으로 삼아 그날그날의 손실 회피를 위해 불합리하게 손님이 적을 때 더 오래 일하고 손님이 많을 때에는 오히려 적게 일한다. 한편, 손실회피 경향은 협상이나 개혁 등을 어렵게 만드는 요인으로 작용할 수 있다. 협상에서 양보하는 쪽이나 개혁에서 손실을 보는 계층이 느끼는 고통 강도는 그 상대방이 느끼는 기쁨 강도보다 훨씬 더 크기 때문이다. 그러나 손실 분담이 아니라 이익 배분을 위한 협상이나 개혁은 비교적 쉽게 이루어질 수 있다. 기본적으로 손실회피 성향은 현상 유지나 보수주의로 흐르기 쉽다.

(33) 근시안적 손실 회피(myopic loss aversion)

손실여부를 판단하는데 기준이 되는 대상이나 시간의 범위를 너무 좁게 잡는 것을 의미한다. 동전을 던져서 앞면이 나오면 200달러를 받고, 뒷면이 나오면 100달러를 주어야 하는 내기에 있어서 이를 여러 번 하는, 예컨대 100회 하는 내기는 받아들이면서, 단 한 번만 하는 내기의 위험은 회피하려는 것이 그 예이다. 여러 번 하는 내기를 받아들인다면 단 한 번의 내기도 받아들이는 것이 일관성 있는 행동이다. 또한 자신의 포트폴리오를 더 자주 들여다 보고, 보다 더 짧은 투자 시야를 가지고 있는 투자자일수록 위험을 덜 무릅쓰려 하고, 주식에 대한 더 높은 위험 프리미엄을 요구하는 경향이 있다. 이러한 투자자들의 근시안적 손실회피 성향이야말로 주식 프리미엄 퍼즐(equity premium puzzle)[61]을 설명하는 주요한 논리가 될 수 있다.

(34) 가용성 편향(availability bias)

손쉽게 획득할 수 있는 소수의 가용 자료만을 기초로 판단내리는 것을 말하며, 특히 제한적인 증거만을 기초로 하여 성급한 결론을 내리는 것을 WYSIATI(what you see is all there is)이라고 한다. 또한 사람들은 구경거리가 되고 현란하고 떠들썩한 것에 대하여는 높은 개연성을 부여하고, 조용하고 눈에 보이지 않는 것들에 대하여는 너무 낮은 개연성을 부여한다. 그리고 자주 되풀이해서 일어나는 일이 있다면 우리의 뇌는 그것을 매우 중요한 것으로 기억하고 이를 쉽게 다시 불러낸다. 그것이 진실이냐 거짓이냐는 별개의 문제다. 우리는 어떤 과

---

[61] 메라(Raj Mehra)와 프레스콧(Edward Prescott)에 따르면, 1889-1978년간 채권에 대한 주식의 평균수익률 프리미엄이 연간 약 6%에 달하였으나, 이론적 분석으로는 0.3%가 적정한 것이라고 주장하였다. 탈러[5], pp. 313-314.

제에 대해 신속한 결정을 내리려고 서두를 때 가용성 편향에 빠지기
쉽다.

(35) 행동 편향(action bias)

결과적인 면에서 볼 때 아무런 소용이 없거나 상황이 불명확한 경
우에도 가만히 있기보다는 행동하는 쪽을 선택하는 경향을 말한다. 예
컨대, 바람 부는 날 낚시 장소를 수시로 바꾸어 본다든지, 로또 번호를
기계에 맡기지 않고 자신이 직접 작성한다든지 하는 것이 그 좋은 예
이다. 행동 편향은 인간의 오랜 진화의 역사와 관련이 있다. 수렵채취
시대의 험한 환경에서 생각하는 것보다 행동하는 것이 훨씬 더 많은
포상을 받았다. 호랑이 같은 무서운 동물이 어렴풋이 보이면 생각할
틈 없이 일단 신속히 도망가는 편이 나았을 것이다. 또한 사회는 의미
있는 기다림보다 적극적인 행동을 더 선호하는 경향이 있다. 사람들은
전쟁이 일어나지 않도록 사전에 노력한 장군보다는 전쟁을 일으킨 후
승리한 장군을 더 존경하는 법이다.

(36) 부작위 편향(ommission bias)

사람들은 적극적 행동을 통해 타인이나 사회의 피해를 방지할 수
있음에도 불구하고 이를 방치하려는 경향이 있다. 이웃을 돕기 위하여
개인적인 작은 위험을 감수하기보다는 자신의 부작위가 사회적인 큰
피해로 연결되더라도 이를 방치하려는 경향이 있는 것이다. 부작위 편
향은 행동을 중지하든 실행하든 폐해가 발생할 수 있는 경우에 나타난
다. 그럴 때 우리는 대개 행동을 중지하는 쪽을 선택하게 되는데, 그
이유는 이 때 발생한 폐해는 왠지 덜 해로운 것으로 보이기 때문이다.
사람들은 누군가에 직접 해를 끼치기보다 차라리 그들 스스로 파멸하
도록 내버려두고, 세금서류를 위조하기보다는 세무서에 세금을 신고하
지 않는 것이 덜 나쁘다고 생각한다. 행동 편향은 어떤 상황이 불분명
하고 모순적이고 불투명할 때 작용되는 반면, 부작위 편향은 대개 예

측 가능한 상황에서 나타난다. 예측할 수 없는 미래의 폐해는 행동을 통해서 예방하려고 노력하지만 예측할 수 있는 폐해를 예방하는 것은 우리에게 강한 동기를 부여하지 못하는 것이다.

(37) 확증 편향(confirmation bias)

자신의 신념과 일치하는 정보는 받아들이고 일치하지 않는 정보는 무시하려는 경향을 의미한다. 사람들은 자신의 신념에 배치되는 정보에 대하여는 불편함을 느껴 이를 무시하게 되고, 결국 자신의 신념을 더욱 공고히 하고 뒷받침할 수 있는 정보만을 찾게 된다. 이러한 편향은 현상유지 편향이나 보수주의 성향과도 관련이 있다. 확증 편향은 사람들의 무의식 속에 존재하여, 이를 인식하는 것조차 매우 어렵다. 사람들은 자신이 굳게 믿고 있는 어떤 신념이 공격당하거나 무너지지 않도록 자신도 모르는 사이에 단단한 방어벽을 쳐 놓고서, 자신의 신념과 배치되는 객관적 증거가 아무리 제시되어도 이를 무시하거나 인정하려고 들지 않는 것이다.

(38) 사후확신 편향(hindsight bias)

발생한 사건의 결과를 보고난 이후, 사기 자신은 사건 이전부터 이를 확실하게 예견하고 있었다고 믿는 경향을 말한다. 사건이 발생하기 전에는 막연히 그 가능성만을 생각하고 있었더라도 사후에는 확신을 갖고 자신이 예측하고 있었다고 믿는 경향이 있다. 사람들은 예상하지 못한 일이 터지게 되면 그 놀라운 사건을 수용하기 위해 자신의 세계관을 조정한다. 그리고 세계관을 바꾼 사람들은 그 전에 소유하고 있던 믿음을 떠올릴 수 있는 능력을 상실한다. 이와 같이 과거의 믿음을 돌이켜볼 수 있는 능력을 잃으면 우리는 결과적으로 과거 사건들 때문에 놀랐던 정도를 과소평가하게 되고, 마치 그것들을 예측할 수 있었던 것처럼 느끼게 된다. 결과가 끔찍할수록 사후확신 편향은 더욱 강해진다. 9.11 테러와 같은 재난의 경우 우리는 이를 예측하고 방비하지 못한 정부관계자들이 제대로 일을 안했거나 무지했다고 쉽게 비난하는 경향이 있다.

(39) 현상유지 편향(status quo bias)

현재 상태로부터 변화하는 것을 회피하려는 경향을 의미한다. 우리는 일상적이고 반복적인 경험에서 인지적인 편안함을 느끼기 때문에 새로운 환경이나 신념에 대하여는 거부감을 느끼기 쉽다. 이 편향은 손실회피 경향이나 소유효과 등과도 관련이 된다. 현상유지 편향에 따라 사람들은 초깃값의 선택을 늘리는 경향이 있다. 대부분의 소비자들은 초깃값을 옵션 설정자의 암묵적인 권고라고 느낄 뿐만 아니라 이런저런 이유로 다른 옵션을 선택하려는 수고를 하지 않는 경향이 있기 때문이다.

(40) 결과 편향(outcome bias)

결정 과정이 아니라 그 결과로서 평가하는 경향을 말한다. 결과 편향은 사후확신 편향과 결합하여 과정의 건전성이 아니라 결과의 좋고 나쁨에 따라 의사결정의 질을 평가하도록 유도한다. 즉, 결과 편향은 의사결정 당시의 절차들을 따져보며 그 합리성을 적절히 평가하는 것을 불가능하게 만든다. 결과 편향은 의사나 야구감독처럼 다른 사람을 대신해 의사결정을 하는 사람들에게 특히 불리한 결과를 낳게 된다. 결과가 나쁘게 나오면 그 당시의 상황에서 아무리 좋은 결정을 내렸다 해도 비난을 받고, 이후로는 분명 성공적이었던 결정들마저 신뢰를 받지 못한다. 반면에, 결과 편향은 간혹 운이 좋은 무모한 위험감수자 등이 좋은 평가를 받게 한다. 안전 위주의 투자자나 정치가는 큰 성과를 거두기 어렵고 소심하고 나약하다는 비판을 받기 쉬운 한편, 무모한 투자자나 정치가는 종종 운이 따르면 획기적 성과를 거두게 되며, 담대하고 예지능력이 있다는 호평까지 받게 된다. 역사적으로 위대한 발명가들은 몇몇 안 되는 획기적 발명품으로 존경을 받지만 그들 성공

뒤에는 잘 알려져 있지 않은 수많은 실패 스토리가 있다.

(41) **선택 편향**(selection bias)

엉터리 표본의 선택에 따라 모집단에 대한 잘못된 결론에 이르게 되는 것을 의미한다. "쓰레기를 넣으면 쓰레기가 나온다."는 말로 대표된다. 만일 모집단에 속하는 구성원 모두가 표본으로 추출될 확률이 동일하지 않다면, 그런 표본을 사용한 결과로 얻은 결론은 문제가 있을 것이다. 예컨대, 공항에서 소비자 조사를 실시할 경우 비행기를 이용하는 사람들이 일반 대중보다 부유할 가능성이 크기 때문에 설문조사 결과가 편향될 우려가 있는 것이다.

(42) **자기선택 편향**(self-selection bias)

피험자들이 자발적으로 실험 집단에 지원하고자 할 때 나타나는 편향을 말한다. 예를 들어 교도소의 약물치료 프로그램에 자원한 재소자들은 자발적으로 지원했다는 이유 그 자체만으로 다른 수감자들과 구별된다. 치료를 받은 재소자들이 출소 후 재수감될 확률이 낮았다고 하더라도 약물치료 프로그램이 정말 효과가 있었는지는 단정할 수 없다. 그런 결과가 약물치료 프로그램의 영향이었는지, 아니면 그 프로그램에 자발적으로 참여한 재소자의 성격적 특성, 즉 약물을 끊겠다는 강한 의지력 등에 따른 것인지 구분할 수 없기 때문이다.

(43) **기억 편향**(recall bias)

우리는 현재를 과거에 일어났던 일들의 논리적인 결과라고 인과관계를 적용하여 이해하려는 경향이 있다. 그런데 문제는 우리가 현재를 과거를 통해 설명하려고 할 때 과거에 대한 우리의 기억이 구조적으로 결함이 있을 수 있다는 것이다. 예컨대, 식습관과 암의 관계를 설명하는 연구를 한번 살펴보자. 1993년 하버드 연구자는 유방암 진단을 받은 여성 집단과 유방암을 진단받지 않은 비슷한 연령대의 여성 집단을 대상으로 한 연구에서, 유방암 진단을 받은 여성 집단은 어렸을 때 고

지방 식사를 했을 확률이 유의미하게 높은 것으로 분석하였다. 하지만 이 연구는 식습관이 암의 발병에 미치는 영향을 조사한 것이 아니라, 암에 걸린 사실이 여성이 어렸을 때 자신의 식습관을 기억하는데 어떤 영향을 미쳤는가를 조사한 것이었다. 즉, 암에 걸린 여성들은 실제보다 훨씬 더 고지방 식사를 했다고 회상한 것이다.

(44) 출판 편향(publication bias)

긍정적 연구결과는 부정적 연구결과보다 출판될 가능성이 높고, 따라서 우리가 접하게 되는 정보가 왜곡될 가능성이 큰 것을 의미한다. 통계학적인 분석이나 임상 실험에서 서로 상충되는 결과가 나오는 것은 다반사이다. 그런데 수많은 연구 중에서 원하는 결과를 얻은 연구들만 발표되고 나머지 연구들은 흥미롭지 않다는 이유로 출판되지 않는 경향이 있다. 예를 들면, 항우울제의 약효가 긍정적으로 나온 연구는 94%나 발표된 반면에, 긍정적이지 않은 결과를 얻은 연구는 14%만 발표되었다고 한다. 따라서 대부분의 환자들은 항우울제의 효능을 믿게 되지만, 이 모든 연구결과를 공평하게 고려했을 때 항우울제는 위약에 비하여 약간의 효능만 지니고 있다고 할 수 있다. 이와 같은 편향은 연구 자체에서 비롯되는 것이 아니라 대중이 실제로 접하게 되는 정보가 왜곡되었기 때문에 발생하는 것이다.

(45) 생존 편향(survivorship bias)

일상생활에서 실패보다 성공이 더욱 주목을 받으므로, 우리는 성공에 대하여 체계적으로 과대평가하는 경향이 있다. 성공 뒤에는 수많은 실패가 있으나, 이들 실패에 대하여 어느 누구도 이야기하지 않는다. 성공한 기업과 마찬가지로 실패한 기업에도 훌륭한 경영자와 종업원, 경영 전략이나 기술 등이 있었지만 단지 운이 나빠서 실패한 경우도 많다. 성공에 있어서 운이 매우 중요하게 작용하기 때문에 리더십과 경영 관행은 기업 성공연구의 신뢰성 있는 요소가 아니다. 아무리 한 기업의 CEO가 탁월한 비전과 특별한 재능을 갖춘 사람이라고 하더라도, 여전히 동전던지기 결과보다 정확하게 그 기업의 경영성과를 예측할 수는 없다. 기업의 성공과 실패에 관한 이야기는 인간이 간절히 원하는 명확한 인과관계를 밝혀주기 위하여 행운의 결정적 힘을 무시하기 때문에 단순한 성패의 결과만을 제공할 뿐이다.

(46) 이기적 편향(self-serving bias)

성공의 원인은 자기 자신에 돌리고 실패의 원인은 외부의 요인으로 돌리는 것을 말한다. 자기중심 편향, 자기고양 편향, 자기확증 편향 등으로 불리는데 자신이 초래한 긍정적 결과에 대해서는 과대평가하는 반면, 부정적 결과에 대해서는 과소평가하는 경향을 말한다. 많은 CEO는 어느 해 기업성과가 탁월했으면 자신의 훌륭한 경영능력의 결과라고 주장하고, 만일 기업성과가 형편없었다면 그것은 경기악화 등 외부여건의 탓으로 돌릴 것이다. 우리가 이러한 편향에 빠지기 쉬운 이유는 단순하다. 그렇게 하는 것이 기분 좋기 때문이다. 우리는 항상 외부의 비판적인 목소리에 귀를 기울여야만 이러한 이기적 편향에서 벗어날 수 있다.

(47) 권위자 편향(authority bias)

사람들은 신뢰할 수 있는 증거나 다른 경험이 많은 사람들의 의견보다 권위자로 불리는 사람들의 주장 앞에서 우리의 주관을 내려놓는 경향이 있다. 심지어 이치에 맞지 않고 도덕적으로 틀린 이야기라 하더라도 권위자의 말이라면 귀를 기울인다. 권위자 편향이 위험할 수 있는 하나의 사례는 항공사들의 경험이다. 수십 년간 발생하였던 많은 항공기 사고를 조사한 바에 따르면, 그 원인의 대부분은 기장의 실수를 동료 비행사가 알아차렸음에도 이를 지적하지 않은 데 있었다. 동료 비행사는 권위자에 대한 맹신으로 기장에게 조언하지 않았던 것이다. 권위적인 리더십을 가진 회사에서는 직원들이 권위자 편향에 굴복

할 위험이 매우 크고, 따라서 회사에 해가 되는 경우가 많다. 우리는 어떠한 권위자에 대하여도 그의 의견을 의심하고, 반론을 제기하고, 도전하는 자세가 필요하다.

(48) 사회적 비교 편향(social comparison bias)

자신의 신분이나 사회적 서열에 위협을 줄 수 있을 만큼 뛰어난 사람에게 질투심과 경쟁심을 느끼는 경향을 말한다. 이러한 편향으로 말미암아 자신보다 뒤떨어진 사람으로 조직 인력을 충원하여 실패하는 경우를 더닝 – 크루거 효과(Dunning – Kruger effect)라고 한다. 우리보다 더 나은 재능을 가진 사람을 보면 그를 아낌없이 지원해 주는 편이 낫다. 단기적으로는 그 사람으로 인해 우리 위치가 위태로워질 수가 있겠지만 장기적으로 보면 이득이다. 왜냐하면 어쨌거나 우리 뒤를 따라오는 사람들은 언젠가 우리를 추월할 것이기 때문이다. 그렇게 되기 전까지 우리는 그들과 좀 더 원활한 관계를 유지하는 것이 좋으며, 또한 그들에게서 배워야 할 것이다.

(49) 현저성 편향(salience bias)

어떤 특징이 유난히 눈에 띤다는 현저함의 이유만으로 원래 그것이 갖고 있는 의미보다 훨씬 더 큰 의미를 부여하고 나아가 행위의 원인으로 여기게 하는 오류이다. 현저함은 눈에 띠는 특징, 뚜렷하게 드러나는 속성, 특수함 또는 뭔가 눈에 확 들어오는 것 등을 말한다. 자동차 사고와 대마초와는 사실 아무런 관계가 없어도 자동차 앞좌석에서 대마초가 발견된 사실만으로 그 대마초가 자동차 사고의 원인일 것이라고 잘못 추정을 한다. 눈에 띠는 정보는 우리의 생각이나 행동에 과도한 영향을 미치지만, 숨겨진 채 천천히 전개되는 조용한 요인들은 진지하게 여겨지지 않는다.

(50) 내집단 편향(in group bias)

집단 소속감이 강할수록 그 집단의 바깥에 있는 사람들에 대하여 편견 등이 끊임없이 재생산되는 경향을 말한다. 이는 집단 내의 응집력을 강화시키는 장점이 있는 반면에, 외집단에 대한 적대감을 증대시켜 전체 조직의 통합이나 조정을 어렵게 하고 부서 이기주의를 초래할 우려가 있다. 집단은 아주 우연하고 사소한 기준으로 형성되기도 한다. 우연히 태어난 곳이 같다거나 같은 기업에 속해 있다는 것만으로도 일체감을 갖기에 충분하다. 내집단 편향은 인간이 수천 년간 진화를 거쳐 오면서 형성된 것이다. 과거에는 어떤 집단에 소속된다는 것이 살아가는 데 필수적이었다. 사람들이 집단이라는 이름으로 함께 묶이기 시작하자 집단에 대한 소속감이 강해지고 외집단에 대한 적대감이 더욱 커지게 되었던 것이다.

(51) 내러티브 오류(narrative fallacy)

과거의 일에 대하여 설명한 이야기가 세상에 대한 우리의 이해를 잘못된 방향으로 이끌 수 있는 것을 말한다. 우리가 매력적으로 여기는 설명적 이야기(explanatory stories)는 단순하고 추상적이라기보다는 정합적이고 구체적이며, 운보다는 재능을 중시하며, 일어나지 못한 무수한 사건보다는 일어난 몇 가지 놀라운 사건에 주목하는 경향이 있다. 이에 따라 최근 일어난 중요 사건에 대한 매력적인 이야기는 그럴 듯한 인과관계를 갖추고 불가피성의 착각을 불러일으키기 쉽다. 통제할 수 없는 운에 따라 다른 결과가 초래될 수 있다는 사실을 과소평가하게 만든다. 예를 들어, 기업의 성공은 대부분 경영자들의 의사결정과 관련되어 있기 때문에 우리는 그들의 재능을 과장하고 행운은 과소평가하게 된다. 성공한 기업의 경영자들이 내린 모든 중요한 결정들은 결과적으로 언제나 좋은 결정인 것으로 드러났기 때문에 이러한 관점은 거의 오류 없는 통찰인 것으로 받아들여진다. 그러나 단 하나만의 불행한 사건이 실패를 초래할 수 있다는 사실은 실제 일어나지 않은 사건을 다루기 때문에 아무에게도 관심을 끌지 못한다.

(52) 매몰비용 오류(sunk-cost fallacy)

이미 투자한 비용이 아까워 손해가 예상됨에도 이에 계속 집착하고 매달리는 것을 의미한다. 예컨대 비싼 돈을 들여 풋볼 티켓을 구입한 사람은 아무리 악천후라도 구입한 티켓 값이 너무 아까워서 운동장에 가려고 할 것이다. 그러나 초청 티켓을 무료로 받은 사람은 그냥 집에서 편안히 TV를 볼 확률이 높다. 티켓비용은 이미 매몰되었음에도 불구하고 사람들은 그 티켓을 돈 주고 샀는지 아니면 공짜로 얻었는지에 따라 의사결정이 달라지는 것이다. 매몰비용 오류는 투자사업에서도 흔히 볼 수 있는 오류이다. 성공 가망이 거의 없는 건설사업이나 연구개발 프로젝트 등에 이미 투자한 비용이 아까워 불합리하게 추가 재원을 지속적으로 투입하는 경우가 많다. 영국과 프랑스가 공동으로 추진하였던 콩코드 여객기 개발사업이 그 대표적인 실패 사례이다. 투자 사업에 있어서 매몰비용이 발생하게 되는 주된 이유는 기계, 설비 등은 특정사업 목적에만 사용되고 다른 용도로는 전혀 사용할 수 없는 대체사용 불가의 특성이 있기 때문이다.

(53) 눈 뜬 장님의 오류

일반적으로 사람들이 현재 없는 것보다는 있는 것에 더 큰 비중을 두는 오류를 말한다. 우리는 존재하는 것보다 존재하지 않는 것에 대한 인식이 훨씬 어려우며, 큰 재앙 등 자주 발생하지 않는 희귀사건에 대하여는 생각조차 해본 적이 없기 때문에 이를 인식하거나 예측하는 것이 매우 어렵다. 전쟁이 일어나게 되면 그것을 인식하지만, 평화가 지배하면 전쟁의 부재에 대해서는 생각하지 않는다. 우리가 건강할 때에는 우리가 얼마나 쉽게 병에 걸릴 수 있는지를 알지 못한다. 우리는 아프고 나서야 비로소 건강하다는 것이 얼마나 귀중한 것인지를 알게 된다. 일본의 원전사고나 9.11 테러사건과 같은 희귀사건은 발생하고 나서야 우리에게 익숙해진다. 이 오류는 사후 확신편향과도 관계가 있다.

(54) 기본적 귀인 오류(fundamental attribution error)

타인 행동이나 문제 상황에 대한 이유를 환경적 요인이나 특수한 외부요인에서 찾지 않고, 사람의 성향이나 성격 등 내적 요인에서 찾으려는 경향을 말한다. 즉, 사람들이 미치는 영향은 시스템적으로 과대평가하고, 외부 요인이나 상황적 요인들은 상대적으로 과소평가하는 것이다. 기본적 귀인 오류는 특히 부정적인 사건들에 자주 적용된다. 우리는 전쟁 책임이 전적으로 특정인이나 그의 특정 행동에 있다고 주장하기도 한다. 예컨대, 히틀러는 제2차 세계대전에 책임이 있으며, 사라예보에서의 피격사건은 제1차 세계대전에 책임이 있다는 식이다. 그리고 우리는 어떤 사업이 잘 되거나 또는 잘 안될 경우 그 책임을 가장 먼저 기업의 경영자에게서 찾는다. 사실상 경제적인 성공은 기업 수뇌부의 탁월한 경영능력보다는 일반적인 경기상황이나 업종이 지닌 매력에 달린 경우가 훨씬 더 많음에도 불구하고 그렇게 한다.

(55) 계획 오류(planning fallacy)

당초에 수립한 투자계획 등이 그 시행과정에서 자주 차질을 빚는 것을 의미한다. 많은 건설공사에 있어서 낙관적 수요예측 등으로 비용증가 및 공기연장 등의 문제점이 나타나는 경우가 많다. 투자계획을 하는 사람들이 합리적으로 경제적 득실 및 그 가능성을 계산하는 대신에, 지나친 낙관주의로 인해 혜택은 과대평가하고 비용은 과소평가한다. 그리고 상황변경 등에 따른 잠재적인 위험의 가능성은 무시하면서 성공 시나리오만 제시하기도 한다. 또한 계획을 수립하기 전에 다른 유사 사례의 실패 경험 등도 전혀 참고하지 않는다. 계획 오류의 대표적 사례로 호주의 오페라 하우스 건설사업을 들 수 있다. 호주 시드니에 있는 세계적 명물인 오페라 하우스는 1957년 계획수립 시에는 77억 원의 예산으로 1963년 완성하고자 하였으나, 실제 완공된 것은 1973년이고 비용도 무려 1,100억 원이나 소요되었다.

(56) 계획서 순응의 오류(fallacy of per protocol analysis)

부채가 많은 기업들이 수익성이 높은 것처럼 보이는 이유는 수익성 낮은 기업들은 대출받기 어렵고 부채가 많은 기업들 중에서 파산한 경우는 모두 통계에서 제외되었기 때문이다. 이처럼 통계적 이유 등으로 불합리한 결론에 도달하는 현상을 계획서 순응의 오류라고 한다. 또 하나의 예로 대부분의 성공하는 기업이 안전 추구형의 기업보다는 기업가 정신에 투철한 위험 추구형의 기업인 것처럼 보이는 이유는 과도한 위험을 추구하다 실패한 기업은 이미 통계에서 제외되었기 때문이다.

(57) 결합 오류(conjunction fallacy)

더 그럴듯하다는 타당성이 확률적 개연성을 압도하면서 두 사건의 결합 확률이 하나의 사건 확률보다 더 높다고 판단할 때 저지르는 오류이다. "린다는 은행 텔러이다", "린다는 은행 텔러이며 페미니스트 운동에 적극적이다"라는 두 가지 진술 중에서 확률이 높은 진술은 당연히 첫 번째 진술이지만, 두 번째 진술이라고 답변하는 사람들이 매우 많다. 두 번째 진술이 타당성이 크기 때문에 이를 개연성으로 대체함으로써 오류가 발생하는 것이다.

(58) 귀납법의 오류(induction fallacy)

개별적인 관찰이나 경험의 결과를 보편타당한 진리로 결론짓는 경향을 의미한다. 어떤 명제가 많은 관찰과 경험 증거에 의하여 뒷받침된다고 하더라도 단 하나의 반증만으로 진리성이 무너진다. "백조는 희다"라고 하는 명제는 단 하나의 검은 백조가 발견되는 순간 진리가 될 수 없다. 귀납법에 의한 진리는 반증이 나타날 때까지 임시적으로만 인정된다.

(59) 평균값의 오류

평균보다 분포의 형태가 중요한 경우가 훨씬 많다. 해수욕장의 경우 평균 수심보다는 수심의 분포가 중요하며, 지진에 있어서 어느 일정 기간의 평균 진도가 중요한 것이 아니라 진도의 분포, 특히 가장 강한 진도의 규모가 중요한 것이다. 어떤 나라에 있어서 전체 소득을 극소수 사람들이 독차지하고 있다면, 그 나라의 평균소득보다는 소득의 분포가 더욱 중요하다고 할 수 있다.

(60) 평균으로의 회귀(regression toward the mean)

평균으로의 자연적인 회귀현상을 어떤 조치의 결과로 받아들이는 경향을 말한다. 훈련성과가 나쁜 병사에게 체벌을 가하였더니 그 다음 훈련에서 훈련성과가 크게 좋아졌다면 이를 체벌의 효과라고 볼 수 있겠는가? 훈련성과가 나아진 것은 체벌 효과라기보다 훈련병사의 자연스러운 평균으로의 회귀현상일 수 있다. 골프시합에서 첫날 75타로 부진했던 프로골퍼가 다음날 67타를 친 것은 전날 시합 후 맹연습한 결과라기보다 단순히 평균으로의 회귀현상일 가능성이 크다. 이와 관련한 유명한 사례의 하나가 "스포츠 일러스트레이티드(Sport Illustrated) 징크스"이다. 이는 스포츠 일러스트레이티드 잡지의 표지에 사진이 실린 선수는 다음 시즌 성적이 나빠진다는 징크스를 말하는 것으로, 과도한 자신감과 높은 기대치를 충족시켜야 한다는 압력이 종종 그런 징크스의 원인으로 등장하곤 한다. 그러나 훨씬 쉬운 설명방법이 있다. 그 선수는 행운 덕분에 그 시즌 예외적으로 좋은 성적을 낸 것이 틀림없다는 설명이 그것이다. 운은 엄청나게 변덕스러운 것이다. "2년차 징크스"에 대하여도 이와 비슷한 설명이 가능하다. 사람들은 단순한 평균으로의 회귀현상을 어떤 인과관계의 추론으로 설명하려는 오류를 범하기 쉽다.

(61) 도박꾼의 오류(gambler's fallacy)

소규모 표본에서 평균적인 확률에 집착하는 경향을 의미한다. 동전 던지기에서 우연히 앞면이 5번 계속해서 나왔다고 해서(그 확률은 1/32) 다음번 던지기에서 뒷면이 나올 확률이 큰 것은 아니다. 어디까지나 반반인 것이다. 인간의 몸이나 변화무쌍한 날씨처럼 복잡한 피드백을 주고받는 시스템에서의 수치들은 균형상태로 복귀하려는 경향이 있다. 즉, 이들은 평균으로의 회귀 현상을 보이는 것이다. 그러나 독립적으로 일어나는 사건에 있어서는 균형을 잡아주는 초월적인 힘이 없다. 서로 독립적 사건이냐, 아니면 의존적 사건이냐에 따라 미래에 일어날 일에 영향을 미치게 되는 것이다.

(62) 통계적 차별(statistical discrimination)

보험회사들이 사고를 많이 일으키는 특정 그룹에 대해 높은 보험료를 부과하는 것은 평등의 원칙에 위배되는 것인가? 보험회사의 입장에서 고객그룹별 예상 소요비용에 근거해서 보험료를 매기는 것은 차별이 아니라 통계에 따른 조치일 뿐이다. 일반적으로 젊은 사람들이 자동차 사고를 낼 가능성이 훨씬 높다. 따라서 이들에 대해 상대적으로 높은 자동차 보험료를 책정하는 것이 합리적인 것이다. 그리고 병력이 있는 사람이나 나이가 많은 사람들의 치료비용이 더 많이 소요될 것으로 예상하여 이들에 대한 실손 의료보험료를 상대적으로 높게 책정한다.

(63) 확률의 무시(neglect of probability)

사람들이 어떠한 사건의 발생 가능성에 대하여 둔감한 것을 의미한다. 사건의 크기에는 분명하게 반응하지만, 그 사건이 일어날 확률에는 크게 반응하지 않는다는 것이다. 예컨대 주식투자가 채권에 비하여 높은 수익을 거둘 수 있다는 사실에만 반응하고 그런 높은 수익을 올릴 수 있는 구체적인 확률에 대하여는 곰곰이 생각하지 않는다. 또한, 사람들은 복권 당첨금액에는 관심이 많지만 그 당첨 확률에는 크게 신경을 쓰지 않는다. 사람들은 여러 가지 서로 다른 위험성에 대하여 그 위험이 제로 상태냐 아니냐의 두 종류를 제외하고는 잘 구별하지 못하는 경향이 있다. 이와 같이 사람들은 위험성을 직관적으로 잘 이해하지 못하기 때문에 확률 계산이 필요할 때조차 이를 해야 한다는 생각을 즉각적으로 하지 못하는 것이다.

(64) 대수의 법칙(law of large numbers)

시도 횟수를 늘릴수록 어떤 결과(outcome)가 나올 가능성이 이론적인 확률에 수렴하는 것을 의미한다. 주사위를 던질 경우 1부터 6까지의 각 숫자가 나올 확률은 똑같이 1/6이지만, 몇 번만 던졌을 때에는 어떤 특정 숫자만 자주 나올 수 있다. 그러나 1,000회, 10,000회로 주사위 던지는 횟수를 늘릴수록 각 숫자가 나올 확률은 1/6로 수렴할 것이다. 보험회사는 대수의 법칙을 이용하여 특정 위험을 떠안을 수 있는 것이다. 1년간 평균적으로 자동차를 도난당할 확률이 통계상 0.1%로 추정되고 자동차 가격은 평균 3,000만원이라고 할 경우, 수많은 자동차로부터 발생할 수 있는 자동차 도난에 따른 연평균 손실은 3만원으로 추정되기 때문에 보험회사들은 3만원에 적정 수수료를 붙인 보험료를 받고 자동차 도난에 대한 보험을 제공할 수 있는 것이다. 한편, 사람들은 많지 않은 시도에서조차 대수의 법칙을 적용하려는 경향이 있다. 예컨대, 동전 던지기에서 몇 차례 계속 앞면이 나오면 이번에는 뒷면이 나올 가능성이 높다고 생각한다. 이러한 경향을 도박꾼의 오류라고 한다.

(65) 적은 숫자의 법칙

소규모 표본의 경우가 대규모 표본의 경우보다 모집단의 평균에서 벗어나는 극단적인 결과를 얻을 가능성이 훨씬 더 크다. 따라서 소규모 표본의 결과가 대규모 표본의 결과에 비해 신뢰도가 떨어지는 것이다. 미국 3,141개 카운티 중 신장암 발병률이 가장 낮은 카운티들은 인구밀도가 낮은 시골의 카운티였다. 왜 그럴까? 낮은 신장암 발병률과 시골의 깨끗한 환경을 관련짓는 사람이 많을 것이다. 그런데 신장암 발병률이 가장 높은 카운티들도 인구밀도가 낮은 시골 카운티였다. 이러한 결과는 적은 숫자의 법칙에 따라 인구가 적은 카운티가 극단적인 결과를 얻을 가능성이 크다는 사실에 기인한 것뿐이다. 적은 숫자의 법칙은 우리가 통계 분석을 할 때 의식적으로 충분한 크기의 표본수를 사용하지 않을 경우 자칫 그릇된 결과를 얻게 될 위험이 있다는 것을 알려준다.

(66) 기저율(base rate)의 무시

기저율 등의 통계적 사실을 감안하지 않고 직관 등에 의하여 잘못된 판단을 내리는 것을 말한다. 특히, 대표성이 만드는 직관적 인상이 기저율 정보를 무시하게 만드는 경우가 많다. "시를 좋아하고 수줍음이 많은 사람"으로 묘사되는 여성의 전공을 중국문학과 경영학 중에서 선택해야 한다면 경영학을 선택하여야 한다. 중국문학보다는 경영학을 전공하는 여학생 수가 수십 배 많기 때문에 대표성보다 기저율 효과가 훨씬 더 중요한 것이다. 올바른 판단을 위해 통계학적 지식이 조금 더 필요한 경우도 있다. 예컨대, 앞의 "사고 실험 3"에서 본 바와 같이 AIDS 감염률이 0.01%라는 기저율 효과에 따라 신뢰도 99%인 AIDS 진단검사에서 양성반응을 보인 사람의 AIDS 감염 확률은 99%가 아니라 1%도 되지 않는다. 100만 명이 있다면 그 중에서 100명만이 AIDS 감염자이고 99명이 양성반응을 보이게 된다. 이와 함께, 진단검사의 오차에 따라 비감염자 999,900명 중에서도 1%인 9,999명이 양성반응을 보여, 전체 10,098명(99명＋9,999명)의 양성반응을 보이는 사람 중에서 실제 AIDS에 감염된 사람의 비율은 0.98%(99명/10,098명)가 되는 것이다.

(67) 윌 로저스 현상(Will Rogers phenomenon)

우월집단에 속한 평균 이하의 구성원 일부를 열등집단으로 이동시킬 때 두 집단의 평균이 모두 상승하는 것을 의미한다. 예를 들어, 각각 50명으로 구성된 평균 80점의 우월집단과 평균 60점의 열등집단이 있다고 가정할 때, 평균 70점의 우월집단 소속 10명을 열등집단으로 보내게 되면 우월집단의 평균은 82.5점($[80 \times 50 - 70 \times 10]/40 = 82.5$)이 되고, 열등집단의 평균은 61.7점($[60 \times 50 + 70 \times 10]/60 = 61.7$)이 된다. 이처럼 구성원의 일부를 단순히 이동시키는 것만으로 두 집단의 평균이 모두 상승한 것이다. 윌 로저스는 미국 오클라호마 출신의 코미디언으로, 그가 "오클라호마를 떠나 캘리포니아로 이주한 사람들 덕분에 오클라호마와 캘리포니아 양쪽 주에 사는 주민들의 평균 지능지수가 상승했다"는 농담을 한 것에서 윌 로저스 현상이라는 이름이 유래되었다.

(68) 선택의 역설(paradox of choice)

선택지가 너무 많을 때에는 오히려 선택이 어려워지고 선택의 자유보다는 선택의 부담이 더욱 커지는 경향을 의미한다. 각 선택지의 장단점을 꼼꼼히 비교하기가 어려워지기 때문이다. 슈퍼마켓에서 판매하는 잼의 종류가 너무 많으면 소비자의 선택이 어려워지고 따라서 판매 종류가 적을 때에 비하여 판매량이 오히려 감소하였다는 실험결과도 있다. 고객들이 선택지가 너무 많으면 쉽게 결정을 내리지 못하고 망설이다가 오히려 구입하지 않는 쪽을 선택하기 때문이다.

(69) 선호 역전(preference reversal)

개인의 선택 결과가 선택의 맥락에 따라 달라져 선호가 역전되는 현상을 말한다. 3가지 대안을 둘씩 짝지어 평가했을 때 선호가 역전되는 경우(예컨대, 사과>감, 감>배, 배>사과), 그리고 둘씩 짝지어 평가했을 때에는 선호가 역전되지 않으나(예컨대, 여당1>여당2, 여당2>야당,

여당1 > 야당) 모두 같이 평가했을 때에는 선택이 달라지는 경우가 있다 (예컨대, 여당1, 여당2, 야당 중 야당). 또한, 단독으로 평가할 때와 공동으로 평가할 때 그 결과가 달라지는 경우도 있다. 예컨대, 돌고래 보호를 위한 기부금 규모와 농부의 피부암 방지를 위한 기부금 규모를 물었을 때 단독평가 시에는 시급성에 착안해 전자에, 공동평가 시에는 동물과 인간의 비교에 착안해 후자에 더 많은 기부금을 내겠다고 하였다. 한편, 202쪽의 사례에서 보는 바와 같이 사람들의 시간 할인율이 일정하지 않고 가까운 시점의 할인율일수록 더 클 경우, 즉 쌍곡선 형태의 할인율일 경우에는 선호 역전이 일어날 수 있다. 이를 시간적 비정합성(time inconsistency)이라고 한다.

(70) 소심한 선택(timid choices)

기업에서 편협한 범주화(narrow framing)의 영향으로 투자결정에 있어서 매우 위험 회피적인 성향을 갖게 되는 것을 의미한다. 기업 각 부서의 개발관리자들은 성과에 대하여 자신이 직접 책임을 져야 하기 때문에 종종 손실회피적인 모습을 보인다. 특히, 회사의 보상·처벌 시스템에 따라 큰 성과는 미미한 보상으로 이어지지만 큰 손실은 해고의 위험으로까지 이어질 경우에는 손실회피의 성향이 더욱 뚜렷하게 나타날 수 있다. 예컨대 10개 부서에서 100억 원의 수익을 올릴 확률이 50%, 50억 원의 손해를 입게 될 확률이 50%인 프로젝트를 독립적으로 가지고 있다고 할 때, 기업 전체적으로는 이러한 프로젝트 전부를 시도해볼 가치가 있겠지만, 개별 부서의 입장에서는 실패할 때의 책임 문제로 이를 추진하려고 하지 않을 것이다. 따라서 이 문제를 해결할 수 있는 유일한 방법은 편협한 범주의 문제를 극복하고 모든 프로젝트를 하나의 패키지로 통합, 추진하기 위하여 투자의 책임을 가장 높은 경영차원으로 이전시키는 것이다.

(71) NIH(not invented here) 신드롬

자신이 직접 만들어낸 것이 아닌 아이디어는 큰 가치가 없다고 생각하는 사고방식을 의미한다. 어떤 아이디어를 값진 것으로 여기기 위해서는 그 아이디어를 직접 내놓았거나, 적어도 그 아이디어는 자신이 내놓은 것이라고 믿어야 하는 것이다. 사람들이 자신의 아이디어에 지나치게 집착하게 되면 유연한 사고를 하지 못하며 자신의 아이디어보다 더 나은 아이디어를 비이성적으로 배척할 위험이 있다. NIH 성향의 부정적인 영향은 개인들에게만 해당되는 것은 아니다. 일반적으로 기업들은 기업문화를 창조해가며 기업조직 내의 많은 사람들을 이러한 조직문화에 흡수시킨다. 그 과정에서 조직 내부에서 만들어진 아이디어를 조직 외부의 것보다 더욱 유용하고 중요한 것으로 인식하게 된다. 결국 기업들이 자신들이 만든 문화에 집착하고 편협한 내부 관점만을 수용하려 든다면 기업 혁신이 이루어지기가 어려워지는 것이다.

(72) 인지적 부조화(cognitive dissonance)

어떤 일을 시도하다가 잘 안될 때 이를 합리화하면서 만족해하는 자기기만적 행위를 말한다. 이솝 동화에서 어느 뜨거운 여름날, 들판을 걷고 있던 어떤 여우가 포도나무 높은 곳에 달려 있는 포도를 발견한다. 무덥고 목이 말랐던 여우는 그 포도를 따먹으려고 아무리 노력해 봤지만 도저히 따먹을 수 없게 되자, "저 포도들은 분명 너무 시어서 맛이 없을 거야"라고 말하면서 자기 합리화를 한다. 이를 "신포도 전략(sour grapes strategy)"이라고 한다. 자신이 손에 넣을 수 없는 것에 대해 가치를 매우 낮게 평가하거나 심지어 경멸하는 것을 의미한다.

(73) 자기 통제의 문제

사람들은 자기 통제력이나 절제력의 부족으로 장기적으로 자신에게 이익이 되는 행동을 하지 않고 단기 이익에 유혹되어 근시안적인 선택을 하는 것을 말한다. 음주, 흡연, 과도한 음식 섭취, 운동 실패

등의 문제를 안고 있는 사람들은 이런 나쁜 습관을 고쳐야 한다는 것을 알지만, 금주, 금연, 다이어트, 운동과 같은 중요한 일을 최대한 뒤로 미루는 경향이 있다. 그러나 이를 극복하기 위해 금주, 금연, 다이어트를 대외적으로 공표하고 운동클럽의 연 회원에 가입하는 등 스스로를 기속시키는 사람도 있다. 그리스 신화에서 사이렌(Siren)[62]의 유혹에 직면한 오디세우스는 그 배의 모든 선원들에게 그녀 유혹에 넘어가지 않도록 미리 밀랍으로 귀를 막으라고 지시하고, 자신도 그녀의 음악에 홀려서 배를 암초 가까이 대지 않도록 선원들에게 자기 몸을 돛대에 묶어달라고 부탁했다. 한편, 최근에는 늦잠 자는 사람을 깨우기 위해 움직이는 자명종 시계인 클러키(Clocky)가 나왔다고 한다. 이 시계는 맞춰놓은 시간에 요란하게 소리 낼 뿐만 아니라 방안을 이리저리 움직이기도 한다. 이 시계를 조용하게 하려면 침대에서 내려와 그 고약한 물건을 직접 찾아야 한다.

(74) 과도한 자신감(overconfidence)

대다수 사람들은 자신 능력을 과신하거나 낙관적 태도를 갖는 경향이 있다고 한다. 확률적으로 50%에 불과하나, 90% 가까운 사람들이 자신은 다른 사람들보다 운전을 더 잘 하고 똑똑하다고 믿고 있다. 자신감과 낙관적인 태도는 사람을 행복하게 만들며, 다른 사람에게 더 많은 영향을 끼친다. 그리고 장애물 앞에서 더 많은 인내를 할 수 있다. 사회나 시장에서 자신감과 낙관주의가 보상을 받는 경향이 있다. TV에 출연한 의사나 전문가 등은 높은 자신감을 보일수록 인기가 있는 법이다. 자신감은 불확실성과 신중함보다 더 인정을 받으며, 낙관주의는 비관주의에 비해 더 신뢰를 받는다. 그러나 지나친 자신감과 낙관적인 태도는 위험을 과소평가하고 위험을 제대로 알아보기 위하

---

[62] 그리스 신화에 나오는 반은 새이며, 반은 사람인 마녀로서, 아름다운 노랫소리로 뱃사람들을 유혹하여 난파시켰다고 한다.

Chapter 05 인간 행태의 편향과 오류

여 충분한 노력을 기울이지 않는다는 문제점을 안고 있다. 기업인들이 그런 성향을 가질 때 더욱 위험하다. 미국 중소기업의 5년간 생존확률은 35%에 불과하지만 이 통계가 자신에게도 적용된다고 믿는 기업인은 거의 없다. 자기 기업의 성공률은 60%로 예상하는 것이다.

(75) 보수주의(conservatism)

새로운 증거(evidence)가 나타났음에도 불구하고 자신의 과오를 인정하려고 하지 않으며, 자신의 믿음이나 선호의 수정이 매우 어렵고 느린 사람들의 성향을 말한다. 종교적 성향의 사람이나 나이든 사람일수록 보수주의적인 경향이 있으며, 이는 확증 편향, 현상유지 편향, 손실회피 성향 등과도 관련이 있다.

(76) 자기충족 예언(self-fulfilling prophecy)

어떠한 일이 일어날 것이라고 예측하는 자체가 그 일이 실제로 일어나도록 만드는 것을 말한다. 아무런 근거 없이 자신이 시험에 떨어질 것이라고 확신하면서 공부보다 걱정에 더 많은 시간을 쓰다가 결국 그 시험에 떨어지는 학생의 경우가 이에 해당한다. 또한 서로 상대의 공격을 두려워하면서 병력 증강 등 전쟁 준비를 하다가 실제로 전쟁을 일으키는 경우도 자기충족 예언의 사례이다. 자기충족 예언이 반드시 부정적인 것은 아니다. 학생이 특별한 지능을 지녔다고 믿는 선생은 좋은 성과를 기대하면서 더 열심히 가르친다. 그래서 더 열심히 공부한 학생은 실제로 좋은 성적을 낸다. 이를 로젠탈 효과라고 한다.

(77) 우연의 법칙

개연성이 극도로 낮은 사건들이 자주 일어나는 것을 말한다. 우연한 일이 자주 발생하는 이유는 첫째, 가능한 모든 결과 목록을 작성해 보면 우연한 일은 그 중 하나로 반드시 일어나게 되어 있다. 둘째, 아무리 드문 일이라고 해도 이를 시도할 기회가 무수히 많다면 어떤 일도 일어날 수 있다. 셋째, 만일 사건이 일어난 다음에 선택할 수 있다면 그 확률을 원하는 만큼 높일 수 있다.[63] 넷째, 상황을 조금 바꾸어서 이해하면 발생 확률이 엄청나게 커짐을 알 수 있다.[64] 다섯째, 유사한 사건들을 동일한 사건으로 간주함으로써 확률이 커질 수 있다.

(78) 운전사의 지식(chauffeur'knowledge)

잘 모르는 것을 마치 아는 것처럼 행동하거나 과시하는 것을 말한다. 탁월한 목소리나 신뢰감을 주는 외모를 갖고 있지만, 그들이 말하는 지식은 공허할 수 있다. 그저 능숙한 말솜씨로 알맹이 없는 말들을 마구 쏟아내는 것이다. 그러나 진짜 지식을 운전사의 지식과 구분하기는 점점 어려워지고 있다. 오늘날 기업에서도 조용한 창조자보다는 쇼맨십이 있는 최고경영자를 기대한다. 저널리스트나 경제학자 중에도 운전사의 범주에 속하는 사람들이 많이 있다. 그러나 진짜 지식을 갖고 있는 사람을 알아볼 수 있는 분명한 표지가 있다. 그들은 자신이 무엇을 알고 무엇을 모르는지 정확히 알고 있다. 그들은 자신의 능력 범위 밖에 있는 것에 대해서는 아무 말도 하지 않거나 잘 모른다고 솔직하게 말한다. 운전사가 자신이 모르고 있는 것도 잘 아는 것처럼 이야기를 꾸며대는 것과 대조적이다.

(79) 자기무리 짓기(self-herding)

다른 사람의 행동을 따라하는 것과 마찬가지로 자신이 한 과거의 행동을 그대로 따라하는 의사결정 과정을 의미한다. 우리가 평상시와 다른 어떤 즉흥적 감정에 휘둘려 내린 의사결정은 오랫동안 우리의 미

---

63 ▮▮▮ 1995년부터 2002년까지 어필리에이티드 컴퓨터 서비스회사 최고경영자였던 제프리 리치에게 스톡옵션 6건을 부여한 것은 모두 주가가 오르기 직전, 급락한 주가가 바닥에 이르렀을 때였다. 이런 우연한 일이 발생할 확률은 월스트리트 저널의 분석에 따르면 약 60억분의 일이라고 한다. 그렇지만 사후조작이었다면 그 확률은 1이 된다.

64 ▮▮▮ 어떤 사건의 발생이 정규분포가 아니라 멱함수 분포를 따른다면 희귀한 사건들의 발생 확률이 크게 높아진다.

래 행동을 결정하는 데 영향을 미친다. 결과적으로 이는 단기적 감정이 장기적으로 우리의 삶에 영향을 미치는 셈이 된다. 즉, 어떤 상황에서 우리가 내리는 의사결정의 영향력은 해당 상황에만 국한되는 것이 아니라, 그것과는 직접적으로 관련이 없는 다른 상황에 대해서까지 아주 오랫동안 영향을 미친다. 예를 들어 운전 중에 화나는 일을 경험한 사람들은 사무실에 도착해서 다른 일을 할 때에도 쉽게 화를 내게 된다. 우리는 감정에 휘둘린 의사결정이 생각보다 오랫동안 미래의 행동에 영향력을 끼칠 수 있다는 사실을 인식하고, 나쁜 감정 상태에 휘둘린 채로 의사결정을 하지 않도록 주의하여야 한다.

(80) 긍정적 보상의 함정

사람들이 비금전적인 동기로 행동할 때 이를 돈으로 보상하게 되면 그들의 내재적 동기를 파괴하는 결과를 초래하게 된다. 가난하거나 어려운 사람을 위해 무료로 일하는 변호사나 자선사업가에게 금전적 보상을 하려고 하는 것은 그들의 내재적인 동기인 자아실현이나 자기성취감 등을 파괴할 우려가 있다. 사람들 간의 관계에는 사회규범이 적용되어야 하는 때가 있고 시장규범이 적용되어야 하는 때가 있다. 사회규범을 적용하여야 할 때 시장규범을 들이대었다가는 인간관계를 해칠 수 있는 것이다. 그러나 현실세계에서는 언제 사회규범을 적용하고 언제 시장규범을 적용하여야 할지 애매한 경우가 많다. 가까운 친척에게 아이를 맡기면서 돈을 지급하여야 할까? 선물을 지급할까? 아니면 따뜻한 감사의 말로 충분할까?

(81) 금전적 인센티브의 한계

금전적 인센티브는 일정 수준까지는 더 높은 성과를 가져오나 그 수준을 넘어서면 성과에 대한 압박으로 작용하여 업무의 집중도를 저하시키고 성과를 오히려 낮춘다는 실험결과들이 있다. 단순하고 기계적 업무의 경우에는 몰라도 적어도 높은 인지능력을 요하는 업무일 경우에는 그렇다는 것이다. x축을 금전적 인센티브의 규모, y축을 성과 수준이라고 하면 이들 간의 관계는 역 U자형의 그래프가 된다는 것이다. 이런 결과는 사무직 근로자에 대한 지나치게 높은 성과급 지급이 오히려 그들의 업무성과를 떨어뜨릴 수 있다는 것을 보여준다. 금전적인 보상만으로 사무직 노동자에 대한 충분한 동기부여가 되지 않기 때문에, 사무직 근로자의 높은 업무성과를 유도하기 위해서는 노동이 주는 의미가 유발하는 동기부여가 중요한 역할을 하게 된다. 사람들이 노동을 통해 어떤 의미나 즐거움을 얻을 수 있다면, 그것은 사람들로 하여금 노동에 더 큰 노력을 기울이도록 만드는 주요 원동력으로 작용할 것이다.

(82) 단 한 가지 이유의 함정(fallacy of the single cause)

어떤 일이 일어난 이유가 매우 복잡함에도 불구하고 가급적 단 한 가지로 이를 정리하려고 하는 경향을 말한다. 2003년 미국이 이라크를 침공한 근본적인 동기는 무엇일까? 2008년 미국의 금융위기가 발발한 근본적인 원인은 무엇일까? 애플이 재기에 성공한 근본적인 요인은 무엇일까? 수많은 이유들이 존재하는데 이를 어떻게 단 한 가지로 설명할 수 있겠는가? 그럼에도 어떤 사건이 발생하게 된 단 한 가지의 이유에 집착할 경우에는 단 한 명의 희생양이나 영웅을 만들기 쉽다.

(83) 쾌락의 쳇바퀴(hedonic treadmill)

우리는 우리 자신이 쾌락에 대해 얼마나 빠르게 적응하는지 모르는 채 계속해서 뭔가를 산다. 새로운 상품이 자신을 더 행복하게 만들어줄 것이라는 기대를 가지고서 말이다. 실제로 새 차를 사면 기분이 정말 좋아진다. 하지만 안타깝게도 새 차가 주는 기쁨의 유효기간은 단 몇 달에 불과하다. 우리는 그 차에 금방 익숙해져서, 더 이상 그 차로부터 특별한 기쁨을 얻지 못하게 될 것이다. 그러면 우리는 또다시 뭔가 새로운 것을 찾아 나선다. 이렇게 자신을 행복하게 만들어줄 수 있을 것이라고 기대하고 뭔가를 끊임없이 추구하는 것을 쾌락의 쳇바퀴라고 한다. 그렇다고 해도 우리는 "쾌락에 대한 방해"를 통하여, 즉 우리가 쾌락에 적응하는 과정을 방해함으로써 행복감을 조금이라도 늘릴 수 있다. 기쁘고 즐거운 일일수록 시간을 두고 나누어 경험하는 편이 훨씬 나은 것이다. 한편, 고통의 경우에는 쾌락의 경우와는 달리 고통 경험을 중간에 아무런 교란 없이 단번에 겪는 편이 낫다. 아무리 고통스럽고 어려운 일이라도 이를 경험한 뒤에는 이에 대하여 빠른 적응을 하는 것이다.

(84) 수다를 떠는 경향

수다를 떠는 것은 무지를 드러낸다. 만약 어떤 것을 분명하게 말하지 못하면 말하는 사람 자신도 무슨 말을 하는지 알지 못한다. 언어표현은 생각을 반영하는 거울이다. 분명한 생각은 분명하게 표현되며, 분명하지 못한 생각은 수다스러운 말로 변한다. 그러나 어리석게도 우리들 모두 분명한 생각을 갖는 경우가 별로 없다. 미국 작가 마크 트웨인은 "할 말이 없을 때는 말을 하지 마라"라고 경고하였다.

(85) 무작위성 인식의 미숙

우리는 무작위한 사건에 대하여 규칙성이나 인과성을 찾으려는 경향이 있다. 전적으로 운에 의해 발생한 임의적 결과에 대하여 그 원인을 밝히려고 노력하는 것이다. 우리는 모든 특이한 사건들의 배후에는 분명한 원인이 있을 것이라 추정하고 가능하면 그 원인을 찾으려고 노력한다. 그래야만 다음번 이와 유사한 사건이 일어날 경우 이에 효율적으로 대처할 수 있기 때문이다. 스포츠 세계에서 가끔씩 발동 걸리는(hot hand) 선수들이 있다고 한다. 농구시합에서 어떤 선수가 3점 슛을 계속해서 3-4개 성공시키면 모두 그 선수가 발동 걸렸다고 생각한다. 이에 따라 동료들은 그에게 더 많은 패스를 하고 상대팀은 그를 더욱 집중 마크 하려고 할 것이다. 그러나 어떤 연구결과에 따르면 시합에서 특별히 발동 걸린 선수는 존재하지 않고 그런 현상은 순전히 운에 따른 결과로 파악될 수 있다고 한다. 무작위한(random) 상황 속에서 어떤 패턴성이나 인과성을 찾으려는 경향 때문에 발생하는 착각이라는 것이다.

(86) 전문가적 직관

복잡하고 어려운 상황에서 이성에 의한 논리적 추론 없이 직관에 의한 빠른 의사결정을 내릴 때 사람들은 오류를 범하기 쉽다. 그러나 충분히 규칙적이고 예측이 가능한 환경에서, 오랜 기간의 연습을 통해 이런 규칙성을 배운 전문가의 경우에는 직관에 의한 빠른 의사결정도 신뢰할 만하다. 소방관, 바둑기사 등 많은 훈련을 한 전문가들은 오직 직관에만 의존해서도 신속하고 정확한 행동을 취할 수 있다. 글래드웰(Malcolm Gladwell)의 "첫 2초의 힘 블링크"라는 책에서 어떤 고미술상이 전문가적 직관을 가지고 얼마나 빨리 그리고 정확히 진짜와 가짜 조각상을 구분해 내는지가 생생하게 묘사되어 있다.

(87) 지킬 박사와 하이드 씨(Dr. Jekyll & Mr. Hyde)

우리 모두에게는 지킬 박사와 하이드 씨의 양면성을 가지고 있다. 매우 깍듯한 예의범절을 갖춘 과학자 지킬 박사가 통제할 수 없는 열정을 가진 살인자 하이드 씨로 언제라도 바뀔 수 있는 것이다. 우리는 분노, 허기, 흥분, 질투와 같은 감정 상태에 휩싸일 때 차분한 감정 상태에서와는 전혀 다른 의사결정을 할 수 있다. 격렬한 감정 상태에서 비이성적 자아의 지배를 받아 충동적이고, 비도덕적이고, 위험하고, 불합리한 행위를 저지르기 쉬운 것이다. 따라서 우리는 우선 어떤 격한 감정에 사로잡히지 않도록, 그런 열정의 소용돌이에 빨려 들어가지 않도록 노력하여야 하며, 다음에는 그러한 감정에 사로잡힐 경우에도 피해가 최소화될 수 있도록 사전에 미리 준비하는 자세가 필요한 것이다.

(88) 사회적 태만(social loafing)

우리는 한 개인으로 일할 때보다 집단으로 일할 때 자기 능력을 충분히 발휘하지 않는 경향이 있다. 우리는 눈에 띠지 않을 만큼만 태만을 피우는 것이다. 하나의 밧줄을 더 많은 사람들이 끌면 끌수록 개개인의 능력은 후퇴한다. 우리는 집단 속에 있을 때 자신의 능력을 후퇴시킬 뿐더러 그에 따르는 책임도 후퇴시킨다. 사람들은 집단이 내린 결정 뒤로 몸을 숨기며, 이를 책임감의 분산(diffusion of responsibility)이라고 한다. 또한 집단은 개인보다 더 큰 위험부담을 지는 경향이 있다. 실패하더라도 내가 모든 책임을 지지 않기 때문에 보다 모험적인 결정을 내리는 것이다. 이런 경향을 모험 이행(risky shift)이라고 한다.

(89) 의사결정의 피로감(decision fatigue)

의사결정에 집중할수록 의지력이 약해지는 것을 말한다. 의사결정을 한다는 것은 스트레스가 쌓이는 일인 것이다. 의사결정의 피로감은 꼼꼼하게 세부사항을 고려해서 결정 내리는 과정을 포기하게 만들기 때문에 위험하다. 전국의 법원들에서 이루어지는 수백 건의 판결들을 연구한 결과에 따르면, 판사들이 용감한 "조기석방 판결"을 내릴 확률은 재판이 진행되는 동안 약 65%에서 10% 수준까지 점차 떨어지지만, 판사들이 휴식을 취하고 난 이후에는 다시 급격히 65% 수준까지 상승하였다고 한다.

(90) 뉴 마니아(new mania)

새로운 것에 열광하는 생각의 오류를 의미한다. 우리는 시스템적으로 새로운 것의 역할을 과대평가하곤 한다. 미래를 상상하기 좋아하는 사회는 일시적으로 열렬한 반향을 일으키는 발명품과 현재 시장을 지배하는 혁신제품의 영향력을 과대평가한다. 그리고 옛날로부터 전송되어 온 기술의 역할은 과소평가한다. 그러나 어떠한 기술이 수백 년 동안이나 지속되어 왔다면 거기에는 무엇인가 이유가 있는 것이 틀림없다. 이러한 기술은 앞으로도 계속 살아남을 가능성이 매우 크다. 우리가 미래에 대한 예언을 하고 싶다면 창밖을 너무 멀리 보아서는 안 된다.

(91) 초심자의 행운(beginner's luck)

처음의 작은 성공들이 나중에는 큰 실패로 연결되는 경향을 말한다. 처음에 몇 번 도박을 해보다 실패한 사람은 거기에서 이내 손을 떼고 하차한다. 그러나 처음 해본 도박에서 재미를 본 사람은 그것을 계속하는 경향이 있다. 그 행운아는 자신이 보통 이상의 능력을 갖고 있다고 확신하고서 도박에 판돈을 키운다. 그러다가 결국 운이 다하고 큰 돈을 잃고서야 후회하게 된다. 주식이나 부동산 거품으로 자기실력 이상으로 큰 돈을 번 사람도 중간에 빠져나오지 못하고 오히려 판돈을 키우다가 거품 파열과 함께 돌이킬 수 없는 치명적인 손해를 입게 되는 것이다.

(92) 1/n 법칙

n가지의 옵션이 있을 경우 자산을 이 모든 옵션에 균등하게 배분하려는 경향을 말한다. 달걀들을 모든 바구니에 균등하게 나누어 넣는다는 것이다. 어느 대학 직원들에게 선택 가능한 펀드 두 가지에 은퇴연금을 어떻게 배분할지 물었다. 세 집단으로 나누어 첫째 집단에는 몽땅 주식에 투자하는 펀드와 몽땅 채권에 투자하는 펀드를 제시하였고, 둘째 집단에는 몽땅 주식에 투자하는 펀드와 주식 및 채권에 각각 절반씩 투자하는 펀드를 제시하였으며, 셋째 집단에는 몽땅 채권에 투자하는 펀드와 주식 및 채권에 각각 절반씩을 투자하는 펀드를 제시하였다. 세 집단 모두 대다수의 사람들이 1/n의 법칙에 따라 자금을 두 가지 펀드에 균등하게 나누어 투자하였다.

Chapter 06

시장의 불완전성

1 시장의 불완전성 요인

주류 경제학에서 시장은 완전 경쟁적이며 정보 효율적이며 그리고 안정적이라고 한다. 완전 경쟁적인 시장에서 가격의 수급조절 기능을 통하여 수요와 공급은 항상 일치하고 그 결과 시장의 효율성은 달성된다. 그리고 이 때 자원은 가장 효율적으로 배분되며, 사회적 총후생도 극대화된다. 따라서 완전 경쟁시장에서는 정부의 간섭과 규제가 불필요한 것이며, 시장 참가자들의 자유로운 거래에 의존하기만 하면 된다. 한편, 정보 효율적 시장에서 금융자산의 가격 등은 현재 시점에서 이용 가능한 모든 시장정보를 완전하게 반영하여 형성된다. 효율적인 시장에서 미래 가격은 예측할 수 없는 미래 정보에 의하여 결정되므로 어느 누구도 미래 가격에 대한 정확한 예측을 할 수 없고, 따라서 가격의 예측을 통하여 초과 수익을 지속적으로 향유한다는 것은 거의 불가능하다.

그리고 안정적 시장에서 시장은 항상 균형 상태를 이루고 있으며, 설령 외부의 충격이 있다 하더라도 가격의 신축적인 조정을 통하여 빠른 시간 내에 새로운 균형으로 수렴한다. 가격의 경직성이나 거품가격의 형성으로 시장이 균형 상태에서 장기간 일탈하는 경우는 예상하지 않는다. 아울러, 미래의 경제적인 위험은 확률적으로 예측할 수 있기 때문에 이에 대한 적절한 대응이 언제나 가능하다. 그 결과 경제의 불확실성(uncertainty)으로 인하여 아무도 예측하지 못한 경제공황이나 금융위기와 같은 희귀 사건이 갑자기 발생할 수 있다는 사실을 아예 무시하게 된다.

그러나 주류 경제학의 가정과는 달리 오늘날 시장에는 경쟁 제한성, 정보 비효율성, 불안정성, 불확실성 등이 존재한다. 그간 산업이 발달해 오는 과정에서 독과점의 형성 등에 따라 시장의 집중도가 높아져 왔으며, 그 결과 시장 경쟁이 크게 제한되고 자원 배분이 왜곡되는 현상이 자주 나타나고 있다. 독과점 이외에도 공공재나 외부 효과의 존재 등으로 말미암아 시장의 실패가 발생하고, 이를 치유하기 위한 정부의 개입이 불가피해졌다. 또한, 오늘날 시장에서는 모든 사람이 동등하게, 그리고 큰 장애 없이 시장에 관한 정보를 공유하기가 매우 어렵고, 가격 또한 현재 시점에서 가용한 모든 정보를 완전하게 반영하여 형성되지 못하는 경우가 많다. 어떤 경우에는 거래당사자 간에 있어서 알고 있는 정보의 수준이 서로 다른 정보의 비대칭성 현상이 나타나기도 한다.

한편, 유가, 주가, 환율 등 일부 금융자산 가격은 외부의 충격으로 수요, 공급에 변화가 있을 때 즉각적인 수급 조절이 이루어지지 않고 장기에 걸쳐 매우 불안정한 움직임을 보이는 경향이 있다. 또한, 가격의 경직성으로 수급의 불균형이 초래되는 경우가 흔히 있으며, 어떤 경우에는 거품의 발생 등으로 비이성적으로 높거나 낮은 가격이 장기간 유지되기도 한다. 미래 경제에 있어서의 경제적 위험은 확률적으로 정의할 수 없는 불확실성을 띠고 있어 아무도 예측할 수 없는 극단적 희귀 사건이 발생할 가능성이 상존하게 된다.

이와 같이 현실 시장은 독과점, 외부 효과의 존재 등으로 시장의 실패가 발생하고, 정보 효율성의 한계, 정보의 비대칭성, 그리고 시장의 불안정성과 불확실성 등으로 매우 불완전한 것이다. 따라서 시장을 완전히 민간에만 일임할 수 없는 것이며, 이에 대한 정부의 개입과 규제가 필요하게 된다.

2 시장의 실패

독과점

독과점은 제품을 공급하는 사업자의 수가 제한되어 있어 공급자가 어느 정도의 가격 결정력을 가지고 있는 시장형태를 말한다. 독과점 기업은 이윤 극대화를 위하여 완전 경쟁시장에 비하여 생산량을 축소하고 가격을 인상시킴으로써 효율적인 자원 배분을 저해하고 사회적 후생의 손실을 초래하게 된다. 정부는 독과점 폐해를 억제하고 기업 간의 경쟁을 촉진시키기 위하여 독과점 가격 등에 대한 직접 규제, 독과점 기업의 공적 경영, 독과점 공기업의 민영화, 독과점 산업에 대한 민간참입 허용 등의 정책을 펴고 있다.

정부는 독과점 기업의 가격을 직접 규제할 수 있다. 그러나 자원의 효율적인 배분을 위하여 가격을 한계비용과 같아지는 수준에서 결정할 때 자연독점(natural monopoly)[65] 기업은 언제나 손실을 입게 되는 문제가 발생한다. 자연독점 기업의 평균비용은 생산량 증가에 따라 지속적으로 하락하고 이 때 한계비용은 평균비용보다 작을 수밖에 없기 때문에[66] 가격이 한계비용과 같아지는 수준에서 결정되면 가격은 평균비용보다 낮게 되어 언제나 적자를 보게 되는 것이다. 한편, 자연독점 기업의 적자를 피하기 위해 가격을 평균비용과 같아지는 수준에서 결정할 경우에는 자원의 최적 배분이 달성되지 못한다는 또 다른 문제가

---

[65] 자연독점이란 규모의 이익(economy of scale)으로 생산 규모가 커질수록 생산원가가 낮아져 자연적으로 1개 기업이 산업 전체의 생산량을 공급하게 되는 경우를 의미한다.

[66] 평균비용이 하락할 때에는 한계비용이 평균비용보다 작고, 평균비용이 상승할 때에는 한계비용이 평균비용보다 크다. 또한, 평균비용이 최하 수준에서는 평균비용과 한계비용이 같다. 예컨대, 어느 학급의 평균보다 성적이 낮은 학생이 새로 들어오면 전체 평균은 낮아진다. 즉, 새로운 학생의 전입으로 전체 평균이 낮아진 것은 기존의 평균보다 한계 성적이 낮은 학생이 새로 전입한 것을 의미한다.

야기될 수 있다. 그밖에도 독과점 기업에 대한 직접적인 가격규제는 기업의 수요나 원가에 관한 정확한 자료 확보상의 어려움, 기업의 원가절감 인센티브의 결여, 그리고 규제 절차에 따른 시간과 비용의 소요라는 문제가 제기된다.

또한, 정부는 독점규제 법령(우리나라의 경우 독점규제 및 공정거래에 관한 법률)에 의거 독과점 기업의 가격남용행위나 우월적 지위를 이용한 불공정거래행위, 기업결합을 통한 시장지배력 강화행위 등을 규제할 수 있다. 때에 따라서는 독과점 사업을 정부기관이나 공기업을 통해 직접 경영할 수도 있다. 다만, 독과점 사업의 공공경영에 대하여는 조직이 관료화되고, 정치적 간섭이 커지며, 수익성보다는 공공성을 지나치게 강조함으로써 경영의 비효율성이 초래되고, 오히려 정부 실패를 초래할 가능성이 크다는 비판이 있다.

최근 들어서는 독과점 공기업의 경영 비효율성이 노정됨에 따라 이에 대한 반성으로 공기업의 민영화가 활발히 추진되고 있으며, 특히 대규모 공기업의 경우에는 분할 민영화를 통하여 경쟁을 도입하려는 시도가 많다. 공기업 민영화와 더불어 이를 여러 개의 회사로 분리하여 이들 상호간의 경쟁을 유도하고, 진입장벽 등에 대한 규제도 함께 철폐하여 새로운 민간사업자의 진입을 가능하도록 하는 경우가 많다.

📖 참고 과점시장과 게임이론

과점시장에서는 소수의 공급자로 말미암아 한 기업의 가격이나 생산에 관한 결정이 다른 기업들에 직접적인 영향을 끼치는 상호 의존적인 시장구조를 가지게 된다. A기업의 의사결정이 B기업에 영향을 미치고, B기업의 대응전략이 다시 A기업에 영향을 미치는 등의 상호 의존적인 관계가 과점시장의 특징인 것이다. 과점시장에서와 같이 기업들이 다른 기업들의 대응 전략을 감안하면서 자신들의 최적 전략을 수립하는 것을 분석하기 위하여 게임이론(game theory)이 널리 활용되고 있다.

게임이론은 보통 2인의 게임 참가자가 있는 것을 가정하며, 자신과 상대방이 선택할 수 있는 모든 전략과 각 전략에 따른 결과의 손익(payoff)을 모두 안다고 가정한다. 그리고 일반적으로 자신과 상대방이 동시에 전략을 선택하고, 일회만 실시하며, 선택 가능한 전략 가운데 하나만 선택할 수 있는 게임 등을 가정한다.[67]

게임이론에서 최적 전략을 결정하는 방법으로 우위의 전략과 내쉬균형(Nash equilibrium)의 전략 등이 있다. 우위의 전략(dominant strategy)은 자신이 선택할 수 있는 전략 중에서 상대방이 어떤 전략을 선택하더라도 자신에게 유리한 전략을 말하며, 열위의 전략(dominated strategy)은 상대방이 어떤 전략을 선택하더라도 자신에게 불리한 전략을 말한다. 자신이 선택할 수 있는 전략 중에서 열위의 전략을 단계적으로 제거해 나감으로써 최적의 전략을 선택하거나 선택 범위를 축소해 나갈 수 있다. 한편, 상대방이 어떤 특정 전략 A를 선택했을 때 자신에게 최적이 되는 전략이 B가 되고, 그 B전략에 대한 상대방의 최적 전략이 다시 A가 될 경우, A, B의 전략조합을 내쉬균형의 전략이라고 한다. 많은 게임에 있어서 내쉬균형은 존재하지 않을 수도 있고, 복수로 존재할 수도 있다. 복수의 내쉬균형이 존재할 경우 게임 참가자가 실제로 어느 전략을 취할 것인가에 대하여는 예측할 수 없다.

■■■ 우위의 전략

A기업	B기업		
전략	저가 정책	중가 정책	고가 정책
저가 정책	(3, 6)	(7, 1)	(10, 4)
중가 정책	(5, 1)	(8, 2)	**(14, 7)**
고가 정책	(6, 0)	(6, 2)	(8, 5)

※ B가 어떤 가격정책을 쓰든지 A는 저가정책보다 중가정책이 유리하므로, 저가정책은 배제한다. 다음으로 A가 어떤 가격정책을 쓰든지 B는 저가정책이나 중가정책보다는 고가정책

67 게임의 유형에는 다수의 참가자가 있는 게임, 손익 등에 관한 정보가 불완전한 게임, 게임 참가자가 순차적으로 전략을 선택하는 게임, 반복적으로 실시하는 게임, 복수의 전략을 확률적으로 결합하여 사용할 수 있는 게임 등도 있다.

이 유리하므로 저가정책 및 중가정책을 배제한다. (14, 7)과 (8, 5) 중에서 (14, 7)이 두 기업에 모두 유리하므로 A는 중가정책을, B는 고가정책을 쓰게 된다.

내쉬 균형이 하나 존재하는 경우

A기업 \ B기업 전략	가격 인상	가격 유지	가격 인하
가격 인상	(9, 8)	(-3, 4)	(-5, 6)
가격 유지	(5, -3)	(3, 3)	(-2, 2)
가격 인하	(6, -8)	(4, -4)	(-3, -3)

※ B가 가격 인상하면 A는 가격 인상하는 것이 최적이며, A가 가격 인상할 때 B의 최적 전략은 가격 인상이다. B가 가격 유지하면 A는 가격 인하하는 것이 최적이며, A가 가격 인하할 때 B의 최적 전략은 가격 인하이다. B가 가격 인하하면 A는 가격 유지하는 것이 최적이며, A가 가격 유지할 때 B의 최적 전략은 가격 유지이다. 따라서 A기업의 가격 인상, B기업의 가격 인상 조합만이 내쉬 균형이다.

내쉬 균형이 존재하지 않는 경우

A기업 \ B기업 전략	신제품 판매	기존제품 판매
신제품 판매	(-8, -10)	(6, -15)
기존제품 판매	(-4, 4)	(0, 6)

※ B가 신제품 판매하면 A는 기존제품 판매하는 것이 최적이며, A가 기존제품 판매할 때 B의 최적 전략은 기존제품 판매다. B가 기존제품 판매하면 A는 신제품 판매하는 것이 최적이며, A가 신제품 판매할 때 B의 최적 전략은 신제품 판매다. 따라서 내쉬 균형은 존재하지 않는다.

내쉬 균형이 둘 존재하는 경우

A기업 \ B기업 전략	시설 확장	시설 유지
시설 확장	(-5, -5)	(9, 0)
시설 유지	(0, 9)	(3, 3)

※ B가 시설 확장하면 A는 시설 유지하는 것이 최적이며, A가 시설 유지할 때 B의 최적 전략은 시설 확장이다. B가 시설 유지하면 A는 시설 확장하는 것이 최적이며, A가 시설 확

장할 때 B의 최적 전략은 시설 유지이다. 따라서 A기업의 시설 유지, B기업의 시설 확장 조합과 A기업의 시설 확장, B기업의 시설 유지 조합 모두가 내쉬 균형이다.

공공재

순수 공공재[68]는 국방이나 치안과 같이 어떤 소비자가 다른 소비자의 소비량을 감소시키지 않으면서 자유롭게 소비할 수 있는 비경합적(non-rival) 재화인 동시에 다른 소비자의 소비를 배제할 수도 없는 비배제적(non-exclusive) 재화이다. 공공재는 비경합적 성격으로 인해 재화의 추가적인 공급에 소요되는 비용이 전혀 없기 때문에 가급적 많은 사람에게 공급하는 것이 사회적으로 바람직하다. 그러나 공공재는 비배제적 성격으로 인하여 다른 사람의 소비를 배제시킬 방도가 없기 때문에 그 사용의 대가로 가격을 부과하는 것이 불가능하다. 즉, 무임승차 문제가 발생하는 것이다. 이에 따라 공공재는 재화의 성격상 민간기업이 공급할 수 없는 것이며, 정부가 조세수입을 재원으로 무료로 공급할 수밖에 없다.

외부 효과

외부 효과(externality)는 이띤 한 집난의 경제활동이 시장에 참여하지 않은 제3자 집단에 대해 무상으로 비용 또는 편익을 가져오는 것을 말한다. 외부 효과에는 한 집단의 행동이 다른 집단에게 비용을 발생시키는 외부 불경제와 편익을 발생시키는 외부 경제가 있다. 외부 불경제의 대표적 예로는 공해의 발생, 빌딩 신축에 따른 교통정체 등이 있으며, 외부 경제의 대표적 예로는 교육과 연구개발의 파급효과, 공원조성에 따른 쾌적성 증가 등이 있다.

---

68 공공재와 비슷하지만 이와 다른 재화로 클럽재화와 공유자원이 있다. 골프회원권과 같은 클럽재화는 비경합적이면서, 배제적인 성격의 재화이며, 무료도로, 수산자원과 같은 공유자원은 비배제적이면서 경합적인 성격의 재화이다.

외부 경제의 경우에는 그 사회적 편익이 거래가격에 적절히 반영되지 않음에 따라 사회적으로 최적인 수준보다 적은 양의 공급이 이루어지고, 외부 불경제의 경우에는 그 사회적 비용이 거래가격에 적절히 반영되지 않음에 따라 사회적으로 최적인 수준보다 많은 양의 공급이 이루어짐으로써 자원 배분의 왜곡 현상이 발생한다. 따라서 외부 경제를 발생시키는 기업에 대하여는 보조금 등을 통하여 보다 많은 양의 공급이 이루어질 수 있도록, 또한 외부 불경제를 발생시키는 기업에 대하여는 조세 부과 등을 통하여 보다 적은 양의 공급이 이루어질 수 있도록 유도할 필요가 있다.

📖 참고   공해 억제를 위한 정부정책

정부는 공해기업에 대하여 방출기준의 규제, 방출부과금의 부과, 공해물질 방출허가증의 발급 등을 통하여 공해 발생이 일정수준 이하로 축소될 수 있도록 유도할 수 있다. 방출기준(emissions standard) 규제는 기업이 최대한 방출할 수 있는 공해물질의 양을 법령 등에 의하여 직접적으로 제한하는 것을 말하며, 방출부과금(emissions fee) 규제는 기업이 방출하는 공해물질의 양에 비례하여 부과금을 부과하는 것이고, 양도성 방출허가증(transferable emissions permits) 제도는 사회적으로 인용할 수 있는 공해물질의 총배출량을 기준으로 하여 방출허가증 총수를 결정하고 이를 각 기업에 배분한 후, 기업들은 배분된 방출허가증을 시장에서 자유롭게 거래할 수 있는 제도를 말한다.

코스 정리와 시장 실패의 치유

코스 정리(Coase theorem)에 의하면, 시장거래에서 어떠한 거래비용도 발생하지 않고, 그리고 거래되는 자산의 재산권이 분명하게 정의되어 있을 경우 정부의 개입 없이도 사적 거래를 통한 계약으로 외부 불경제 등에 따른 시장 실패를 치유할 수 있다고 한다. 다만, 정보의 불완전성이나 자산의 특유성 등에 따라 높은 거래비용이 발생할 경우에는 사적인 계약에 의한 시장 실패의 치유가 현실적으로 어렵다고 한다. 예를 들어, 강 상류에 있는 공장이 폐수를 방출하여 강 하류에 있는 많은 어민들에게 피해를 주어 이에 대한 적절한 보상이 필요하나, 이들 피해어민의 수가 너무 많고 손해의 정확한 추정이 곤란하여 거래비용이 너무 많이 소요될 경우에는 코스의 정리가 적용되기 어렵다는 것이다.

> 📢 **참고** **코스 정리의 적용사례**
>
> 하천 상류에 있는 화학회사의 연간 수익은 50만 달러이고 하천오염물질의 제거비용은 20만 달러이며, 하천 하류에 있는 맥주회사의 연간 수익은 20만 달러이고 하천오염물질의 제거비용은 10만 달러라고 하자. 만일 하천사용권이 맥주회사에 있다면 화학회사는 자기의 비용으로 오염물질을 제거하여야 하며, 이 때 화학회사는 30만 달러, 맥주회사는 20만 달러의 수입이 있게 된다. 그러나 화학회사보다 맥주회사의 오염물질 제거비용이 훨씬 낮기 때문에 화학회사는 그 대가를 지급하고 맥주회사가 대신하여 그 오염물질을 치리해 주도록 하는 민간 계약을 체결할 수 있다. 만약 그 대가가 12만 달러라면 맥주회사는 오염물질 제거에 따른 이익 2만 달러를 포함한 22만 달러의 수익을, 화학회사는 오염물질 제거의 대가로 지급한 12만 달러를 공제해도 38만 달러의 수익을 얻게 된다. 화학회사가 직접 오염물질을 제거하는 것에 비해 맥주회사의 경우에는 2만 달러, 화학회사의 경우에는 8만 달러만큼의 이익이 증가한다. 코스 정리에 의한 민간의 자율적인 계약으로 두 회사 모두에게 이익이 발생하게 되는데, 이는 다음의 조건이 충족될 경우이다.
>
> (1) 오염물질 처리의 대가는 두 회사의 오염물질 제거비용인 10만 달러와 20만 달러 사이에 있어야 한다.
> (2) 두 회사의 자율 계약에 의한 해결에 있어서 거래비용이 발생할 경우에는, 그 비용이 양 회사의 오염물질 제거비용의 차이인 10만 달러를 넘지 않아

야 한다.

(3) 오염물질 제거의 책임이 오염물질 제거비용이 높은 화학회사에 있어야 한다. 만일 오염물질 제거책임이 맥주회사에 있으면 스스로 처리하는 것이 효율적이므로 민간계약이 이루어질 여지가 없다.

3 정보 효율성의 한계

효율적 시장가설

정보 효율적인 시장에서 금융자산의 가격은 현재 시점에서 가용한 모든 정보가 완전히 반영되어 형성되고, 미래 가격은 현재로서는 전혀 알 수 없는 임의의 새로운 정보들에 의하여 변동되기 때문에 어느 누구도 이를 정확히 예측할 수 없다고 한다. 따라서 정보 효율적 시장에서는 미래 가격의 예측을 통하여 지속적이고 반복적 이익을 내는 것은 불가능하다고 한다.

정보 효율적 시장은 그 효율성의 정도에 따라 강한(strong) 형태, 준 강한(semi-strong) 형태, 약한(weak) 형태로 구분할 수 있다. 강한 형태의 효율적 시장에서는 내부 정보를 포함한 모든 정보가 현재의 시장가격에 반영되고 일반에게 공개되지 않은 내부 정보란 존재하지 않는다고 한다. 준 강한 형태의 효율적 시장에서는 이미 공개된 정보는 모두 현재 시장가격에 반영되고 재무제표와 같은 공개 자료에 기초한 기본적 분석(fundamental analysis)은 무의미하다고 한다. 약한 형태의 효율적 시장에서는 과거의 가격정보는 모두 현재 시장가격에 반영되고 과거의 가격자료에 기초한 차트분석 등의 기술적 분석(technical analysis)은 무의미하다고 한다.

현실의 금융시장에서 내부 정보나 기본적 분석, 기술적 분석 등을 통하여 초과 이익을 내는 것은 불가능할까? 효율적 시장가설에 관한 많은 실증적 연구 결과를 종합해 보면, 현실의 금융시장은 투자자들이 지속적으로 초과 수익을 얻을 수 있을 만큼 비효율적이지는 않지만, 그렇다고 해서 주류 경제학이 주장하듯이 완전히 효율적이지도 않다고 한다.

시장 예측과 효율적 시장

미래의 시장가격 등에 대하여 올바른 예측을 할 수 있다는 것은 사실상 불가능하다. 미래의 시장가격을 예측할 수 있다는 생각 자체가 자기모순인 것이다. 많은 사람들이 어떤 회사에 관한 정확한 정보에 기초하여 그 회사의 주가가 오늘 오후에 큰 폭으로 상승할 것이라는 올바른 예측을 하였다 하더라도 많은 사람이 이러한 가격 상승을 기대하여 아침에 주식을 많이 사게 된다면 주가의 상승은 미래가 아니라 바로 현재에 실현될 것이다. 그 결과, 미래의 시점에 가격이 상승할 것이라는 예측은 틀리게 된다.

효율적 시장가설에 의하면 현재 주가는 미래 주가에 영향을 줄 수 있는 모든 시장 정보를 기 반영한 결과라고 한다. 이런 의미에서 현재 주가는 현재의 시점에서 예측한 미래 주가를 즉각적으로 반영한 결과라고 볼 수 있다. 그리고 실제 미래의 주가는 현재 시점에서는 예측할 수 없는 미래의 다양한 요인들의 영향을 받기 때문에 임의 보행(random walk) 움직임을 보이고, 어떤 경우에는 큰 폭의 변동성을 나타내기 때문에 도저히 예측할 수 없다는 것이다. 그러나 미래의 시장가격에 대한 예측이 매우 어렵다고 해서, 그리고 시장에서 지속적인 초과 수익을 얻기 어렵다고 해서 시장이 효율적이라고 말할 수 있는 것은 아니다. 그 역은 성립할 수 있겠지만 말이다. 모든 사람들이 시장 정보에 대하여 동일한 접근성을 가지는 것은 아니며, 인간은 이용 가능한 모든 정보를 고려할 정도로 합리적인 것도 아니라는 점에서 시장은 정보 비효율적일 수 있다.

재정거래와 효율적 시장

주류 경제학에 의하면 시장에 참여하는 인간은 합리적이기 때문에 시장이 효율적일 수밖에 없으며, 설령 인간의 비합리성으로 인해 시장이 비효율적이라고 하더라도 이는 재정거래(arbitrage transaction) 등을 통해 해소될 수 있다고 한다. 시장에 참여하는 많은 사람들이 실제로 비합리적이라고 하더라도 합리적인 투자자가 일부라도 존재한다면 이들의 재정거래로 시장은 결국 효율화되는 방향으로 움직인다는 것이다.

예컨대 어떤 상품의 가격이 불합리하게 높게 형성되어 있을 경우 합리적인 투자자는 이를 공매도(short sales)[69] 한 후 나중에 가격이 낮아지는 것을 기다려 이를 되갚는 재정거래를 통하여 이익을 얻을 수 있게 된다. 이와 같이 재정거래는 가격이 불합리하게 높게 형성된 상품의 매도 증가를 가져와 이를 적정 가격으로 수렴하도록 하는 기능을 한다. 그렇지만 현실 경제에 있어서는 공매도의 제한, 은행의 신용제한 등에 따라 합리적 투자자의 재정거래가 제약을 받는 경우가 많기 때문에 시장 비효율성은 사라지기가 어렵다.

4 정보의 비대칭성

정보의 비대칭성 이론은 노벨경제학상 수상자들인 애컬로프(G. Ak-erlof), 스티글리츠(J. E. Stiglitz) 등의 신 케인스 학파(new Keynesian) 이론으로, 정보의 비대칭성으로 말미암아 시장의 실패가 일어날 수 있음을 보여주고 있다.

---

[69] 공매도란 어떤 금융자산의 가격 하락이 예상될 경우, 자신이 보유하지 않은 당해 금융자산을 타인으로부터 빌려서 매도한 후 가격이 하락하면 이를 다시 매입하여 되갚는 것을 의미한다. 공매도가 자유롭게 허용되면 보유 자산이 없다 하더라도 매각이 수월해져 재정거래가 원활히 된다.

역 선택과 도덕적 해이

정보의 비대칭성(asymmetric information)은 거래 당사자들이 시장 정보에 대하여 알고 있는 정도가 비대칭적인 경우를 말한다. 정보의 비대칭성 문제에는 역 선택과 도덕적 해이의 문제가 있다. 역 선택(adverse selection)이란 시장 참여자가 거래의 상대방이나 그들이 만드는 제품의 불량 여부에 관하여 불완전한 정보를 가짐으로써 시장이 위축되고 실패하게 되는 경우를 의미한다. 한편, 도덕적 해이(moral hazard)는 계약 일방이 계약 당시에 요구되어진 주의의무 등을 계약 이후에는 지킬 동기가 결여되고 또한 이를 강제할 방법도 없어서 계약 상대방에게 손해를 입힐 우려가 있는 경우를 의미한다.

역 선택은 거래 일방이 상대방 유형이나 품질에 관한 정보를 제대로 알 수 없는 "감춰진 정보"의 문제이며, 도덕적 해이는 거래 일방이 상대방 행동을 관찰할 수 없는 "감춰진 행동"의 문제이다. 역 선택 문제는 보험 시장이나 중고차 시장과 같이 거래 상대방이나 상품 품질에 대한 정보가 불완전할 때 흔히 발생하며, 도덕적 해이 문제는 자동차 보험 가입자가 보험가입 이후에는 운전을 부주의하게 한다든지, 대규모 자금을 차입한 기업이 위험한 투자결정을 하는 경우 등에서 찾아볼 수 있다.

> 📖 참고 **중고차 시장에서의 역 선택**
>
> 중고차 시장에서 매도자는 거래대상 중고차의 품질에 대하여 구체적으로 알고 있으나, 매입자는 그 품질에 대하여 충분히 알지 못하는 경우가 대부분이다. 중고차 시장에서 불량중고차(lemon) 가치를 500만원, 우수중고차(plum) 가치를 800만원이라 가정하자. 중고차의 품질에 대한 정보가 완전하다면 불량중고차는 500만원에, 우수중고차는 800만원에 거래될 것이다. 그러나 정보의 비대칭성이 존재할 경우 매입자는 그 중고차의 불량 여부를 알 수 없으므로

모든 중고차에 대하여 불량중고차 가격인 500만원만 지불하려고 할 것이다. 그렇게 되면, 우수중고차는 중고차 시장에서 완전히 사라지게 될 것이다.

선별과 신호 발송

정보의 비대칭성을 보완하고 시장기능을 제고하기 위한 방안으로 선별(screening)과 신호 발송(signaling)이 있다. 선별은 소비자의 자율 선택 메커니즘(self-selection mechanism)을 통하여 역 선택의 고객을 구별해 낼 수 있는 장치를 말한다. 소비자 스스로가 자신의 취향이나 유형을 드러낼 수 있도록 다양한 선택적인 상품 프로그램을 제공하는 것이다.

신호 발송은 품질에 관한 정보의 불완전성을 보완하기 위해 판매 회사가 일정기간 품질 보증을 해 주거나, 가맹점 영업권(franchise), 브랜드 가치(brand value) 등을 통하여 품질에 관한 적절한 신호를 소비자에게 보내는 것을 말한다. 상품의 품질이 나쁨에도 불구하고 관대한 품질 보증을 제공할 경우 판매회사가 큰 손해를 볼 것이 자명하므로, 관대한 품질보증제도는 고품질에 대한 강력한 신호로 받아들여진다. 가맹점 영업권 제도는 상품의 규격화, 통일적인 품질관리 등을 통하여 정보의 불완전성을 극복할 수 있다. 한편, 기존 소비자들의 평판과 판매회사의 적극적인 광고 등을 통하여 상품의 브랜드 가치가 높아지는 것은 고품질 상품의 신호로 받아들여진다.

> 📨 참고   선별로서의 자동차보험료 체계의 이원화

보험회사는 낮은 보험료와 높은 공제금액(deductible)[70]을 패키지로 하는 상품과 비교적 높은 보험료와 낮은 공제금액을 패키지로 하는 상품으로 보험 상품

---

[70]   사고 시 공제금액까지는 보험 적용이 되지 않고 전액 본인이 부담해야 한다.

체계를 이원화하여 소비자에게 선택하도록 할 수 있다. 이 때 조심스런 운전자는 낮은 보험료와 높은 공제금액을 패키지로 하는 상품을 선택하고, 부주의한 운전자는 높은 보험료와 낮은 공제금액을 패키지로 하는 상품을 선택할 것으로 예상할 수 있다.

주인-대리인 문제

도덕적 해이와 같은 감춰진 행동 문제의 하나로 주인-대리인(principal-agent) 문제가 있다. 주인-대리인 문제는 주주가 경영자에게 회사 경영을 위임할 때와 같이 대리인이 주인을 위하여 얼마나 성실히 업무수행을 하는지 제대로 관찰, 통제할 수 없는 경우에 발생한다. 주주와 경영자의 주인-대리인 문제를 해결하기 위해서 효율임금제, 이익공유제, 성과급제도, 스톡옵션 제도 등이 널리 사용되고 있다.

효율 임금(efficiency wages)은 임금수준이 노동 생산성을 높이는데 기여한다는 전제에 따라, 시장의 균형임금보다 높은 임금을 지급하는 것을 의미한다. 시장 임금보다 높은 임금의 지급은 퇴직에 따른 기회비용을 증대시켜 근로자의 이직률을 낮출 뿐만 아니라, 근로자의 성실한 근무 태도를 유인할 수 있다는 것이다. 주주가 경영자나 근로자의 근무 태도를 정확히 감시할 수 없는 여건 하에서 효율임금은 주인-대리인 문제를 해결하기 위한 하나의 방안으로서 제시되고 있다.

스톡옵션(stock option) 제도는 경영자에 대한 동기부여를 위하여 일정 수의 회사 주식을, 일정기간 후에, 사전에 정해진 금액으로 살 권리를 부여하는 제도이다. 경영성과가 좋아져 주가가 오르게 되면 매매차익을 얻을 수 있으므로, 경영자의 경영개선 노력에 대한 인센티브로 작용하게 된다. 그렇지만, 경영자의 노력에 의한 주가 상승과 전체 시장의 호전에 따른 주가 상승을 구분하기 어렵다는 문제가 있다.

5 시장의 불안정성

경제 불안정성 이론[71]

민스키(H. P. Minsky) 등 후기 케인스 학파(Post-Keynesian) 경제학자들은 경제가 내재적으로 불안정하다고 하는 케인스의 기본적 시각을 그대로 계승하여, 미래 경제의 불확실성으로 인하여 경제는 언제나 불안정성을 띄게 된다고 주장하였다. 경제의 불확실성은 인간의 야성적 충동과 같은 심리적 요인과 이러한 인간들의 복합적 상호작용에 따라 나타나는 것으로, 그 결과 발생하는 사건의 확률적 분포는 전혀 알 수 없으며, 이 점에서 위험(risk)과는 본질적으로 다르다고 주장하였다.

민스키에 따르면, 투자의 극심한 변동성 등에 따라 경제는 언제나 불안정성을 내포하고 있으며, 완전 고용과 같은 경제 균형의 달성은 당연한 것이 아니라 매우 예외적인 현상이라고 주장한다. 민간투자는 미래 경제에 대한 불확실성, 투자 회임기간의 장기성, 투자심리의 변동 가능성 등으로 인해 내재적으로 매우 불안정한 성격을 띠고 있기 때문에 투자 안정화를 위한 정부의 역할이 매우 중요하다고 주장한다. 또한, 통화 공급량을 외생변수가 아닌 내생변수로 간주하여 실물부문과 금융부문이 서로 상승작용을 일으켜 경제의 불안정성이 더욱 확대될 수 있다고 주장한다. 즉, 통화 공급량은 화폐수요의 변화에 따라 내생적으로 결정되므로, 실물투자가 변화할 경우 총수요뿐만 아니라 화폐수요의 변화를 통하여 통화 공급량에도 영향을 끼치게 되어 경제의 변동성은 더욱 증폭된다고 한다.

거품경제의 형성과 파열

경제의 변동성 확대는 종종 거품경제(bubble economy)의 형성과

---

[71] Minsky[36], Akerlof[39], 루비니 & 미흄[30], 김인준 & 이영섭[32] 등을 주로 참조하였다.

파열을 초래할 수 있다. 새로운 기술의 발전, 새로운 시장의 발견 등으로 경기가 확장하는 국면에서 향후 지속적인 경기상승에 대한 기업의 자신감이 점차 강화되면 투자수요가 크게 증가하고 따라서 화폐수요도 함께 증가하게 된다. 화폐수요 증가에 따라 내생변수인 통화 공급량이 증가하게 되면 주식, 채권, 파생상품 등 금융상품에 대한 수요가 증가하여 금융상품의 가격은 상승하고 금리는 하락하게 된다. 이러한 금융부문의 효과는 자산증대효과[72]를 통하여 더욱더 소비와 투자를 증대시키는 등 실물부문에도 영향을 미치게 된다.

이처럼 금융시장과 실물시장이 서로 상승작용을 일으키면서 경제 전반에 걸쳐 거품이 형성되어가는 과정 속에서 생산성의 향상, 임금의 안정, 환율의 평가절상에 따른 수입가격의 안정 등으로 일반 물가수준에 큰 변화가 없을 경우 정부의 긴축적 통화정책이 지연되면서 거품은 더욱 확대되어 간다. 그러나 거품이 팽창되어가면서 기업과 개인의 부채비율이 증가하고 그간의 투자 증대에 따라 투자 효율성도 점차 감소하면서, 부채상환 리스크가 확대되는 등 금융부문의 취약성은 점점 더 커지게 된다. 결국 정부가 경기 과열을 어제하기 위하여 긴축정책으로 방향을 전환하거나 외국인이 국내에의 투자자금을 회수하기 시작하면 향후 경기 상승에 대한 회의감이 갑자기 확산되면서 거품경제는 파열하기 시작한다.

금융위기의 발발

거품경제가 붕괴되어 민간의 투자와 소비 심리가 점차 악화되어가는 가운데 각 경제주체가 유동성 강화를 위하여 보유하고 있는 금융상품의 매각을 경쟁적으로 확대하기 시작하면, 금융상품가격의 하락과

---

[72] 부동산 가격, 주가 등 금융상품의 가격이 상승하면 실제의 소득 증가는 실현되지 않았다 하더라도 소득이 증가한 것과 같은 심리적 효과로 말미암아 소비나 투자가 늘어나는 효과를 말한다.

금리 상승 등이 가속화하면서 민간의 소비와 투자는 더욱더 위축하게 된다. 경기침체가 심화되어 감에 따라 개인과 기업의 부도가 증가하고 금융상품의 가격이 하락하면, 금융기관이 보유하고 있는 자산 가치가 크게 악화되고 일부 금융기관은 파탄하게 된다. 일부 금융기관의 파탄으로 예금인출(bank run) 사태, 금융기관의 대출기피와 자금 환수 등이 일어나게 되면 금융시장 전체에 있어서 신용경색(credit crunch)이 현실화되면서 실물경제는 더욱 악화된다.

거품경제의 파열로 야기된 금융위기는 큰 폭의 물가하락에 따른 신규 수요의 창출, 각 경제주체에 있어서의 과잉 투자 및 부채의 해소, 금융기관의 부실자산 정리 등이 마무리될 때까지 진행하게 된다. 그러나 금융위기의 자연적 회복과정에는 많은 시일이 소요될 뿐만 아니라 그 사이 국민경제가 도저히 감당할 수 없는 어려움에 처해질 수 있다. 따라서 이러한 과정을 전적으로 시장에 일임할 수만은 없으며, 빠른 회복과 그 과정에서의 고통을 최소화하기 위한 정부역할이 필요하다. 그러나 더욱 중요한 것은 거품경제의 형성과 파열, 금융위기 발발 등과 같은 경제의 불안정성 요인을 사전에 차단하려는 정부의 노력이다. 시장의 과도한 자신감이나 불안감을 완화할 수 있는 정부의 적절한 정책이 필요한 것이다.

외환위기 이론

금융위기(financial crisis)는 대내외적인 경제충격으로 금융시스템이 제대로 작동되지 않거나 마비되는 상태를 말하는 것으로 은행위기 및 외환위기를 포괄하는 개념이나 보통은 은행위기만을 의미한다. 외환위기(exchange crisis)는 외국자본의 대량 유출과 환율의 대폭적인 평가절하, 외환보유액의 고갈, 외환시장의 일시적 폐쇄, 외국통화의 태환 정지 등의 위기상황을 말하며, 시간적인 전후는 있다고 하더라도 은행위기와 함께 발생하는 경우가 많다. 외환위기는 중남미나 동아시아 국가와 같은 개발도상국뿐만 아니라 영국, 스웨덴 등과 같은 선진국에서도 자주 발생하며, 역사적으로 볼 때 아주 드문 희귀한 사건이 아니라 매우 흔한 일상적 사건이라 할 수 있다. 외환위기 모형은 제1세대 모형, 제2세대 모형, 그리고 동아시아 모형 등으로 나누어 살펴볼 수 있으며, 특히 동아시아 모형은 도덕적 해이 모형, 현대적 금융공황 모형, 붐–버스트 사이클 모형 등으로 구분할 수 있다.

(1) 제1세대 모형: 주로 남미형의 외환위기를 설명하는 모형으로, 고정환율제에서 정부의 재정적자가 누적되고 이에 따른 통화의 팽창으로 환율의 지속적인 평가절하 압력이 있음에도 불구하고 정부가 이를 적극 방어하려고 노력하다가 결국에는 외환보유고 부족과 환투기 세력의 공격에 의하여 외환위기가 발발한다는 이론이다.

(2) 제2세대 모형: 영국 등 선진국의 외환위기를 설명해주는 모형으로, 유럽의 역내 고정환율제에서 어떤 국가가 실업의 급증 등으로 국내 경기부양을 위한 환율의 평가절하가 임박했다고 시장에서 인식할 때 환투기 세력의 공격에 의하여 외환위기가 발발한다는 이론이다. 이와 같은 환투기 세력의 공격은 환율의 방어에 필요한 정부비용을 급상승시키고, 따라서 자기실현적(self–fulfilling)으로 고정환율제의 포기와 환율의 대폭적인 평가절하를 초래할 수 있다는 것이다.

(3) 도덕적 해이 모형: 정부 및 금융기관의 도덕적 해이에 따라 과잉·중복 투자가 발생하고 이로 인하여 국내경제에 있어서 거품이 발생하였다가 결국 거품이 붕괴되는 과정에서 은행의 부실화, 자본의 해외 유출, 환투기 세력의 공격 등으로 외환위기가 발발한다는 것이다.

(4) 현대적 금융공황 모형: 자본자유화에 따라 외국 자금이 특히 단기성 외화자금이 대량으로 유입된 후, 외부 요인으로 이들 차입금이 갑자기 회수되거나 연장이 어려워지면서 일부 금융 기관이 유동성의 부족 등으로 도산하고 그 결과 금융시스템 전체의 연쇄적인 파탄으로 외환위기가 발발한다는 이론이다.[73] 특히, 금융기관이 단기성 외화자금을 주로 장기 외화대출로 운용함에 따라 외화 자산과 부채의 만기가 불일치하는 취약한 재무구조를 보이는 상태에서 단기성 외화자금이 갑자기 회수되면서 외화 유동성 부족에 빠지게 된다는 것이다.

(5) 붐－버스트 사이클(boom－burst cycle) 모형: 자본자유화에 따라 외국자금이 유입되면서 금융자산 가격이 상승하는 등 국내 경기가 호황을 보이다가, 점차 물가가 상승하고 환율이 고평가 되어가면서 경상수지가 악화되고 경기가 침체를 보이게 되며, 결국 국내경제의 악화가 어느 임계점에 도달하게 되면 환율이 급격히 상승하고 자금유출이 가속화되면서 외환위기가 발발한 다는 것이다.

이처럼 외환위기의 발발 과정은 이를 경험한 국가들의 개별사정에 따라 다소 상이하지만, 몇 가지 공통적 요소가 있다. 첫째, 외환위기

---

[73] 외국자금의 급격한 유출·입 과정은 다음과 같다. 외국에 비하여 예상 성장률과 이자율 수준이 높고, 경상수지가 흑자 기조를 유지하며, 물가안정과 재정 건전성으로 장기적으로 환율의 평가절상이 예상되고, 정치·사회적으로도 안정된 국가에 있어서 자본자유화가 본격적으로 시행되면 외국 자본이 급격하게 유입된다. 그러나 이들 국가에 있어서 대내적으로 이자율과 자산가격의 하락, 재정적자의 누적, 높은 인플레이션, 환율의 고평가 등에 따라 경기가 침체되고 경상수지가 악화되며 정치·사회적으로 불안정해지는 가운데 국제금리의 급등, 국제유동성 부족과 같은 대외적인 요인마저 악화될 경우에는 외국자본이 급격히 유출될 수 있으며, 경우에 따라서는 외환위기를 겪을 수도 있다.

이전에 자본자유화 등 금융규제의 대폭적인 완화로 외국으로부터 많은 외화자금이 유입되었으며, 둘째, 고정환율제에서 재정 적자나 경상수지 적자의 누적 또는 경기침체의 심화 등으로 외화자금이 점차 유출되면서 환율의 평가절하 압력이 커지게 되었으며, 셋째, 환율의 평가절하 압력에 대하여 정부가 외환보유고를 사용하여 적극적으로 방어하려고 노력하였으며, 넷째, 결국에는 환투기 세력의 공격으로 환율을 대폭적으로 평가절하하거나 고정환율제를 포기하고 변동환율제로 전환하였다는 것이다.

1970년대 이후의 금융위기 사례[74]

세계대전 이후 1970년대 중반까지 금융부문이 강하게 규제되었던 시기에는 금융위기 등을 겪었던 나라가 거의 한 곳도 없었다. 그러나 1970년대 중반 이후 세계적으로 금융부문에 대한 규제가 완화되는 추세 속에서 크고 작은 금융위기들이 자주 발발하게 되었다. 칠레는 피노체트가 집권했던 1970년대 중반에 급진적인 금융시장 자유화조치가 이루어졌고, 그 이후 1982년에 대규모 은행위기를 겪었다. 또한 1982년 멕시코는 국제 금리와 미 달러화의 가치가 급등하는 가운데 금융위기를 겪게 되었으며, 이와 같은 금융위기는 아르헨티나 등 다른 중남미 국가로까지 확산되었다.

1980년대 후반에는 미국의 저축대부조합들이 큰 어려움을 겪었다. 정부가 이들의 업무영역에 관한 규제를 푼 결과였다. 그 당시 저축대부조합의 약 1/4이 파탄하였으며, 미국 정부는 국내총생산의 3%에 해당하는 공적 자금을 투입하고서야 가까스로 문제를 해결할 수 있었다. 1990년대 들어서는 스웨덴, 핀란드, 노르웨이 등 북유럽국가에서 은행위기가 발발하였다. 이는 1980년대 말에 이루어졌던 금융규제 완화조치의 후폭풍이었다. 그 뒤를 이어 1994년 멕시코가 방만한 재정운용

---

74   장하준[3], pp. 299−300.

의 여파 등으로 외환위기를 겪었다.

1980년대 말에서 1990년대 초에 걸쳐 각종 금융규제를 크게 완화하였던 태국, 말레이시아, 인도네시아, 한국 등의 아시아 국가들도 1997년에 외환위기를 경험하였다. 아시아 금융위기 바로 다음에는 1998년 러시아 위기가 터졌고, 그 뒤를 이어 1999년 브라질 위기, 2002년 아르헨티나 위기가 발발하였다. 이들 모두 금융규제의 완화가 주요 원인이었다. 2007년에는 미국 금융위기가 발발하였으며, 이는 2008년 이후 세계 금융위기로까지 확산되었다. 2009년 말 이후에는 그리스 등 유럽 각국의 재정위기가 터졌다. 이와 같이 1970년대 중반 이후 세계 곳곳에서 외환위기 등 각종 금융위기가 연이어 발발하고 있으며, 그 결과 전 지구적으로 성장 동력이 크게 약해지고 있다.

우리나라의 외환위기

동아시아 외환위기는 1997년 7월 태국 바트화의 가치폭락을 시작으로 인근의 필리핀, 말레이시아, 싱가포르, 인도네시아, 홍콩 등으로 확산되었다. 1997년 말에는 우리나라에까지 파급되어, 동년 11월 21일 국제통화기금(IMF)에 구제 금융을 신청하였고 12월 3일 구제 금융에 관한 양해각서를 체결하였다.

외환위기의 발발에 따라 그해 8월까지 900원/달러 아래에서 움직이던 대미 환율이 11월 평균 1,033원/달러, 그리고 12월 23일에는 일시적으로 1,962원/달러까지 폭등하였다. IMF는 환율 안정을 금융지원의 최우선 조건으로 내걸고, 이를 달성하기 위한 초긴축정책을 우리나라에 요구하였다. 이에 따라 환율은 점차 안정세를 보였으나, 그 대신 국내 금리가 크게 상승하여 1997년 11월까지 14%를 넘지 않았던 콜금리가 1998년 1월에는 평균 25% 수준까지 상승하였다. 한편, 환율 및 금리의 상승에 따라 소비자물가가 큰 폭으로 상승하여, 1997년 11월 전년 동기대비 4.3% 상승하였던 소비자물가가 1998년 2월에는 9.5%

나 상승하였다. 또한 금리상승의 여파 등으로 성장세가 크게 둔화되어, 1997년 4분기에 전년 동기대비 4.2%를 보였던 GDP 성장률이 1998년 2분기에 −7.3%에 달하는 큰 폭의 마이너스 성장률을 보였다.

우리나라 외환위기의 발생 원인에 대하여는 대내적인 요인을 강조하는 입장과 대외적인 요인을 강조하는 입장이 나누어져 있다. 대내적인 요인을 강조하는 입장은 금융기관의 무분별한 대출관행 등 도덕적 해이, 대기업의 과다·중복 투자와 이에 따른 높은 부채비율 등 재무구조의 악화, 일부 대기업의 도산 등에 따른 금융기관의 부실화, 경상수지 적자의 지속과 경기침체의 가속화 전망 등을 주요 원인으로 들고 있다. 반면에, 대외적인 요인을 강조하는 입장은 자본자유화에 따른 외채의 누적과 단기부채 위주의 취약한 외채구조, 경상수지 적자에도 불구하고 외환유입의 증가에 따른 환율 고평가의 지속과 이에 따른 경기에의 악영향, 그리고 경기 악화에 따른 외화자금의 급격한 유출과 단기적으로 활용할 수 있는 외환보유고의 부족 등을 주요 원인으로 들고 있다.

최근 미국의 금융위기

2007년 발발한 미국의 금융위기는 주택시장의 거품 붕괴에 따른 서브프라임 모기지론(sub−prime mortgage loan)[75]의 지급불능 사태로부터 시작되었으며, 2008년 9월 투자은행인 리먼 브라더스(Lehman Brothers)가 파산한 이후에는 세계적 금융위기로까지 확산되었다. 2000년대 초 미국의 주택시장에 있어서 거품이 형성된 주된 이유는 미국 연방준비은행(FRB)의 초저금리정책이 너무 장기간 유지되었고, IT 거품이 붕괴된 이후 주식시장 자금이 주택시장으로 유입되었으며, 미국 정부 및 금융기관이 저소득층에 대한 모기지론을 정책적으로 확

---

[75] 서브프라임 모기지론은 채무자 재산, 소득, 직업 등과 관련하여 원리금 상환능력이 의심되는 장기 주택담보대출을 의미한다.

대한 것 등에 기인한다.

주택가격이 지속적으로 상승하는 가운데 많은 금융기관들은 최초의 모기지론을 기초로 한 다양한 주택관련 파생상품들을 개발하여 유통시켰으며, 그 과정에서 대출관련 위험을 다른 투자자에게 전가하고 대출자금을 조기에 회수할 수 있었다. 그러나 모기지론 관련 채권에 있어서 발행자와 보유자가 서로 분리됨에 따라 그 위험 관리가 제대로 이루어질 수가 없었고, 서브프라임 모기지론의 비중이 너무 커서 주택가격이 하락할 경우 이들이 부실화될 위험성이 매우 높았다.

한편, 미국의 연방준비은행은 2003년 6월 1% 수준까지 하락하였던 기준금리를 물가안정을 위해 2004년 중반부터 본격적으로 인상하기 시작하였으며, 그 여파로 주택가격은 2006년 6월을 정점으로 지속적으로 하락하였다. 금리 인상과 이에 따른 주택가격의 하락으로 서브프라임 모기지론과 이를 기초로 발행한 다양한 파생채권들이 부실화되었으며 이를 보유하고 있던 많은 금융기관이 부실화되거나 파탄함으로써 미국경제는 심각한 경기침체 상태에 빠졌다. 또한, 부실화된 금융기관이 유동성 확보를 위하여 외부에 투자한 자금을 급격히 환수(de-leveraging)함에 따라 미국의 금융위기는 전 세계적으로 파급되었다. 이와 같은 위기에 대응하여 세계 각국의 정부와 중앙은행은 금융기관에 대한 유동성 지원의 확대, 부실채권의 매입, 부실금융기관의 인수합병(M&A)과 국유화의 추진과 같은 다양한 금융 및 재정 정책을 동조적으로 수립·시행함으로써 세계적 금융위기는 빠른 속도로 진정되어 갔다.

불확실성과 미래 예측의 어려움

나이트(F. H. Knight)에 의하면 위험(risk)은 어떤 사건이 일어날 수 있다는 것과 그 사건이 발생할 확률은 알고 있는 "알려진 모르는 것(known unknowns)"이며, 불확실성은 심각한 무지상태로 익숙하지 않고 한계가 없는 위험이자 예측이나 상상을 할 수 없는 급격한 변화이며 전혀 "알 수 없는 모르는 것(unknown unknowns)"이라고 정의하였다.[77]

미래 경제는 나이트가 정의한 바로 그 불확실성을 띠고 있어 어떠한 사건이 언제 일어날지 전혀 예측할 수 없는 것이다. 미래 경제가 불확실한 원천은 여러 가지다. 자유의지를 지닌 인간들의 행태와 그들 간의 상호작용의 결과로 나타나는 경제 현상을 예측하기란 매우 어렵다. 또한, 정보의 불완전성이나 미래의 무작위성(randomness) 등도 미래의 예측을 제약하는 요인이다. 특히, 동태적이고 비선형적인 경제시스템에서 어떤 변수의 미세한 변화가 아무도 예측할 수 없는 엉뚱한 결과를 초래할 수 있기 때문에 미래의 예측은 더욱 어려워진다. 때때로 아주 희귀한 사건이나 극단의 값이 나타날 수 있으나, 우리는 이들이 발생할 확률적 분포조차도 알 수 없는 경우가 대부분이다.

우리는 우리가 앞으로 무엇을 발명하게 될지, 그리고 우리 지식이 어떻게 발전되어갈지 미리 알 수가 없다. 우리가 그것을 지금 알고 있다면, 이것은 곧 우리가 그 발명과 지식을 이미 알고 있다는 뜻이기 때문이다. 따라서 미래의 발명과 지식을 지금 예측할 수 있다는 것은 전적으로 말이 안 되며, 인간의 미래는 예측이 불가능할 수밖에 없다. 설령, 우리가 미래에 대하여 정확히 예측할 수 있는 방법이 있다 하더

---

76 ▬▬ 탈레브[21]를 주로 참조하였다.
77 ▬▬ 뷰캐넌[8], p. 204.

라도, 우리가 그러한 예측을 하는 순간 피할 수 없는 양의 피드백을 통하여 사람들의 행동을 변화시켜 예측은 빗나가게 된다. 소로스(Jorge Soros)는 이를 "재귀성(reflexivity)"이라고 불렀다.

또한, 우리는 현재에서 미래를 예측하려고 할 때 과거에서 현재를 예측했을 때의 경험을 제대로 반영하지 못하고 있다. 과거의 예측경험으로부터 우리는 사람들이 너무 낙관적이거나 추세 순응적인 예측을 하는 경향이 있다는 것을 알고 있다. 이에 따라 사태가 크게 악화되거나 급변하게 될 경우 예측의 정확성이 더욱 떨어지게 된다는 것을 알고 있다. 우리는 전혀 예측하지 못했던 사건들이 종종 일어나는 것을 과거 경험으로부터 보고 알지만, 미래에도 예측하지 못한 그러한 사건들이 일어날 수 있다는 생각은 하지 못한다. 우리는 전혀 예측할 수 없는 아주 희귀한 사건이나 극단 값의 발생 가능성을 항상 고려해야만 하는 것이다.

검은 백조(black swan)

탈레브(N. N. Taleb)는 과거의 경험으로는 그 존재 가능성을 확인할 수 없었으나 어느 날 갑자기 현실세계에 나타난 희귀 사건이나 극단의 값을 검은 백조라고 불렀다. 백조가 검을 수 있다는 사실은 검은 백조가 실제로 발견될 때까지는 아무도 예측할 수 없는 것이다. 우리는 백조가 희다는 명제를 당연한 진리로 받아들이지만, 이 명제는 검은 백조가 발견되기까지 잠정적으로만 진리인 것이며, 단 한 마리의 검은 백조의 발견만으로도 그것이 진리가 아닌 것이 증명된다. 이를 칼 포퍼(K. Popper)의 반증주의라고 한다.

우리는 그동안 전쟁, 금융위기와 같은 수많은 검은 백조의 존재를 목격하고도 일상생활에서는 검은 백조는 마치 존재할 수 없는 것처럼 가정하고 행동하는 경향이 있다. 현실 속에서 검은 백조와 같은 희귀 사건이 발생할 수 있는 것은 사람들이 그런 사건은 일어날 리 없다고 생각하기 때문일지도 모른다. 한편으로, 검은 백조는 지극히 이례적으로 존재하기 때문에 전문가를 포함한 우리 모두가 그 존재를 예측할 능력이 거의 없음에도 불구하고 우리는 이러한 사실조차 모르는 경우가 많다. 그렇기 때문에 검은 백조가 현실 속에 나타나면 모든 사람들이 마치 이를 예견할 수 있었던 것처럼 말한다.

우리는 정규분포의 가정을 통하여 미래의 위험을 체계적으로 예측하려고 애쓰지만, 이는 통제할 수 없는 현실의 불확실성을 제대로 파악하지 못하거나 이를 아예 무시하는 것과 같다. 다시 말해서, 정규분포의 가정은 희귀한 사건이나 극단 값의 발생 가능성을 무시함으로써 다룰 수 없는 불확실성을 마치 통제할 수 있는 위험으로 착각하게 해 줄 뿐이다.

검은 백조와 같은 희귀 사건은 대다수의 경우에 있어서 사회 전체에 상상할 수 없는 충격을 주며, 그 파급효과는 우연적, 불안정적, 비형평적이라는 특징을 지닌다. 검은 백조 사건은 사후에 수습하는 것보다 사전에 예방하는 것이 훨씬 더 중요하지만, 이를 예측하기가 매우 어려울 뿐만 아니라 설사 예측할 수 있다고 하더라도 사건의 예방행위에 보상이 돌아가는 경우란 거의 없다. 세상은 아무도 모르게 검은 백조를 예방한 사람보다 이미 발생한 검은 백조를 잘 수습한 사람을 더 존경하는 법이다.

편향된 인간 행태와 검은 백조

우리는 보이는 것 중에서 보고 싶어 하는 것에만 집중하며, 그것으로 보이지 않는 많은 것을 일반화하려고 한다. 우리는 자신의 이론이나 세계관에 부합하는 사례만을 찾아내어 그것들을 증거로 삼는 경향이 있다. 그리고 우리는 명확한 패턴을 쫓는 플라톤주의적인 태도에 부합되는 이야기들과 잘 정의된 몇몇 불확실성 원천에만 집중한다. 평상시 우리는 희귀 사건이나 극단 값의 발생 가능성을 무시하고 있다가 일단 그 사건이 발생하면 이번에는 이를 과대평가하게 된다. 안정기에는 위기의 발생 확률을 낮게 평가하고 위험을 감수하는 경향이 큰 반면에, 일단 위기가 도래하게 되면 위기의 재발 가능성을 높게 평가하고 지나치게 위험을 기피하게 된다.

우리는 모든 현상을 인과관계나 단순화 등을 통하여 해석함으로써 세계를 덜 무작위적인 것으로 여기게끔 하는 편향을 가지고 있다. 우리는 인과관계의 사슬 속에서 기억을 끄집어내고, 무의식적으로 이를 수정하며, 새로운 사건이 발생할 때마다 논리적이고 일관성 있게 이야기를 끊임없이 재구성하고 기억한다. 인간의 뇌는 대상을 해석 없이 있는 그대로 볼 수 없기 때문에 인과관계, 단순화 등은 정보의 획득, 저장, 검색 등에 효율적이다.

우리는 확률과 같은 통계학적 지식에 대하여 과대평가하고 불확실성에 대하여는 과소평가하는 인식론적 오만을 가지고 있다. 이 세상의 불확실성은 도박장에서의 확률과 근본적으로 다르나, 우리는 이를 구분하지 못하고 있다. 우리는 통계적인 표현에 있어서 "사건발생 가능성이 있다는 증거가 없다"를 "사건발생 가능성이 없다는 증거가 있다"로 혼동하기도 한다.

검은 백조의 수학적 특성

정규분포를 가정하는 주류 경제학 이론의 요점은 대부분의 관측치는 평균치에 집중되고, 평균치로부터 벗어난 관측치가 실제로 나타날 확률은 그 괴리의 정도에 따라 기하급수적으로 감소한다는 것이다. 이것은 작은 편차, 검은 백조의 부존재를 가정하는 것이며, 대수(large numbers)의 법칙에 따라 임의오차(random error) 형태의 불확실성은 서로 합산되어 상쇄됨으로써 확실성을 얻게 된다고 한다.

한편, 검은 백조 현상과 관련이 있는 만델브로(Mandelbrot) 수학에 따르면, 평균치로부터 벗어난 관측치가 실제로 나타날 확률은 그 괴리

정도에 따라 멱함수[78] 비율로 감소한다는 것이다. 이를 멱함수의 법칙
(power law) 또는 두꺼운 꼬리(fat tail) 현상이라고 한다. 멱함수 법칙
에서는 모든 현상에 적용할 수 있는 공통 척도가 없으며, 오직 사건의
규모가 클수록 더 드물게 일어난다는 규칙만 존재할 뿐이다. 지진 강
도[79]가 2배로 커지면 그 발생 빈도는 4배로 적어진다고 한다. 여기서
발생 확률은 제곱의 크기로 작아진다. 주요 금융자산 가격의 변동 분
포는 세제곱의 멱함수 분포를 따른다고 한다. 즉, 가격 상승률이 2배
가 되면 그 발생 확률은 8배 작아진다는 것이다. 정규분포는 그 표준
편차만 알면 위험의 크기를 통계적으로 추산할 수 있는 반면에, 멱함
수 분포는 척도가 없어 위험이 클수록 발생 확률이 작아진다는 것만
알 뿐, 위험의 크기에 상응하는 구체적인 발생 확률을 사전에 정확히
알 수 없다는 특징이 있다. 이에 따라, 우리는 희귀 사건이 멱함수 분
포를 따른다는 것은 알지만, 이러한 희귀 사건이 아주 드물게 발생하
기 때문에 과거 통계자료도 거의 없고, 유사한 사건이 언제 다시 일어
날지 전혀 예측할 수 없다. 한편, 만델브로 수학은 규모나 시간 차인이
달라도 동일한 구조와 형태를 유시하는 프랙탈(fractal) 패턴을 상정한
다. 나무나 해안선 모습 등과 같은 자연현상뿐만 아니라 주가 등 경제
현상도 프랙탈 패턴을 따른다고 한다. 연간, 월간, 일별, 시간별 주가
등은 구분할 수 없을 정도로 동일한 패턴을 보인다.

---

[78] 멱함수는 $y = kx^n$ (k는 상수)와 같은 거듭제곱 형태의 함수이다.

[79] 지진 강도는 지진계에 나타나는 지진의 최대 진폭으로 측정하며, 보통 리히터 규
모로 표시한다. 규모 5의 지진은 규모 4의 지진에 비해 강도가 10배나 된다. 한편
지진의 파괴에너지는 지진 강도의 3/2의 멱함수를 따른다. 따라서 규모 5의 지진
은 규모 4의 지진에 비하여 파괴에너지가 $10^{1.5}$배, 즉 31.6배가 된다.

주류 경제학의 금융이론에 의하면 금융자산 가격의 움직임은 정규분포를 따른다고 가정한다. 이 때 주가는 평균수익률을 중심으로 움직이게 되며, 예컨대 어떤 주식의 평균수익률이 연 10%라면 주가는 매년 10%를 중심으로 조금 더 오르거나 덜 오르게 되는 것이다. 주식의 평균수익률은 그 주식의 장기 성장성 등을 반영하는 것으로, 장기 성장성이 없을 경우에는 매년 동일한 주가를 중심으로 오르락내리락 하게 된다. 주류 경제학에 의하면 주식 등의 위험은 평균수익률의 표준편차를 기준으로 측정할 수 있으며, 표준편차가 크면 클수록 위험은 커진다고 한다. 예컨대, 어떤 주식의 평균수익률은 10%, 그 표준편차는 6%라고 하고, 어떤 채권의 평균수익률은 5%, 그 표준편차는 1%라고 하면, 주식을 보유하고 있을 때 기대되는 수익률은 99%의 신뢰도로 평균수익률±3×표준편차가 되어 -8%에서 28%가 된다. 채권의 기대 수익률은 99% 신뢰도로 2%에서 8%가 된다. 주식을 보유하고 있다면 28%의 수익을 올릴 수도 있지만 8%의 손실을 볼 위험도 있다. 채권의 경우에는 낮은 수준이지만 안정적인 2%에서 8%의 수익을 올리게 되는 것이다. 일반적으로 위험이 큰 자산일수록 평균수익률도 높아서, 높은 수준의 위험을 보상받는 경향이 있다. 참고로 주식의 평균수익률이나 표준편차는 과거 실적자료를 기초로 산정할 수 있다.

그러나 현실의 금융자산 가격은 주류 경제학이 가정하듯이 결코 정규분포를 따르지 않는다. 예컨대 1950년부터 2010년까지 60년간 미국 S&P 500지수의 일일 가격변동률을 살펴볼 때, 이들이 정규분포를 따른다면 하루에 나타날 수 있는 가장 큰 폭의 가격변동률은 4.5%이다. 그러나 실제에 있어 가격의 일일 변동 폭이 4.5%를 넘어선 횟수가 무려 54회에 달한다. 주가의 동향이 정규분포를 따른다면 도저히 일어날 수 없는 일이 1년에 한번 꼴로 일어나는 것이다.[80]

---

80   오렐[10], pp. 126 – 127.

금융자산의 가격변동에 있어서 정규 분포를 가정하고 만든 종전의 리스크 관리모형은 극단적 희귀사건의 발생가능성을 거의 고려하지 않음으로써 위험한 행동을 증가시키고 재난의 발발 가능성을 높인다. 예컨대, VaR[81] 위험 관리모형은 금융시장에서 실제로 발생할 수 있는 위험을 과소평가하는 경향이 있다. 이러한 리스크 관리모형을 통하여 우리가 시장 위험을 완벽히 통제할 수 있다는 자신감을 주는 것은 매우 위험한 일이다. 멱함수 법칙을 따르는 금융시장은 극단적 사건이 생각보다 더 자주 발생할 수 있으며, 우리가 그러한 사건의 발생 시기는 물론 그 규모도 정확히 예측할 수 없다는 문제에 직면해 있다. 이러한 상황에서 우리가 검은 백조 현상에 대비하여 할 수 있는 최선의 전략은 바벨 전략뿐이다. 바벨 전략이란 자금의 일부만을 위험이 매우 높은 곳에 투자하고, 나머지는 위험이 전혀 없는 곳에 투자하는 전략이다. 그렇게 함으로써 긍정적인 검은 백조가 출현할 경우에는 이를 적극 활용하여 이득을 극대화할 수 있고, 부정적인 검은 백조가 출현할 경우에는 손실을 제한하여 위험을 회피할 수 있는 것이다.

---

[81] VaR(Value at Risk)은 어떤 회사가 일정기간 동안 특정의 금융상품 가격이 변동함에 따라 입을 수 있는 최대의 손실을 나타낸다. 이는 과거 통계자료와 정규분포 가정을 기초로 하여 산출한다. 예컨대 어느 회사가 1억 유로를 가지고 있고 유로의 1일 평균 변동 폭의 표준편차가 1%라고 하면 95% 신뢰도(2 표준편차)에서 하루 최고 2%의 환차손이 발생할 수 있으므로 외환 보유에 따른 일일 최대 손실금액인 VaR은 200만 유로에 해당하는 자국 화폐의 가치가 된다.

NEW
PARADIGM
Of ECONOMICS

새로운 패러다임의 경제학

새로운 패러다임의 경제학

NEW
PARADIGM
of ECONOMICS

Chapter 07

행동 경제학(behavioral economics)

1 행동 경제학과 인간 행태[82]

행동 경제학은 카너먼(Daniel Kahneman), 트버스키(Amos Tversky), 그리고 탈러(Richard H. Thaler) 등에 의해 발전되어온 하나의 경제학 파로서, 인간이 실제로 어떻게 선택하고 행동하는지, 그 결과 어떠한 사회현상이 발생하는지를 실험적 연구 등을 통하여 고찰하는 학문이 다. 즉, 인간 행동의 실제와 그 원인, 그것이 경제사회에 미치는 영향, 사람들의 행동을 조절하기 위한 정책 등에 관하여 심층적으로 규명하 는 것을 목표로 하는 학문이다. 행동 경제학은 인간을 연구대상으로 하는 수많은 학문들, 예컨대 인지 심리학, 사회 심리학, 진화 심리학, 사회학, 윤리학, 철학에서부터 인류학, 진화 생물학, 행동 생태학은 물 론, 생리학, 뇌신경과학에 이르기까지 광범위한 학문에서 서로 영향과 시사점을 주고받는 전문가 집단의 협업 학문이라고 할 수 있다. 행동 경제학은 아직까지 주류 경제학 이론을 완전히 대체할만한 독자적인 이론체계를 구축하는 단계에까지는 이르지 못했지만, 인간 행태에 관 한 주류 경제학의 많은 가정이 잘못된 것이라는 사실을 밝혀냈을 뿐만 아니라, 전망 이론, 시간선호 이론 등 일부 분야에 있어서는 주류 경제 학 이론을 대체할만한 연구 성과를 보이기도 하였다.

---

[82] 도모노[4], Wilkinson[37]을 주로 참조하였다.

행동 경제학은 인간의 합리성을 부정하지만, 그렇다고 해서 인간이 완전 비합리적이라고 주장하는 것도 아니다. 인간이 완전 합리적이라는 점만을 부정할 뿐이다. 행동 경제학에서 말하는 비합리성의 개념은 터무니없거나 무작위적인(random) 경향이 아니라 완전 합리성의 기준에서 벗어난다는 의미이며, 또한 그러한 인간 행동의 비합리성에는 일정한 경향이 있어 예측이 가능하다고 보는 것이다. 인간은 언제나 합리적으로 행동한다는 주류 경제학의 가정과는 달리, 행동 경제학에서는 인간이 제한적 합리성(bounded rationality)만을 갖고 있다고 주장한다. 인간은 합리적으로 행동하려고 애쓰지만 그럴만한 능력이 없다는 것이다. 인간이 합리적인 의사결정을 하는 데 있어서 가장 큰 장애가 되는 것은 정보 부족이 아니라, 가용 정보를 처리할 수 있는 능력의 한계라는 것이다.

인간의 합리성은 제한되어 있기 때문에, 자신의 판단 능력을 경제적으로 사용하기 위해 패턴 인식이나 어림셈(heuristic), 그리고 직관적인 사고 등에 의존한다. 또한, 인간은 수많은 대안들 중에서 자신의 능력으로 다룰 수 있는 몇 가지 유력한 대안만을 고려할 수밖에 없다. 이러한 인간 행태는 최상의 결과를 얻을 가능성은 줄이겠지만, 제한적인 합리성을 가지고 빠른 시간 내에 복잡한 결정을 하기 위하여 불가피한 측면이 있다. 어쩔 수 없이 최선의 선택이 아니라 최소한의 필요를 충족시키기 위한 선택을 하는 것이다. 한편, 우리 인간은 직관적 사고 등을 통한 의사결정 과정에서 종종 편향과 오류를 보인다. 하지만 이러한 행동들이 전혀 예측할 수 없이 들쑥날쑥하게 이루어지는 것이 아니라 일관성 있게 한쪽 방향으로만 나타나는 특성이 있다. 인간의 행태에 있어서 편향과 오류가 합리적이라고 말할 수 없으나 어느 정도의 예측은 가능한 것이다.

행동 경제학은 인간의 의사결정이 감정이나 공정심과 같은 심리적 요인에 의해 많은 영향을 받는다고 한다. 인간에 있어 심리적 요인은 합리적 의사결정을 방해한다기보다 많은 경우 합리적인 선택을 도와준다. 인간은 제한적인 정신적 자원을 당면문제 중에서 가장 중요한 것을 해결하는 데 집중할 필요가 있으며, 인간의 심리적 요인이 바로 이러한 집중력을 제공한다. 개인 수준에서의 심리적 요인과 마찬가지로 조직과 사회에서의 규칙도 인간이 누리는 선택의 자유를 제한하지만 더 나은 선택을 하도록 돕는다. 일정한 규칙이 있으면 모두가 이에 준거해 행동을 할 것이고, 그러면 다른 주체들의 행동을 예측하기가 훨씬 쉬워질 것이기 때문이다.

2 전망 이론[83]

주류 경제학의 기대 효용 이론

주류 경제학에 의하면, 어떤 도박의 심리적인 가치는 기대 수익(expected return)이 아닌 기대 효용(expected utility)에 의존하고,[84] 부가 증가할수록 한계효용이 체감한다는 한계효용 체감의 법칙에 따라 사람들은 위험 회피(risk aversion) 성향을 가지게 된다고 한다. 예를 들어, 동전 던지기를 해서 앞면이 나오면 만원을 주고, 뒷면이 나오면 만원을 받을 수 있는 내기를 가정하자. 앞면과 뒷면이 나올 확률은 각각 50%이므로 기대 수익은 0이 된다. 그러나 돈의 한계효용은 체감하여 돈을 땄을 때의 효용 증가보다 돈을 잃었을 때의 효용 감소가 더 크므로 기대 효용은 마이너스가 된다. 따라서 사람들은 이와 같은 내기를 하지 않을 것이다.

---

83   카너먼[6], pp. 357−365, 도모노[4], pp. 105−130.
84   기대 수익은 예상되는 결과들의 손익을 각각의 발생 확률로 가중 평균하여 산출하고, 기대 효용은 예상되는 결과들의 효용을 각각의 발생 확률로 가중 평균하여 산출한다.

그러나 모든 사람이 모든 상황에 있어서 위험 회피적인 것은 아니다. 상당수의 사람들이 기대 수익이 0이 아니라 심지어 마이너스인 복권이나 로또를 사는 등 위험 추구행위를 하며, 일부 기업들은 적자를 만회하기 위해 위험이 매우 높은 곳에 투자하기도 한다. 이러한 현상을 주류 경제학으로 설명하기는 어려우며, 행동 경제학이 이를 설명하기 위한 대안적 이론, 즉 전망 이론(prospect theory)을 제시하고 있다.

전망 이론의 주요 가정

카너먼과 트버스키의 전망 이론에 의하면, 우리의 효용수준은 부의 절대적 수준뿐만 아니라 부의 상대적 변화에도 영향을 받는다고 한다. 즉, 우리의 효용수준은 현재 우리가 가지고 있는 재산의 절대적 수준뿐만 아니라, 그 재산이 과거의 수준으로부터 얼마나 증감한 것인지에 의해서도 영향을 받는다고 한다. 이와 같은 전망 이론은 준거점의 존재, 체감하는 민감도, 손실회피 등을 주요 가정으로 삼고 있다.

(1) 준거점(reference point): 이득이나 손실의 기준이 되는 수준을 말한다. 준거점은 매우 주관적인 것으로 사람마다 그 수준이 다를 수 있다. 준거점으로는 자신의 현재 상태 또는 미래의 목표치가 될 수도 있으며, 다른 사람의 수준도 준거점으로 작용할 수 있다. 그리고 준거점은 사람들이 의사 결정을 하는 시점마다 변화할 수 있다.

(2) 체감하는 민감도(diminishing sensitivity): 이득과 손실이 커질수록 이에 따른 효용 증가나 효용 감소의 폭이 점차 작아지는 것을 말한다. 체감하는 민감도 가정에 의하면, 준거점을 기준으로 이득 영역에 있어서는 이익이 커질수록 효용 증가의 폭이 점차 감소하는 체감 형태의 효용함수를, 손실 영역에 있어서는 손실이 작아질수록 효용 증가의 폭이 점차 증가하는 체증 형태의 효용함수를

가지게 된다.[85] 이와 같은 전망이론에서의 효용함수는 주류 경제학이 가정하는 전 영역에 있어서 체감하는 형태의 효용함수와 상이하다.

(3) 손실 회피(loss aversion): 같은 규모의 이득이나 손실에 있어서 이득에 따른 효용 증가보다 손실에 따른 효용 감소, 즉 비효용의 증가가 훨씬 큰 것을 의미한다. 이 득과 손실이 같은 규모라고 할 경우 이득에 따른 효용 증가에 대한 손실에 따른 효용 감소의 비율인 손실 회피 비율은 1.5배에서 2.5배에 달하는 것으로 추정된다고

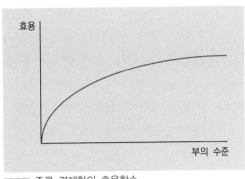
주류 경제학의 효용함수

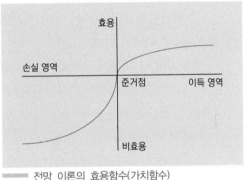
전망 이론의 효용함수(가치함수)

한다. 예컨대, 이득에 따른 효용 증가가 10이라면, 같은 규모의 손실에 따른 효용 감소는 15에서 25 수준이라는 것이다. 한편, 걸린 금액이 커지면 손실회피 비율도 증가하는 경향이 있다고 한다.

전망 이론의 주관적 확률

주관적으로 느끼는 확률은 객관적 확률과 다를 수 있으며, 특히, 확률이 아주 작거나 클 경우 그 괴리가 커진다고 한다. 객관적 확률이 0%인 경우와 1%인 경우를 비교할 때 주관적으로 느끼는 확률의 차이

85 　민감도 체감의 경우 손실이 커질수록 효용 감소의 폭이 점차 감소하므로, 이는 손실이 작아질수록 효용 증가의 폭이 증가하는 체증 형태를 띠게 되는 것이다.

　　　　　　　　　　　　　　　　　Chapter 07 행동 경제학

는 1% 이상이며, 이를 가능성 효과(possibility effect)라고 한다. 아무리 확률이 작다 하더라도 0%가 아닌 경우에는 그 사건이 발생할 가능성은 존재하는 것이며, 따라서 당첨 확률이 극히 낮은 복권도 잘 팔리게 되는 것이다. 그리고 객관적 확률이 99%인 경우와 100%인 경우를 비교할 때 주관적으로 느끼는 확률의 차이는 1% 이상이며, 이를 확실성 효과(certainty effect)라고 한다. 아무리 확률이 크다고 하더라도 100%가 아닌 경우에는 그 사건이 발생하지 않을 가능성이 존재하는 것이다. 사람들은 비행기 사고가 나지 않을 확률이 매우 크지만 그래도 100%로 보진 않기 때문에 여행자 보험에 가입하는 것이다.

카너먼과 트버스키는 우리가 주관적으로 느끼는 확률을 실험을 통하여 구하였다. 아래의 표에서 보는 바와 같이, 객관적 확률이 1%인 경우 주관적 확률은 5.5%로 매우 높고 객관적 확률이 5%인 경우에도 주관적 확률은 13.2%로 상당히 높은 것으로 나타났다. 이와는 대조적으로, 객관적 확률이 99%일 경우 주관적 확률은 91.2%에 불과하였고 객관적 확률이 95%일 경우에도 주관적 확률은 79.3%로 상당히 낮은 수준이었다. 객관적 확률이 50%일 경우에는 주관적 확률이 42.1%로 나타났다. 객관적 확률이 약 36%일 경우 주관적 확률과 같았고, 객관적 확률이 이보다 큰 영역에서는 객관적 확률보다 주관적 확률이 더 작은 반면에, 이보다 작은 영역에서는 객관적 확률보다 주관적 확률이 더 크다.

전망 이론의 주관적 확률

객관적 확률	0	1	2	5	10	20	36
주관적 확률	0	5.5	8.1	13.2	18.6	26.1	36
객관적 확률	50	80	90	95	98	99	100
주관적 확률	42.1	60.1	71.2	79.3	87.1	91.2	100

카너먼과 트버스키의 전망 이론에서 기대 효용은 객관적 확률 대신 주관적 확률을 결과 가중치로 사용한다는 점에서 특색이 있다.[86]

전망 이론의 4중 패턴

전망 이론에 따르면, 사람들은 높은 확률로 이득이 발생할 때에는 위험을 회피하지만, 낮은 확률로 이득이 발생할 때에는 위험을 추구한다고 한다. 또한 높은 확률로 손실이 발생할 때에는 위험을 추구하지만, 낮은 확률로 손실이 발생할 때에는 위험을 회피한다고 한다. 이를 "전망 이론의 4중 패턴"이라고 한다. 이러한 현상이 나타나는 주된 이유는 높은 확률일 때 주관적 확률이 낮아지고, 낮은 확률일 때 주관적 확률이 높아지기 때문이다. 높은 확률로 이득이 발생할 경우 낮은 주관적 확률로 인하여 확실한 이득보다 매력이 작아지며(위험 회피), 낮은 확률로 이득이 발생할 경우 높은 주관적 확률로 인하여 확실한 이득보다 매력이 커진다(위험 추구). 이와 대조적으로, 높은 확률로 손실이 발생할 경우 낮은 주관적 확률로 인하여 확실한 손실보다 매력이 커지며(위험 추구), 낮은 확률로 손실이 발생할 경우 높은 주관적 확률로 인하여 확실한 손실보다 매력이 작아진다(위험 회피).

이와 같은 전망 이론의 4중 패턴은 우리가 로또, 복권 등과 같이 당첨 확률은 극히 낮으나 큰 이득의 가능성이 있는 도박 등에 대하여는 위험 추구의 경향을 보이는 반면, 재해나 질병 사고 등과 같이 발생 확률은 극히 낮으나 큰 손실의 가능성이 있는 경우에는 보험 가입을 통하여 위험 회피의 경향을 보이는 것을 잘 설명해 주고 있다.

---

[86] 전망 이론에서 기대 효용은 예상 결과들의 이득 또는 손실을 준거점으로부터 구한 후, 이들 이득 또는 손실의 효용수준을 구한 다음, 이들 효용수준을 주관적 확률로 가중 평균하여 구한다. 수학적으로는, 기대 효용을 EU라 하고 개별 결과의 준거점으로부터의 손익을 x_i, 효용 함수를 $U(x_i)$, 객관적 확률을 p_i, 주관적 확률(결과 가중치 함수)을 $\pi(p_i)$라 하면, 기대 효용 $EU = \sum U(x_i)\pi(p_i)$이 된다.

Chapter 07 행동 경제학

다음의 A, B, C, D에 있어서 각각 어느 대안을 선택할까?

A. (10,000불, 95%)   vs   (9,500불, 100%)

B. (10,000불, 5%)   vs   (500불, 100%)

C. (-10,000불, 95%)   vs   (-9,500불, 100%)

D. (-10,000불, 5%)   vs   (-500불, 100%)

주류 경제학: A, B, C, D에 있어서 두 대안의 기대 수익은 모두 같다. 그러나 주류 경제학에서는 전 영역에 있어서 한계효용의 체감을 가정함에 따라 각 A, B, C, D에 있어서 모두 위험 회피의 대안(오른쪽 대안)을 선택하게 된다.

전망 이론: 민감도 체감, 손실 회피의 특성을 반영하여 10,000불의 효용은 1,000, 9,500불의 효용은 975, 500불의 효용은 100, -10,000불의 효용은 -2,000, -9,500불의 효용은 -1,950, -500불의 효용은 -200이라고 가정할 경우 전망 이론에 따르면, A선택에서는 위험 회피(9,500불, 100%), B선택에서는 위험 추구(10,000불, 5%), C선택에서는 위험 추구(-10,000불, 95%), D선택에서는 위험 회피(-500불, 100%) 등 4중 패턴의 선택을 할 것으로 예상할 수 있다. 이러한 결과는 각 선택대안들의 기대 효용을 비교해 보면 알 수 있다.

※ 각 대안의 기대효용 산정: 손익의 효용×주관적 확률

A. (10,000불, 95%): 1,000×0.793=793

 (9,500불, 100%): 975×1=975

B. (10,000불, 5%): 1,000×0.132=132

 (500불, 100%):100×1=100

C. (-10,000불, 95%): -2,000×0.793=-1,586

 (-9,500불, 100%): -1,950×1=-1,950

D, (-10,000불, 5%): -2,000×0.132=-264

 (-500불, 100%): -200×1=-200

공정성과 전망 이론

어떤 행위 또는 상태의 변화가 공정한지 불공정한지는 종종 준거점과 이로부터의 이동방향을 기초로 하여 판단되어진다. 우선 무엇보다도 준거점이 어디에서 결정되는지가 중요하다. 예컨대 종업원의 임금 등에 있어서는 현재의 임금수준이 그 준거점이 된다. 따라서 기존 종업원의 임금 인하는 불공정한 것으로 판단하지만, 같은 임금으로 새로운 종업원을 채용할 때에는 이를 수용할 수 있다. 또한 임금 인하는 이를 손실로 파악해 불공정한 것으로 간주하지만, 보너스 인하는 이득의 감소로 파악하여 이를 수용할 수 있는 것이다.

🎓 연구사례　기준점과 공정성 평가[87]

카너먼(D. Kahneman)과 크네시(J. L. Knetsch) 등은 임금조정의 공정성과 관련한 설문조사를 실시하였다. 각 설문에 있어서 불공정하다고 판단한 사람의 비율은 괄호 내와 같다.

(1) 작은 커피숍에 종업원이 1명 있다. 그 가게에서 6개월간 시급 9달러를 받고 일하고 있다. 가게는 순조롭게 운영되고 있는데 근처 공장의 폐쇄로 실업자가 증가했다. 그 결과 그 가게와 같은 규모의 다른 커피숍에서 같은 일을 하는 사람을 시급 7달러에 고용하기 시작했다. 그러자 그 커피숍 주인도 시급을 7달러로 내렸다. [83%]

(2) (1)과 같으나, 커피숍 종업원이 그만뒀기 때문에 커피숍 주인은 시급 7달러로 새로운 사람을 채용키로 하였다. [27%]

(3) 페인트 가게에서는 조수 2명을 고용하고 있고, 그들에게 시급 9달러를 지급하고 있다. 그러나 페인트 가게를 폐업하고 원예업을 시작하려고 한다. 원예업에서의 현행 임금에 맞추어 조수 2명의 시급을 7달러로 내리기로

87　도모노[4], pp. 146–150, p. 172.

했다. [37%]

(4) 어떤 인기차종의 공급이 부족하여 구입 희망자는 2개월씩이나 기다리는 상태였다. 다른 차종은 가격표에 적힌 그대로 판매했지만, 이 차종만큼은 가격표보다 200달러 더 비싼 가격으로 팔았다. [71%]

(5) 어떤 인기차종의 공급이 부족하여 구입 희망자는 2개월씩이나 기다리는 상태였다. 다른 차종은 가격표보다 200달러나 할인해서 판매했지만, 이 차종만큼은 가격표에 적힌 그대로 팔았다. [42%]

(6) 어떤 소기업에서 일하고 있는 종업원들의 임금은 그 지역에서 평균 수준이다. 최근 실적이 나빠져 경영자는 내년부터 임금을 약 10% 내리기로 했다. [61%]

(7) 어떤 소기업에서 일하고 있는 종업원들의 임금은 그 지역에서 평균 수준이다. 종업원들에게 매년 임금의 10% 정도가 보너스로 지급되었다. 최근 실적이 나빠져 경영자는 내년부터 보너스를 지급하지 않기로 했다. [20%]

(8) 어느 회사는 약간 이익을 내고 있다. 회사는 불황지역에 있고, 심각한 실업은 있지만 인플레율은 0%다. 이 회사에서 일하고 싶어 하는 사람은 많다. 이 회사는 금년에 임금을 7% 삭감하기로 했다. [62%]

(9) 어느 회사는 약간 이익을 내고 있다. 회사는 불황지역에 있고, 심각한 실업은 물론 인플레율이 12%나 된다. 이 회사에서 일하고 싶어 하는 사람은 많다. 이 회사는 금년 임금을 5% 인상하기로 했다. [22%]

3 행복 이론

행복의 개념[88]

행복이란 우리를 즐겁게 하는 그 무언가를 지칭하기 위하여 사용하는 단어이지만 구체적으로 어떤 상태를 나타내는가에 대해서는 사람마다 다르다. 행복에는 감정적 행복(emotional happiness), 도덕적 행

---

[88] 길버트[15], pp. 61-93.

복(moral happiness), 평가적 행복(judgemental happiness)의 세 측면이 있다. 감정적 행복은 주관적으로 느끼는 기쁨, 만족, 쾌락 등의 상태를 말하지만, 이런 것이 구체적으로 어떤 상태인가에 대해 객관적으로 표현하기는 매우 어렵다. 감정적 행복은 언어로 묘사하기는 매우 어렵지만, 그래도 그것을 느낌으로 경험해 본 적이 있는 사람이라면 행복이 존재하고 있고 또한 그것이 매우 중요하다는 사실을 알게 된다. 사람은 행복하길 원하고 행복 이외의 모든 것은 대개 행복을 얻기 위한 수단으로서 의미를 지닐 뿐이다. 즉, 인간 욕구의 본질은 행복의 추구에 있다고 할 수 있다.

한편, 도덕적 행복은 바르고 도덕적이며 보람 있고 충만한 삶을 통해 얻을 수 있는 기쁨, 만족, 희열의 상태를 말한다. 이러한 행복의 정의에 따르면, 일반적으로 좋은 느낌이라고 해서 이를 모두 행복이라고 말할 수 있는 것이 아니라, 도덕적으로 고결한 어떤 특별한 수단을 통해서 얻을 수 있는 좋은 느낌만을 행복이라고 말할 수 있다고 한다. 다시 말해, 사람들이 부끄럼 없이 추구할 수 있는 그런 행복만이 진정한 행복이라는 것이다. 그러나 인생을 도덕적으로 사는 것이 행복의 원인이 될 수는 있지만 그 자체를 가리켜 행복이라고 말할 수는 없다. 우리는 행복이라는 말을 하나의 경험 상태를 일컬을 때 사용하지, 그 경험을 만들어내는 행위를 지칭하기 위하여 사용하지는 않는다. 고결한 행위가 행복의 느낌을 유발할 수 있지만, 그렇다고 해서 고결한 행위가 반드시 행복의 느낌을 가져다주는 것은 아니다.

우리는 간혹 어떤 긍정적인 가치를 포함하는 일에 대하여도 행복하다는 말을 쓰곤 한다. 행복이라는 단어를 자신의 주관적 경험 상태를 표현하기보다는 일종의 관점을 나타내기 위하여 사용하는 것이다. 예를 들어 "나는 행복하지 않지만, 당신이 행복하다니까 나도 행복해." 이때의 행복은 기쁜 느낌과는 전연 거리가 멀다. 이런 의미에서의 행복을 평가적 행복이라고 한다. 평가적 행복은 실제로 행복의 느낌을 경험하고 있는 것이 아니라 어떤 사건이나 상황을 긍정적으로 수용하고 이해하고 있다는 것을 말하고 있는 것이다. 결론적으로 우리가 행복이라는 단어를 사용할 때에는 보통 즐거움이나 기쁨과 같은 주관적인 감정의 경험에 대하여 사용하지, 그러한 경험을 유발하는 행동의 도덕성이나 그 경험의 유익함을 평가하는 말로서는 잘 사용하지 않는다.

사람들이 느끼는 행복은 주관적인 느낌이기 때문에 그들이 느끼는 행복의 크기를 객관적인 잣대로 비교하는 것은 불가능하다. 사람들의 주관적 행복수준은 동일한 사건에서조차 서로 다른 경우가 많다. 사람들은 과거의 경험에 대한 기억이 완전하지 않기 때문에 시간적으로 떨어져 있는 상이한 경험들에 대한 행복 비교도 정확하지 않다. 우리는 우리 자신의 경험을 기준으로 다른 사람들의 행복수준을 추정하는 것이 매우 위험하다는 것을 알아야 한다.

그렇다고 행복을 측정하는 것이 완전히 불가능하다고 말하는 것은 아니다. 어느 정도의 오류는 있을 수 있겠지만, 개인이 주의를 기울여 실시간으로 보고하는 주관적 경험의 측정치를 가지고 그 사람이 느끼는 행복감을 측정할 수 있는 것이다. 물론 자기 보고를 통해 우리가 그 사람의 내면세계를 정확히 파악할 수 있는 것은 아니다. 그러나 관찰자의 입장에서 사람들의 자기 보고만이 그나마 그 사람의 내면세계를 들여다볼 수 있는 실제적인 방법이 된다. 더구나, 주관적 경험에 대한 자기 보고가 반복적으로 측정되어 다수의 법칙에 따라 그것의 불완전성이 상쇄될 수 있다면 오류는 적어질 수 있다.

행복 요인

행복은 여러 가지 요인의 영향을 받는다. 소득이나 재산과 같은 경제적 요인은 물론이고 만족스러운 직업, 직장에서의 성공, 교육과 건강 수준, 신앙, 부모 · 배우자 · 자녀 등 가족과의 관계, 친구 · 직장동료 등과의 사회적 관계와 같은 많은 요인에 의하여 영향을 받는다. 한편,

독일 경제연구소의 한 연구 결과에 따르면, 가족, 친구, 사회 · 정치 참여 등에 대한 헌신과 같은 비 제로섬 목표는 삶에 대한 만족도를 증진시키지만, 경력, 성공, 물질적인 성취 등에 대한 헌신과 같은 제로섬 목표는 삶에 대한 만족도에 부정적 영향을 준다고 한다.[89]

뜻밖의 행복이나 불행은 생각만큼 오래 가지 않는다. 갑자기 복권에 당첨되는 행운을 얻거나 불의의 사고로 장애를 입은 사람들은 그 당시에는 강한 행복감이나 심한 좌절감을 느끼겠지만, 사람들의 일반적 생각과는 달리 일정 기간(보통 3-6개월 내외)이 지난 다음에는 행복수준이 원래의 상태로 복귀하는 경향이 있다고 한다. 반면에, 실업과 같이 장기에 걸쳐 지속적으로 스트레스를 주는 요인들은 사람들의 육체적, 정신적 건강에 특히 나쁜 영향을 끼친다고 한다. 한 연구에 의하면, 나이든 근로자들이 비자발적으로 직업을 잃게 되면 심장마비 위험이 두 배나 높아진다고 한다.

행복과 효용

행복이란 기쁨, 즐거움, 만족, 쾌락과 같이 각 개인이 느끼는 주관적인 느낌이기 때문에 이를 객관적으로 측정한다는 것은 매우 어렵다. 그럼에도 불구하고 벤담(Jeremy Bentham) 등 공리주의에 따르면, 인간은 쾌락의 극대화와 고통의 최소화를 추구한다고 보았으며, 이러한 쾌락과 고통의 양은 효용(utility)이라는 지표를 통하여 객관적으로 측정할 수 있다고 가정하였다.

이러한 공리주의 전통을 이어받은 주류 경제학에서는 재화나 서비스의 소비와 같은 특정 경험으로부터 얻는 만족의 수준을 효용으로 나타낼 수 있으며, 이러한 효용의 총화로써 인간의 총체적인 행복수준을 파악할 수 있다고 보았다. 그리고 개인들의 효용의 총화로써 사회의 총체적인 행복수준, 다시 말해 사회적 후생(social welfare)도 측정 가

89 　오렐[10], p. 308.

능하다고 본 것이다.

경험효용과 결정효용[90]

한편 카너먼은 효용을 경험효용과 결정효용으로 구분하였다. 경험
효용(experienced utility)은 과거의 실제 경험으로부터 얻는 효용을, 결
정효용(decision utility)은 어떤 선택을 할 때 그 판단기준이 되는 효용
을 말한다. 경험효용은 경험 당시에 실제 느꼈던 효용을 반영하는 순
간적 경험의 총계로서 경험적 자아를 나타내는 반면에, 결정효용은 과
거에 느꼈던 효용을 나중에 기억에 의존하여 재구성한 것으로서 기억
자아를 나타내는 것이다. 결정효용은 과거에 대한 기억의 정확성에 의
존할 뿐만 아니라 절정과 종결의 법칙(peak – end rule), 지속시간 무시
(duration neglect) 등의 영향을 받기 쉽기 때문에 실제의 경험효용과는
다를 수 있다. 예컨대, 우리의 고통에 관한 기억은, 그리고 이에 따른
미래의 선택 결정은 고통이 지속되었던 기간 내내 실제로 느꼈던 경험
적 고통의 총계보다는 고통이 가장 컸을 때와 마지막 순간에 느꼈던
고통의 수준에 주로 의존하는 것이다.

결정효용은 우리의 불완전한 기억에 의존하게 되므로 실제의 경험
효용을 제대로 반영하지 못하는 경우가 낳으며, 그 결과 우리가 경험
효용을 극대화하는 것을 제한한다. 우리의 기억은 과거의 경험을 간단
한 어구나 몇 가지 중요한 특징으로 압축하게 되며, 이렇게 재구성된
기억 속의 과거는 있는 그대로의 과거를 충실히 반영하지 못하는 경향
이 있다. 그리고 우리의 관점은 무의식적으로 변화할 수 있기 때문에
자신의 관점이 어떤 사건을 경험한 후 자연스럽게 변화했다는 사실도
전혀 깨닫지 못할 수 있다. 특히 과거의 경험 중에서 가장 인상적이었
던 부분이나 가장 최근에 일어난 부분에 대한 기억만이 생생하고 나머
지 부분들은 잊어버리기 쉽다.

90 　　카너먼[6], pp. 459-470.

우리는 그 밖의 다른 이유들로 인해 경험효용 면에서 최대의 만족을 얻을 수 있는 선택을 하지 못하는 경우가 많다, 첫째, 우리는 장차 자신이 무엇을 선호하게 될지 예측할 때 현재의 자기 상태를 과대평가하여 향후에도 동일한 선호가 지속될 것이라고 강하게 믿는 잘못된 편향을 가지고 있다. 둘째, 여러 대안 중에서 어떤 선택을 할 때 수량적 차이는 과대평가하고 질적 차이는 과소평가하는 경향이 있다. 셋째, 선택 대안이 너무 많아서 올바른 선택을 할 수 없는 경우도 있다. 넷째, 어떤 경우에는 우리의 만족을 최대화하는 선택 대안을 알고 있더라도 이를 그대로 선택하지 못하는 경우도 있다. 예컨대, 우리의 현재 지향 편향이나 근시안적 사고로 말미암아 전체적 이익이 아니라 단기 이익만을 좇아 결정하는 경우도 있으며, 어떤 경우에는 사회적 규범에 따라 최선의 선택을 할 수 없는 경우도 있는 것이다.

📖 연구사례 경험효용과 결정효용의 실험

카너먼 등은 대장내시경 검사를 받고 있는 사람들이 검사를 받으면서 매 순간 느끼는 고통의 강도를 1분 단위로 0에서 10까지의 척도로 스스로 표시하도록 하였다. 어떤 실험에서는 8분간 검사를 시행하면서 고통의 강도가 비교적 높은 순간에 작업을 마쳤으며, 또 다른 실험에서는 24분간의 검사를 시행하면서 8분간은 전 실험과 비슷한 고통의 강도를 주었으나 그 나머지 시간은 고통의 강도를 서서히 줄인 후 작업을 마쳤다. 검사를 받았던 많은 사람들이 후자의 경우가 경험적 비효용의 수준이 확실히 컸음에도 불구하고 다음에 또다시 검사를 받게 된다면 후자를 선택하겠다고 답변하였다. 이와 같은 결과는 결정효용이 경험효용을 적절하게 반영하지 못한다는 불합리한 사례를 보여주는 것이다.

인생 평가와 행복 경험[91]

우리가 인생 전체를 평가할 때에는 절정과 종결의 법칙 및 지속시간 무시 등의 영향을 받는 결정효용에 따르게 되지만, 우리가 실제 느끼는 행복 경험은 경험효용에 의존하게 된다. 따라서 우리의 인생 평가와 실제의 행복 경험은 다를 수 있는 것이다. 아무리 행복했던 사람도 죽기 직전에 불행하였다면 인생 평가는 낮을 수밖에 없다. 반대로 아무리 불행했던 사람이라도 죽기 직전에 행복했다면 인생 평가는 높을 수 있다. 그리고 한때 높은 지위나 많은 재산으로 인생 평가가 상당히 높은 사람이라고 하더라도 인생 전체적으로 볼 때에는 행복 경험이 낮을 수 있다.

사람들의 행복 경험을 "U 지수"를 통하여 객관적으로 측정하려는 시도가 있다. 이 지수는 사람들이 불행한 상태로 있는 시간의 비율이다. 이 지수는 매일, 매주 상당한 기복을 보이지만 미국 중서부 도시에 근무하는 여성 1,000명의 설문조사 결과를 살펴보면, 오전 출근시간에는 29%, 근무시간에는 27%, 보육활동에는 24%, 가사시간에 12%, TV 시청에는 12%, 사교생활에는 12%, 그리고 성생활에는 5%였다고 한다. 평균적으로 사람들은 일, 통근, 보육 활동시간에 좀 더 불행하였고, 휴식이나 사교 활동시간에는 비교적 행복했던 것을 알 수 있다. 보통 고소득자들은 일과 퇴근 등에 많은 시간을 소비하며 휴식과 사교와 같은 즐거운 활동에는 충분한 시간을 할애하지 못하기 때문에, 이들에 대한 전체적인 인생 평가는 상대적으로 높을지 모르겠지만 순간순간의 행복 경험에 있어서는 다른 사람들보다 덜 행복할 수 있는 것이다.

한편, 여론조사기관인 갤럽은 "캔트릴 자아준거적 성취척도(Cantrill Self-Anchoring Striving Scale)"를 통하여 여러 나라의 인생 평가와 행복 경험을 측정하였다. 이에 의하면, 일반적으로 소득과 교육적 성취

---

91   카너먼[6], pp. 471–485.

와 같은 요소는 행복 경험보다 인생 평가에 더 큰 영향을 끼친다고 한다. 특히, 가구당 약 75,000달러 수준을 넘는 소득수준은 행복 경험에 별 영향을 끼치지 못한다고 한다. 한편, 건강, 여가, 자녀, 종교와 같은 요소는 행복 경험에 더 많은 영향을 끼친다고 한다. 그리고 낙관적인 사람이나 뚜렷한 인생목표를 가진 사람들이 인생의 만족감이나 행복 경험을 더 느낀다고 한다.

돈과 효용

사람들은 주로 효용을 얻기 위해 돈을 쓰지만, 돈과 효용이라는 두 개의 양(quantity)은 그 특성에 있어서 근본적으로 다르다. 돈은 이자를 받으며 은행에 넣어둘 수 있기 때문에 통상적으로 줄어들지 않지만, 효용은 잠시만 지속되다 금방 사라진다. 돈은 또한 단순한 덧셈방식으로 늘어날 수 있지만, 효용은 포화 상태에 이르게 되면 더 이상 늘어날 수 없는 것이다. 1억 원을 가지고 있는 사람이 1억 원을 더 벌게 되면 두 배의 부자가 된다. 그러나 효용에는 포화 상태가 존재하기 때문에 첫 번째 1억 원에 비하여 두 번째 1억 원의 효용은 훨씬 못 미칠 것이다. 즉, 한계효용이 낮아지는 것이다.

물질적인 욕망은 더 많이 가질수록 더 많이 추구하게 되는 중독적인 성질을 가지며, 돈은 영구하고 모을 수 있기 때문에 쓰지 않으면 시간이 지날수록 누적된다. 이것이 세계가 겪고 있는 부의 극단적인 불평등을 초래하는 한 가지 원인이기도 하다. 한편, 효용은 자기조절의 특성을 가지고 있어, 그 증가에는 한계가 있다. 효용은 돈과 달리 주관적인 내재적 가치를 가지며, 긍정적인 파급효과로 인하여 다른 사람들과 공유할 수도 있기 때문에 돈에 비하여 훨씬 민주적이다.[92]

돈은 그 자체로 내재적 가치를 갖고 있지 않고 다른 사람과 공유할 수도 없으며, 어느 수준 이상이 되면 우리를 행복하게 만들지 못함에

92 　오렐[10], p. 307.

도 불구하고, 우리는 결코 포화 상태에 이를 수 없는 돈을 맹목적으로 갈구하고 추구한다. 우리는 돈 대신에 이보다 공평하고 자기 조절적이며, 그리고 우리에게 실질적인 행복을 가져다 줄 수 있는 효용을 추구하여야 한다.

돈과 행복

돈과 행복은 전혀 다른 양(quantity)이라는 사실을 알아야 한다. 서구 경제에서 지난 수십 년 동안 GDP는 급증했지만 행복지수는 상대적으로 변함이 없었다. 이유는 그 둘이 같지 않기 때문이다. 일반적으로 가난한 나라의 사람들이 부유한 나라의 사람들보다 덜 행복해 보임에도 불구하고 그 차이는 생각보다 그렇게 크지 않다. 경제는 그 자체로는 우리를 행복하게 만들어주지 못한다. 우리는 경제를 통하여 돈을 벌 수 있지만, 그 돈으로 언제나 행복을 살 수 있는 것은 아니다.

행복이 돈과 같지 않다는 것은 우리가 종종 공짜로 일하는 것을 즐긴다는 사실로부터도 알 수 있다. 심지어 우리는 돈을 받지 않고 일할 때 더 행복하며, 돈을 주면 오히려 거부감을 느끼게 된다. 자원봉사는 새로운 친구를 사귈 수 있는 기회를 주고, 자기 성취감이나 남을 위한 행동에서 오는 기쁨을 가져다주는 것이다.[93]

---

4 시간선호 이론[94]

쌍곡선 형태의 할인

의사결정 시점과 손익발생 시점이 시간적으로 떨어져 있을 때의 선택을 다른 시점 간의 선택(inter-temporal choice)이라고 한다. 이

---

93   오렐[10], pp. 309-310.
94   도모노[4], pp. 193-231.

경우 미래 시점에 발생할 손익에 따른 효용을 현재의 효용 가치로 적절히 할인할 필요가 있다. 주류 경제학에서는 할인율이 시점에 관계없이 항상 일정하다고 가정하고 있으나, 행동 경제학에서는 사람들의 실제 행태에 기초하여 가까운 미래의 할인율이 먼 미래의 할인율보다 크다고 한다. 이와 같이 시간이 멀어질수록 할인율이 점차 감소하는 것을 쌍곡선 형태의 할인(hyperbolic discounting)이라고 한다.[95]

쌍곡선 형태의 할인율은 먼 미래의 효용 가치보다는 가까운 미래의 효용 가치를 더욱 선호한다는 의미이며, 이는 인내심의 부족, 근시안적 사고와 같은 현재지향 편향을 나타낸다. 금연, 다이어트, 저축 등이 어려운 사람일수록, 즉 자기 통제력이 약한 사람일수록 가까운 미래의 할인율이 매우 높은 것이다. 자기통제 문제를 극복하기 위해 자신이 선택할 수 있는 대안들을 스스로 포기하고 자신의 미래 행동을 기속하려고 하는 행위를 할 수 있는데, 이를 "감정적 개입"이라고 한다. 저축을 늘리기 위해 자동 이체로 월급구좌에서 저축구좌로 돈을 불입하는 행위, 금연 실현을 위해 모든 담배와 라이터, 재떨이를 치워버리고 주위 사람들에게 금연을 공표하면서 이를 어길 경우 제재를 받겠다고 약속하는 행위, 운동을 위해 비싼 스포츠클럽 연회원권을 구입하는 행위, "죄수의 딜레마 게임"과 같은 상황에서 상대방 배신을 막고 협력을 얻기 위해 어떠한 희생을 치르더라도 배신자에 대하여는 반드시 보복하겠다는 자세를 취하는 행위 등이 감정적 개입의 사례이다.

할인율의 특징

많은 실험결과에 따르면, 할인대상이 되는 금액이나 효용의 크기,

95 　 만일 사람들에게 오늘의 효용 100, 1년 후의 효용 200, 2년 후의 효용 300이 동일한 효용 가치를 갖는다면 첫 해에 적용하는 할인율은 200을 100으로 할인하므로 100%가 되고, 둘째 해에는 300을 200으로 할인하므로 50%의 할인율이 되어, 할인율은 점차 감소하는 형태를 띠게 된다. 수학적으로 쌍곡선 함수는 $y = k/x$ (k는 상수) 형태의 함수이다.

시간적으로 멀고 가까운 정도, 그리고 이득과 손실의 여부 등에 따라 할인율은 달라진다고 한다. 할인 대상이 되는 금액이나 효용이 작을수록 할인율은 커지고, 시간의 경과에 따라 할인율은 급속히 감소하는 것으로 나타난다. 또한, 이득일 때의 할인율이 손실일 때에 비하여 훨씬 클 뿐만 아니라 시간 경과에 따라 보다 급속히 감소하는 경향이 있다고 한다.

한편, 다른 시점 간의 선택에 있어서 적용되는 할인율이 시장 금리 수준에 비하여 이례적으로 높음을 알 수 있다. 이는 시간 연기에 따른 요소뿐만 아니라 효용의 한계 체감적인 요소가 포함되었기 때문이다. 예컨대, 지금의 만원과 1년 후 2만원이 같은 효용가치라고 하면 적용되는 할인율은 100%지만, 만일 만원에서 2만원으로의 효용 증가가 40%밖에 안 된다면, 즉 만원의 효용은 100이고 2만원의 효용은 140이라고 하면 시간 연기에 따른 실제 할인율은 40%에 불과하다고 할 수 있다.

기분 좋은 기다림 등의 경우에는 현재보다 미래 가치를 높게 평가하므로 마이너스 할인율을 보인다고 할 수 있으며, 공포, 두려움, 싫은 일 등의 경우에도 이를 되도록 미루려고 하므로 마이너스의 할인율을 보인다고 할 수 있다.

할인율과 불합리한 인간 행태

같은 소비량이라도 소비의 시점에 따라 상이한 효용가치를 가지게 되므로, 효용 수준은 전체 소비량뿐만 아니라 기간별 소비량의 구성에 의해서도 영향을 받는다. 플러스 할인율에서 가급적 빠른 시기의 소비가 효용을 크게 하므로 총 소비량이 같을 경우 점차 하락하는 형태의 기간별 소비량 구성을 선호하는 것이 합리적이다. 그럼에도 불구하고 연봉 총액이 같을 경우 매년 줄어드는 추세의 연봉구조보다는 늘어나는 추세의 연봉구조를 선호하는 사람이 많다고 한다. 예컨대, 사람들은 3년간 1억 원, 9천만 원, 8천만 원의 연봉구조보다 8천만 원, 9천만 원, 1억 원의 연봉구조를 선호한다는 것이다. 가능한 한 앞선 시기에 많은 소득을 받는 것이 이자 등을 활용할 수 있다는 면에서 이득이 되지만 임금이 매년 하락한다는 것에 대한 심리적인 거부감으로 상승하는 추세의 연봉구조를 선호하게 되는 것이다. 이처럼 사람들이 같은 연봉 총액에서 매년 상승하는 추세의 임금체계를 선호하는 것은 손실회피의 성향으로 설명할 수 있다. 최근의 임금이 준거점이 되면 다음번의 임금이 감소하는 것은 손실로 인식하게 되고, 이에 따라 하락하는 추세의 임금체계를 기피하게 되는 것이다.

한편, 리드(D. Read)와 그의 동료들은 "6개월 후"라는 표현 대신그날에 해당하는 "2006년 7월 7일"이라는 특정 날짜를 지정한 다음할인율에 대하여 물어 본 결과, 후자의 경우가 전자에 비하여 할인율이 꽤 작아지는 것을 발견하였다. 시간 연기를 제시하는 방법에 따라받아들이는 방식이 달라졌으며, 이는 프레이밍 효과가 작용한 결과이다. 이익을 얻는 시점이 얼마 동안 연기된다고 할 때에는 그 기다려야만 하는 시간의 크기에 주의가 집중되지만, 특정 날짜가 지정되면 그날 얻을 수 있는 이익의 크기에 주목하게 되는 것이다.

또한, 쌍곡선 형태의 할인에 있어서는 선호의 역전이 발생할 수 있다. 이는 장래의 커다란 이익보다 눈앞의 작은 이익을 선택하는 것으로, 일상적으로 자주 일어나는 것이다. 선호의 역전이 발생하면 사람들의 선호는 항상 일정하지 않고 시간의 흐름에 따라 변하게 되며, 이를 시간적 비정합성이라고 한다. 시간적 비정합성은 할인율이 일정할경우에는 발생하지 않으므로, 그러한 현상은 할인율이 쌍곡선 형태를띈다는 논거로 거론되는 일이 많다. 그러나 쌍곡선 형태의 할인율이시간적 비정합성을 발생시킬 수는 있지만, 쌍곡선 형태의 할인율만이시간적 비정합성을 발생시킨다고 말할 수는 없다.

Chapter 07 행동 경제학

철수가 테니스 경기를 오늘 볼 때의 효용은 100, 같은 경기를 1년 후 볼 때의 현재 효용은 90, 2년 후 볼 때의 현재 효용은 81이며, 따라서 연 10%의 일정한 할인율을 갖는다. 반면에, 영철은 테니스 경기를 오늘 볼 때의 효용은 100, 같은 경기를 1년 후 볼 때의 현재 효용은 70, 2년 후 볼 때의 현재 효용은 63으로, 할인율이 점차 작아지는 쌍곡선 형태의 할인을 갖는다. 테니스 경기는 금년에 1차전 경기, 내년에 준결승 경기, 2년 후 결승 경기가 열리며, 철수와 영철은 이러한 경기들을 오늘 볼 경우 각각 100, 150, 180의 효용을 동일하게 갖는다고 한다.

철수의 경우 미래에 보게 될 각 경기의 현재 효용가치는 1차전 경기가 100, 준결승 경기가 135(150×0.9), 결승 경기가 146(180×0.81)이 되며, 그 중 결승 경기의 효용이 가장 크다. 1년이 지난 다음 각 경기의 현재 효용가치를 다시 살펴보면, 준결승 경기가 150, 결승 경기가 162(180×0.9)로 여전히 결승 경기에 대한 효용이 커서 선호 역전은 일어나지 않는다. 반면에, 영철의 경우 미래에 보게 될 각 경기의 현재 효용가치는 1차전 경기가 100, 준결승 경기가 105(150×0.7), 결승 경기가 113(180×0.63)으로 그 중 결승 경기의 효용이 가장 크지만, 1년이 지난 다음 각 경기의 현재 휴용가치를 다시 살펴볼 경우에는 준결승 경기가 150, 결승 경기가 126(180×0.7)으로 걸승 경기보다 준결승 성기의 효용이 더 커져 선호역선 현상이 일어나게 된다.

시간 해석이론

우리가 어떤 대상의 가치를 평가할 때 그 대상을 해석하는 관점에 따라 그 평가가 상이해진다. 시간 해석이론은 동일한 대상이라도 그 대상이 시간적으로 멀리 있는 경우와 가까이 있는 경우 해석 관점이 달라지는 것을 설명한다. 예를 들어, 사람들에게 가치가 있는 대상들은 희망과 실현 가능성이라는 양 측면을 가지고 있는데, 사람들은 시

96　　탈러[5], pp. 163–166.

간적으로 멀리 떨어져 있는 대상에 대해서는 희망을 중시하지만, 시간적으로 접근해 가면서 실현 가능성을 더욱 중시하게 된다고 한다.

우리는 시간적으로 멀리 떨어져 있는 대상에 대하여는 심리적으로 훨씬 더 추상적이고, 본질적이며, 특징적인 점에 착안해서 해석하는 반면에, 시간적으로 가까운 대상에 대하여는 보다 더 구체적이고 표면적일 뿐만 아니라 사소한 점에 주목해서 해석하는 경향이 있다. 따라서 상당히 이전부터 즐거운 마음으로 큰 틀에서 여행가기, 파티 열기, 번지점프하기 등을 계획하였으나 막상 그 날이 다가오면 계획수립 당시 예상치 못했던 사소한 문제나 심리적 부담이 크게 느껴져 이를 실행하는 것을 꺼리게 되는 경우가 많다.

쌍곡선 형태의 할인율에서 특징적으로 볼 수 있는 현재지향 편향을 시간 해석이론으로 설명하면, 사람들에게 먼 미래에 있어서는 이익의 크기가 문제이지만, 가까운 미래에 있어서는 시간의 연기가 문제라고 볼 수 있다. 따라서 같은 이익 규모라고 할 때, 가까운 미래가 먼 미래에 비하여 할인율이 높아지게 되는 것이다. 쌍곡선 형태의 할인을 갖게 되는 배경에는 장래가 불확실하다는 무의식적인 인식이 작용하고 있기 때문일지도 모른다. 그리고 시간 해석이론에 의하면, 시간적 멀고 가까움에 따라 대상의 해석 수준이 달라지면서 시간적 선호의 역전, 즉 시간적 비정합성도 발생할 수 있다는 것이다.

5 선택설계 이론[97]

선택설계의 개념

선택설계란 사람들이 어떤 선택을 하도록 유도하기 위하여 특정한

---

[97] 탈러 & 선스타인[11]을 주로 참조하였다.

배경이나 맥락을 만드는 것을 의미한다. 예컨대, 어느 매장에서 특정 상품의 판매를 적극 유도하기 위해 그 상품을 눈에 가장 잘 띄는 판매대에 진열하는 행위 등을 말한다.

탈러(R. Thaler)와 선스타인(C. Sunstein)은 선택설계하는 것을 넛지(nudge)라고 불렀는데, 이는 사전적으로 "팔꿈치 등으로 슬쩍 옆구리 찌르기"라는 뜻으로 상대에게 주의를 환기시키거나 부드럽게 경고하는 것을 말한다. 넛지는 사람들의 자유로운 선택을 막거나 강제하지는 않으면서 더 나은 선택이 될 수 있도록 유도해 주는 자유주의적 개입주의(libertarian paternalism)라고 할 수 있다. 여기서 자유주의적이라는 말은 사람들의 선택 자유를 그대로 보존한다는 의미이며, 개입주의라는 말은 사람들이 올바른 선택을 할 수 있도록 인위적으로 유도한다는 의미이다.

그러나 선택의 자유를 절대적으로 옹호하는 많은 사람들은 어떠한 형태의 개입주의에도 반대하는 경향이 있다. 그들은 사람들이 원하는 것은 스스로 선택하도록 내버려둬야 하고, 정부의 간섭은 최소한으로 억제되어야 한다고 주장한다. 이런 회의적인 태도는 하나의 잘못된 가정과 두 가지 오해 때문에 발생한다. 먼저, 잘못된 가정은 대부분의 사람들이 대부분의 경우에 있어서 자신에게 최대의 이익이 되는 선택을 하거나 아니면 적어도 다른 누군가가 대신 해준 선택보다는 더 나은 선택을 할 수 있다는 가정이다. 그러나 사람들은 경험이 부족하거나, 정보가 충분하지 않거나, 또는 피드백이 별로 없거나 느린 경우에는 잘못된 선택을 할 가능성이 매우 높다.

그리고 널리 퍼져 있는 하나의 오해는 민간 영역에서 넛지가 힘을 발휘하고 있다는 것은 기꺼이 받아들이면서도 공공 영역에서 일반 국민의 삶을 향상시키려는 목표를 가지고 채택되는 넛지는 위험할 수 있다는 것이다. 물론, 정부가 실수를 저지르거나, 공평하지 않고 편향되거나, 너무 과도한 힘을 행사할 우려가 없는 것은 아니지만, 어떤 정부든 법과 규칙을 통하여 항상 모종의 기준점을 제시할 수밖에 없는 것이며, 이는 필연적으로 사람들의 선택에 영향을 끼치게 되는 것이다. 또 다른 오해는 개입주의에는 언제나 강요가 수반될 것이라는 단순한 생각이다. 그러나 넛지의 경우에는 개인의 선택을 제한하거나 어떤 선택을 강요하는 일 없이 오직 올바른 선택을 도와줄 뿐이므로, 선택의 자유를 강력하게 주장하는 사람들이라도 이를 반대할 이유가 별로 없을 것이다.

선택설계가 필요한 순간

사람들이 자기 스스로 올바른 선택을 할 가능성이 매우 낮은 상황이야말로 선택설계가 가장 필요한 순간이다. 사람들은 매우 어렵고 빈도가 낮으며, 당장 그 효과가 나타나지 않아 적절한 피드백이 제공되지 않을 뿐 아니라, 선택과 경험 간의 관계가 분명하지 않은 선택들을 마주하게 될 때 적절한 선택설계를 필요로 할 가능성이 가장 높다.

자유 시장이 이러한 문제를 언제나 해결해 주지는 못한다. 수많은 시장에서 기업들은 소비자들을 상대로 치열한 경쟁을 벌이면서 소비자들의 선호나 이익을 최대한 반영하기 위하여 노력하겠지만, 이러한 노력이 소비자에게 반드시 유익한 결과만을 가져오는 것은 아니다. 기업들은 소비자들의 자기통제 문제에 편승하여 바람직하지 않은 패스트푸드, 술, 담배 등의 상품을 판매한다. 소비자들이 모두 합리적 인간이라면 걱정할 필요가 없겠지만, 이들이 종종 불합리한 선택을 하는 인간이라면 이들의 올바른 선택을 도와줄 누군가가 필요하다. 정부가 직접 법률 등을 통해 규제할 수 있겠지만 자유주의적 개입주의인 선택설계, 즉 넛지가 더욱 선호될 수도 있다.

선택설계의 수단

적정한 초깃값(default option)의 선택, 예상되는 편향이나 오류에 대한 주의환기 장치, 실행 결과에 대한 피드백 장치, 매핑 능력의 제고, 복잡한 선택의 조직화, 인센티브의 활용 등은 선택설계의 훌륭한 수단이 될 수 있다.

사람들은 최소한의 노력을 요하는 옵션, 즉 최소저항 경로(path of least resistance)를 취할 것이라고 예상할 수 있다. 즉, 사람들은 타성과 현상유지 편향 등에 따라 주어진 선택에 초깃값이 있을 경우 자신에게 좋은 것이든 나쁜 것이든 이를 선택하게 될 것이다. 특히, 초깃값이 표준이나 권고되는 사항이라고 판단되는 경우에는 더욱 그럴 것이다. 그렇기 때문에 적정 초깃값을 활용한 선택설계를 통하여 사람들을 유용하고 이익이 되는 방향으로 유도할 수 있게 된다. 그러나 선택의 자유를 강조하는 사람들은 초깃값의 설정 없이 이용자가 모든 사항을 직접 선택하도록 하여야 한다는 선택요구(required choice)를 주장하기도 한다. 하지만 선택요구는 매우 귀찮은 것으로 여겨질 수 있을 뿐만 아니라, 복잡하고 어려운 선택의 결정에 있어서는 사실상 바람직하지 않을 수도 있다.

사람들은 자주 실수를 저지른다. 따라서 적절히 고안된 선택설계라면 이용자들이 오류를 범할 것을 미리 예상하고 이를 예방할 수 있는 장치를 마련하여야 한다. 예컨대, 자동차는 그것을 조종하는 인간들에게 더욱 우호적인 방식으로 진화해 왔다. 안전벨트를 착용하지 않을 때에는 경고음을 계속 울려주고, 헤드라이트는 야간주행 중에는 켜지고 주행을 멈추면 자동적으로 꺼지게끔 설계되어 있다. 주유구 뚜껑에는 차체와 연결된 끈이 연결되어 있다.

사람들이 올바른 선택을 할 수 있도록 돕는 최선의 방법은 피드백을 제공하는 것이다. 적절한 선택설계는 사람들에게 자신이 잘하고 있는지 잘못하고 있는지를 즉각 피드백 한다. 일반적으로 디지털 카메라는 필름 카메라에 비하여 사용자에게 훨씬 나은 피드백을 제공한다. 디지털 카메라의 이용자들은 사진을 찍을 때마다 방금 전에 찍은 사진을 즉시 확인할 수 있다. 아울러, 노트북 컴퓨터는 배터리 잔량이 위험할 정도로 낮아지면 전원에 연결하거나 자료를 저장하고 작업을 끝내라고 경고한다.

그리고 선택설계는 사람들로 하여금 매핑(mapping)을 이해하는 능력을 향상시켜, 그들의 삶을 보다 윤택하게 해 주는 옵션을 선택할 수 있도록 도와주어야 한다. 매핑이란 어떠한 선택과 이에 따른 이익 간의 관계를 말한다. 즉, 특정 옵션의 선택이 어떠한 이익을 가져오는가 하는 그 관계를 의미하는 것이다. 매핑 능력을 제고하기 위한 한 가지 방법은 다양한 옵션들의 기술적 표현을 보다 이해하기 쉽게 바꾸는 것이다. 예컨대, 디지털 카메라의 메가 픽셀(mega-pixel)이라는 사진 선명도 사양은 일반 사람들이 이해하기 어렵다. 따라서 5메가 픽셀이라는 표현 대신에 9×12인치의 고품질 사진이라는 최대 권장크기로 표시하는 것이 이해하기 쉽다.

그리고 가용한 옵션들의 규모와 복잡성을 토대로 사람들이 적절한 선택을 할 수 있도록 하기 위해서는 다양한 단순화, 조직화 전략을 사용하여야 한다. 선택 대안이 많을수록, 또한 보다 많은 차원으로 복잡할수록 단순화, 조직화 전략이 필요하다. 한 가지 방법이 속성별 제거(elimination by aspects) 방법이다. 이 전략은 먼저 어떤 속성이 가장 중요한지를 먼저 결정하고 그 속성의 허용범위를 설정한 다음, 이에 부합하지 않는 대안들을 차례차례 제거하는 것이다. 또 다른 방법으로 협업 필터링(collaborative filtering) 방법이 있다. 고객들이 좋아하는 영화나 책의 선별을 도와주기 위해 그들과 취향이 같은 사람들의 판단을 활용하여 방대한 수의 영화나 책들을 자동적으로 걸러내는 방법이다.

마지막으로, 선택설계를 하는 사람들은 언제나 인센티브를 고려해야 한다. 가격이 오르면 수요가 줄고, 가격이 내리면 수요가 증가하기 마련이다. 가격이나 비용을 부각시킴으로써 사람들의 소비 행태에 영향을 끼칠 수 있다. 전기료 인상은 전기 사용량을 줄이고 에너지 절약에 기여할 수 있을 것이다. 특히 집에 설치된 에어컨에 온도를 몇 도

낮추는데 들어가는 시간당 비용이 표시될 수만 있다면 에너지 절약에 큰 영향을 미칠 것이다.

선택설계의 사례

(1) 은퇴연금저축 플랜의 초깃값: 초깃값에 있어서 종업원의 명시적인 행위가 없는 한 월급의 일정분이 연금저축에 자동 납부되도록 되어 있는 경우가 종업원의 명시적인 행위가 없는 한 연금저축에 가입되지 않는 경우에 비하여 연금저축 가입률이나 가입금액이 현저히 높다.

(2) 장기 기증의 초깃값: 장기 기증의 주요 원천은 뇌사판정을 받은 환자들이다. 뇌사는 뇌 기능이 회복할 수 없는 손실을 입어 일시적으로 인공호흡기에 의존하여 숨 쉬고 있는 상태를 말한다. 이러한 환자는 의사를 표시할 수 없어 장기 기증을 위해서는 사전에 장기 기증자로 등록되어 있어야 한다. 등록 방법으로는 초깃값이 "기증 동의" 추정인 경우와 "기증 부동의" 추정의 경우가 있을 수 있다. 오스트리아는 전자, 독일은 후자 방법을 채택하고 있다. 초깃값의 차이로 비슷한 두 국가의 장기 기증 비율에 있어서 현저한 차이를 보였다. 오스트리아는 99%나 되었지만, 독일은 12%에 불과하였다.

(3) 기금운용에 있어서 자율선택 vs 초깃값 선택: 스웨덴에서 공적연금이 민영화되어 민간이 직접적으로 기금을 운용할 수 있도록 개혁되었다. 그 과정에서 하나의 초깃값 포트폴리오가 제시됐지만, 정부는 개인 스스로 400개가 넘는 펀드 중에서 몇 개를 선택하여 능동적 포트폴리오를 구성하도록 적극 장려하였다. 그러나 개인들은 수많은 펀드 중에서 적정한 펀드를 선택하는 것에 어려움을 느끼면서 점차 초깃값 포트폴리오를 선택하는 비율이 급증하였다. 운용 실적에 있어서도 초깃값 포트폴

리오의 수익률이 개별적으로 선택한 포트폴리오의 평균 수익률보다 훨씬 높았다.

(4) 중고자동차 분류의 조직화: 사람들은 선택지가 과도하게 많으면 올바른 선택을 하기 어려워진다. 이런 경우에 복잡한 선택지를 단계별로 잘 조직화하면 소비자의 선택이 쉬워질 수 있다. 예컨대 중고차 판매회사에서 중고차를 우선 제조회사와 차종으로 분류하고, 다음에는 주행거리, 출고연도, 가격대로 분류한 다음, 마지막으로 색상, 오토 기어, 가죽시트, 선루프, 타이어와 휠의 종류 등 각종 옵션으로 분류하면 소비자가 선택하기 용이해진다.

(5) 자동 세금신고: 국세청에 보고되지 않은 소득(예컨대 팁)이 없을 경우 납세자는 별도의 공제내역을 기록하여 신고할 필요 없이 국세청이 세금환급신청서를 작성하여 송부해준다. 납세자는 이를 살펴보고 거기에 서명을 해서 우편이나 국세청 보안 웹사이트를 통해 보내기만 하면 된다. 이를 자동 세금신고(automatic tax return) 제도라고 한다. 물론 국세청을 신뢰하지 않는 사람들도 있을 수 있다. 그런 납세자는 이의 신청을 할 수 있으며, 만약 국세청의 오류가 확인될 경우에는 해당 액수에 보너스를 더하여 돌려줄 것을 약속할 수 있다. 현재 유럽의 많은 국가가 이 제도를 시행하고 있다.

선택설계에 대한 평가

선택설계는 인간의 선택이 시스템적 오류나 편향으로 인해 완전하지 않을 수 있음을 전제로, 이에 영향을 주려는 개입 시도라고 할 수 있다. 민간은 물론이고 정부도 이를 활용할 수 있다. 공공부문에서의 선택설계의 활용은 인간의 제한적 합리성, 자기통제 부족, 사회적 영향력, 지나치게 많은 선택지 등의 문제를 제어할 수 있는 합리적인 방안의 하나라고 할 수 있다. 여기서 자기통제 부족이란 장기 효용보다 단기 효용에 집착하는 근시안적 선택 관행을, 사회적 영향력이란 집단적인 선택 등에 영향을 받는 현상을 말한다.

한편, 선택설계에 대하여는 정부의 도덕적 판단에 기초한 개입이 확대되고 민간의 자유가 침해될 수 있음을 경계하는 목소리가 있다. 이와 같은 반대론자들은 선택설계가 온건한 개입주의라고 하더라도 결국에는 극도로 개입주의적인 간섭이 뒤따를 것을 우려한다. 도를 넘은 간섭이 행해질지 모른다는 두려움 때문에 처음부터 비탈길에 발을 들여놓지 않는 편이 더 낫다고 생각하는 것이다. 그렇지만, 선택설계는 우리들의 일상생활에 실제적인 도움을 주는 경우가 많으며, 우리들의 선택의 자유를 침해할 가능성은 매우 적다. 민간부문에서도 무수한 선택설계가 존재하지만, 정부의 선택설계가 민간의 선택설계보다 특히 더 위험하다고 볼 근거는 없는 것이다.

그렇다고 하더라도 열혈 자유주의자들은 선택설계보다 선택요구를 더 선호할 것이다. 그들은 합리적인 선택에 꼭 필요한 정보를 제공한 다음 사람들 스스로가 선택하도록 하는 쪽을 선호할 것이다. 많은 경우 이러한 선택요구가 올바른 선택 방법이 될 수도 있다. 그러나 선택이 어렵고 선택의 옵션이 많을 경우 스스로 선택하도록 요구하는 것이 최선의 결정으로 이어지지 않는 경우가 훨씬 더 많을 것이다. 예컨대 와인에 전문적 지식이 없는 고객이 웨이터에게 값싸고 좋은 와인을 추천해 달라고 요청하는 것과 고객 스스로가 억지로 선택하는 것 중에서 어느 쪽이 더 나을까?

한편, 열성 개입주의자들은 많은 영역에서 선택설계를 하고 자유주의적인 개입주의를 실행하는 것이 지나치게 온건하고 조심스러운 조치라고 주장할지 모른다. 사람들을 보호하고자 한다면 좀 더 깊이 개입해야 하지 않겠는가? 상황에 따라서는 사람들의 선택의 자유를 완전히 빼앗는 것이 오히려 그들의 삶을 향상시킬 수도 있지 않겠는가? 예컨대, 담뱃갑에 너무 온건한 경고 라벨을 붙이거나 담배가격을 올리는 것보다 담배 소비를 완전히 금지하는 것이 더 나은 방법이라고 생각하는 사람들도 있을 것이다. 비대칭적 개입주의(asymmetric paternalism)라는 접근방법도 있다. 이는 일종의 비용편익 분석에 기초하여 공공개입에 따른 사회적 편익이 이에 소요되는 사회적 비용보다 클 경우 개입이 정당화될 수 있다고 하는 것이다. 이러한 개입주의도 본질적으로 호소력을 가지고 있지만, 사람들의 선택의 자유를 부당하게 침해할 소지가 있다는 문제가 있다.

결국 선택설계는 자유주의와 개입주의의 절충방식이라고 할 수 있으며, 따라서 "자유주의적 개입주의"라고 부를 수 있는 것이다. 이와 같은 방식은 개인의 선택의 자유를 최대한 보장하면서도 그들의 올바른 선택을 유도할 수 있는 매우 훌륭한 장치이며, 비용도 거의 들지 않는다는 장점을 가지고 있다. 우리는 적정한 선택설계를 통하여 작은 정부를 유지하면서도 정부의 보다 나은 통제(governance)를 추구할 수 있다.

6 경제 현상과 행동 경제학

주류 경제학은 경제가 언제나 균형상태를 이룬다고 보기 때문에 경기 순환이나 거품 경제와 같은 경제 현상에 대하여는 별 관심을 두지 않거나 이를 무시하는 경향이 있다. 임금의 탄력적인 조정을 통해 구조적인 실업도 없을 것이라고 한다. 그리고 금융 자산이나 개별 상품의 가격 급등락에 대하여도 이는 수급 변화에 따른 자연스런 결과라고 보면서 대수롭지 않게 생각한다. 그러나 경제에 있어서의 호황과 불황은 반복적으로 일어나며 경우에 따라서는 거대한 거품이 형성되었다 파열되기도 한다. 두 자리 수의 실업률이 장기간 지속되기도 한다. 주식과 같은 금융자산의 가격은 배당률 등 주가를 움직이는 기본적 요인의 변화 폭보다도 훨씬 큰 폭으로 등락한다. 이렇게 주류 경제학으로 설명하기 어려운 많은 경제 현상들에 대하여 행동 경제학은 훌륭한 설명 근거를 제공할 수 있다.

경제와 심리

영어의 "비즈니스 사이클(business cycle)"은 경기순환으로 변역되고 있다. 사업이 잘 되었다가 안 되었다가 하는 순환 현상을 "기", 즉 "심리"의 순환으로 표현하고 있는 것이다. 경제가 디플레와 같은 경기침체 국면에서 탈출하기 위해서는 사람들의 소비나 투자 심리가 살아나서 생산과 수요의 갭을 해소해야 한다. 그러나 한 번 얼어붙은 소비, 투자 심리를 살려내는 것은 지극히 어려운 일이다. 기업의 구조조정 압력, 수출산업의 경쟁력 저하, 자산가격 하락과 가계부채의 증가, 그리고 이러한 경제 분위기의 침체에 따른 소비, 투자 심리의 악화는 쉽사리 개선되기 어렵기 때문이다.

일반적으로 모든 사람들은 부에 대한 욕망을 가지고 있으며, 이는 인간의 사연스러운 심리로 자본주의의 기초를 이루는 것이라고 할 수 있다. 사람들은 부를 얻기 위해 어떤 경우에는 매우 큰 위험도 감내하려고 하지만, 어떤 경우에는 아주 작은 위험조차 감내하려고 하지 않는다. 사람들은 경제 분위기에 휩싸여 이와 같은 상이한 행동을 하게 되지만, 이를 좌우하는 미래 경제에 대한 전망은 너무나 불확실하다. 사람들은 여러 가지 방법으로 이를 예측해 보려고 노력하지만, 이를 정확히 예측할 방법이 없다. 결국에는 자신의 야성적 충동(animal spirits)에 따르거나, 아니면 집단 의견에 따라가는 군집 행태(herding behavior)를 보이기 쉽다. 이런 사람들의 행태는 경제를 안정시키기보다는 경기순환의 골을 깊게 하거나 거품경제를 형성하게 하는 등 오히려 경제의 불안정요인으로 작용하는 경우가 많다.

경제의 안정적인 발전을 위해서는 경기순환이나 거품경제의 근저에 있는 사람들의 경제심리를 어떻게 하면 바람직한 방향으로 변화시킬 수 있을까 하는 것이 무엇보다도 중요한 정책과제가 될 수 있다. 이런 면에서 행동 경제학은 인간의 경제활동 속에 숨겨져 있는 심리를 이해하고, 이를 통하여 인간의 심리를 활용한 효과적인 경제정책 수립에 기여할 수 있다고 생각된다.

금융위기와 군집 행태

2000년대 전반에 미국의 주택 거품이 점점 더 과열화되어 가면서 미국 금융기관들은 서브프라임 론(sub-prime loan)을 기초로 한 파생 상품의 판매가 호조를 보이자 파생상품 업무에 더욱 전념하게 되었다. 이들 분야에서의 높은 수익성은 금융기관의 주가를 높이고 나아가서 경영진 보수와 주주 배당률을 크게 높였던 것이다. 그러나 금융기관이 거둔 양호한 실적에 매료된 경영진이나 주주들은 이들 파생상품 업무에 내재되어 있는 위험을 간과하였다. 일부 경제 전문가들은 주택시장의 과열에 대해 경계감을 나타냈지만 모두가 열광하는 분위기 속에서 그런 의견은 이단자 취급을 당하기 일쑤였다. 이를 경청하는 사람은 거의 없었다.

경제에 있어서 시장 참여자들의 군집 행태는 거품을 키우고, 경제 전반의 위험 허용치를 크게 확대시킨다. 경쟁이 치열한 시장에서 기업은 경쟁회사에 비하여 높은 수익을 올리는 것이 당연히 요청되었다. 이에 따라 높은 수익성을 보이는 분야가 새로이 나타나게 되면 대부분의 기업들은 위험을 경시한 채 일제히 그곳에 달려들었다. 어느 기업도 경쟁 상대에 뒤지는 것은 경영진으로서 치명적이기 때문이었다. "경쟁 상대가 움직이는데 우리도 늦어서는 안 된다"라는 동조 효과 (bandwagon effect) 내지는 군집 행태적인 경향으로 인해, 많은 기업들이 하나의 분야에 뛰어들어 서로 치열하게 경쟁하고 거품 규모를 점점 더 키우다가 결국에는 공멸하게 되었던 것이다. 시장에서의 경쟁 격화와 시장 참여자들의 군집 행태가 결합되면서 경제의 불안정성이 확대된 것이다.

이번 금융위기는 금융기관 등 기업들이 위험에 적절히 대응하는 것이 얼마나 어려운 일인지, 또한 그들의 군집 행태가 국가 전체적으로 얼마나 불행한 결과를 가져올 수 있는지를 단적으로 보여주는 사례이다. 개별 기업이 주주 이익의 극대화라는 관점에서, 단기적으로 기대수익률이 높은 분야에 경영 자원을 집중 투입하는 것은 당연한 일일지도 모른다. 그러나 지나치게 높은 레버리지 비율(부채 비율)에서 보는 바와 같이 기업의 수익경쟁이 너무 지나쳐 경제전반에 걸쳐 위험을 너무 확대시켰던 것이다. 결국 크게 부풀었던 거품이 파열하면서 많은 기업들이 경영위기를 겪은 것은 물론, 세계적 금융위기로까지 파급된 것이다.

투자 결정과 야성적 충동

공장, 기계와 설비, 주택 등에 대한 민간 기업의 투자는 한 나라의 경제발전에 있어서 매우 중요한 역할을 한다. 그런데 이러한 민간기업에 있어서의 투자결정은 그 당시 금융시장의 여건이나 기업 경영자의 미래 경제에 대한 믿음 등에 영향을 받는 것으로, 결국 직관적이고 심리적인 과정인 것이다. 즉, 케인스가 말한 바와 같이 투자 결정권자의 "야성적 충동"에 의하여 결정되어진다고 할 수 있다. 주류 경제학에서 투자는 투자예산 이론(capital budgeting theory)과 같은 수리분석에 따라 합리적으로 결정된다고 가르치고 있지만, 실제로는 기업 경영자의 심리적인 요인에 더 많은 영향을 받는 것이다.

주류 경제학의 투자예산 이론에 의하면, 투자 결정은 투자로부터 발생될 것으로 예상되는 수익과 비용의 흐름, 추정 자본비용, 그리고 투자에 대한 주식시장 반응이나 다른 투자와의 시너지 효과와 같은 간접적인 요인들을 종합적으로 고려하여 이루어진다고 한다. 그러나 이러한 요인들 중에는 수량화할 수 없는 것, 또는 예측하기 어려운 것도 많이 있으며, 치열한 경쟁 속에서 빠른 투자결정을 내려야 할 때 활용할 수 없는 요인들도 많이 있을 것이다. 기본적으로 기업 경영자는 미래 경제에 대한 불확실성하에서 투자결정을 할 수밖에 없으며, 불확실성은 정의상 확률로 나타낼 수 없는 위험이기 때문에 불확실한 미래를 대상으로 정량적 투자분석을 한다는 자체가 매우 어려운 것이다. 결국 투자의 결정은 기업 최고경영자의 직관 등 심리적 요인에 의존하는 부분이 많게 된다.

한편, 투자에 관한 의사결정에 있어서 군집적 행태로 인하여 투자의 변동성(volatility)과 경제의 불안정성이 확대될 우려가 있다. 경기의 호전으로 기업 경영자들의 자신감이 높아지게 되면 모두가 투자를 확대하려고 하고, 반대로 경기의 침체로 기업 경영자들의 자신감이 낮아지게 되면 모두가 투자를 축소하려고 할 것이다. 이에 따라 경기확장 시에는 경기를 더욱 뜨겁게 만들고, 경기침체 시에는 경기를 더욱 식게 만드는 등 경기순환 폭을 키우거나 때에 따라서는 거품 경제의 형성과 파열을 초래할 것이다.

임금 조정과 손실회피 경향

주류 경제학의 균형 이론에 따르면, 노동력에 대한 수요가 감소할 경우 노동력의 가격, 즉 임금은 수요 공급이 일치하는 수준으로까지 떨어져야 한다. 그렇게 된다면 경기가 디플레 국면에 접어든 경우에도 기업들은 제품기격을 인하하면서도 임금을 낮추어 어느 정도의 수익성을 유지할 수 있을 것으로 예상할 수 있다. 하지만 우리가 살아가는 실제의 경제현실 속에서는 이러한 일이 일어나지 않는다. 경기가 침체될 때에도 근로자의 임금은 크게 변동이 없다. 임금 수준이 그대로 유지되거나, 아니면 떨어진다 해도 실업이 발생하지 않을 정도로 충분히 떨어지지 않는다. 일반적으로 근로자들은 명목임금의 삭감에 대하여 강한 거부감을 가지고 있기 때문에 기업 입장에서는 차라리 기존 수준의 임금을 지급하면서 잉여 노동력을 해고하는 쪽이 더 낫다고 생각한다.

하지만 어느 정도의 인플레가 존재하는 상황이라면 근로자의 강한 저항을 일으키지 않고서도 그 실질임금을 삭감하는 것이 충분히 가능하다. 즉, 임금 상승률을 물가 상승률에 비하여 낮게 가져감으로써 실질임금 상승률을 마이너스로 할 수 있는 것이다. 예컨대, 물가 상승률이 제로인 경제에서 명목임금의 5% 삭감이나 물가 상승률이 10%인 경제에서 명목임금의 5% 인상은 모두 실질임금을 5% 감소시키는 효과가 있지만, 이에 대한 근로자의 반응은 전혀 다르다. 근로자들은 명목임금의 삭감은 손실로 인식하여 부당한 것으로 받아들이지만, 물가 상승률에 못 미치는 명목임금의 상승은 어쨌든 이득으로 인식하여 수용할 수 있는 것이다.

주가 등락과 평균으로의 회귀현상

주류 경제학의 효율적 시장가설에 의하면, 모든 가격은 정당하다고 한다. 주식가격은 내재가치와 다를 수가 없고, 그렇기 때문에 원칙적으로 싼 주식도, 비싼 주식도 있을 수 없다고 한다. 또한, 현재의 주가에는 시장의 모든 정보가 이미 반영되어 있기 때문에 어느 누구도 시장을 이길 수 없다고 한다. 주식의 과거 수익률이나 주가수익비율(PER)[98]과 같은 지표를 통하여 그 주식의 미래 가격을 적절히 예측할 수 없고, 또한 이를 기초로 한 투자에서도 지속적인 초과 수익을 거둘 수 없다고 한다.

그러나 드봉(Werner De Bondt)과 탈러(Richard Thaler)에 의하면 과거 낮은 PER을 보였던 주식이 높은 PER을 보였던 주식에 비하여 그

---

[98] 주가수익비율은 주가를 예상 연 수익으로 나눈 것이다. 즉, 주가가 연 수입의 몇 배냐를 나타낸다.

후 훨씬 좋은 수익률을 거둘 수 있었다고 한다. 이러한 연구 결과는 그레이엄(Benjamin Graham)의 "가치투자 전략"을 뒷받침하는 것이다. 그들은 과거 5년 동안 낮은 PER을 보인 주식들을 패자그룹으로, 높은 PER을 보인 주식들을 승자그룹으로 분류한 후에 다음 5년간 그들의 평균 수익률을 비교하여 보았더니, 패자그룹 주식들은 시장 전체에 비하여 약 30%의 초과수익을 거둔 데 반하여, 승자그룹 주식들은 약 10%의 부진한 실적을 거두었다고 한다.[99]

이와 같은 연구 결과는 투자자의 과잉반응 가설 및 주가의 평균으로의 회귀현상으로 설명할 수 있을 것이다. 투자자들이 주가에 과잉반응하여 상승하는 주식에 대해서는 더욱 낙관적으로 평가하고, 하락하는 주식에 대하여는 더욱 비관적으로 평가함으로써 주가가 그 내재가치로부터 큰 괴리가 발생한 후에, 점차 평균으로 회귀하는 과정에서 이런 결과가 나타난 것으로 보는 것이다. 가능한 또 다른 설명은 패자그룹 주식들이 승자그룹 주식에 비해 더 위험해서 높은 수익률을 보였다는 설명이다. 이는 효율적 시장가설과 양립할 수 있는 설명이지만, 이에 대한 명백한 증거는 아직까지 없다.

---

99   탈러[5], pp. 358-359.

Chapter 08

복잡계 경제학(complex economics)

1 복잡적응시스템[100]

복잡계 경제학은 미국 산타페 연구소(Santa Fe Institute)에 모인 다양한 분야의 학자들을 중심으로 경제시스템을 하나의 복잡적응시스템(complex adaptive systems)으로 파악하려고 하는 최근의 연구동향을 지칭한다. 복잡적응시스템이란 정보 처리를 하고 환경 변화에 잘 적응하는 능력을 가진 개체들이 상호작용하는 시스템으로, 네트워크의 성격을 가지고, 동태적이면서 비선형적으로 변화하며, 창발하면서 진화한다는 공동적인 특성을 지닌다.

복잡적응시스템에서 개체들은 상호작용하는 네트워크로 연결되어 있으며, 기억 또는 피드백에 의해 영향을 받고, 과거의 이력이나 외부로부터의 정보에 따라 전략을 수정하기도 한다. 또한, 개체들의 복잡한 행태와 이들 간의 상호작용으로 인해 복잡적응시스템은 시간의 흐름 속에서 동태적이고 비선형적인 움직임을 보이게 된다. 그리고 이러한 시스템은 각 개체들의 특성을 아무리 잘 이해한다 하더라도 시스템 전체가 어떻게 변화할지 전혀 예측할 수 없는 창발성이라는 특성을 가진다. 복잡적응시스템은 질서정연한 상태와 무질서한 상태를 임의로 오가며, 사소한 조건의 변화가 상태의 전환을 가져온다. 또한, 복잡적

[100] 존슨[7], pp. 32-37.

응시스템은 외부의 환경에 닫혀 있는 시스템이 아니라 살아있는 유기체와 같이 열려 있는 시스템이다.

> 📨 참고 **열린 시스템과 닫힌 시스템**
>
> 닫힌 시스템은 열역학 제2법칙에 따라 언제나 예측 가능한 마지막 상태를 보여준다. 물론 도중에는 예측 불가능한 일이 일어날지 모르지만 궁극적으로는 최대의 엔트로피(entropy), 즉 무질서라는 균형을 향해 나아간다. 그러나 열린 시스템은 이보다 훨씬 복잡하다. 외부에서 에너지나 물질을 받아들여 질서를 유지하면서 엔트로피를 바깥으로 방출할 수 있기 때문이다. 열린 시스템은 안정적이고 균형이 잡힌 상태로 있는가 하면 어떤 때에는 균형과는 거리가 먼, 매우 복잡하고 예측할 수 없는 패턴들, 예컨대 기하급수적인 성장이나 급격한 붕괴, 또는 진동과 같은 패턴을 보이기도 한다. 열린 시스템이 자유로운 에너지를 가지는 한, 어떤 최종적 상태에 도달할지 예측하기란 거의 불가능하다. 외부 환경에 적응하며 진화해 가는 특성이 있다.[101]

2 네트워크(networks)

경제 네트워크

주류 경제학에서는 개인이나 개별 회사는 서로 독립적이므로 다른 행위자들의 결정에 영향을 받지 않는다고 한다. 하지만 그들이 실제로 판단하고 내리는 모든 결정은 우리 주변에서 벌어지는 크고 작은 일들에 의하여 끊임없이 영향을 받는다. 개인이나 개별 회사는 주류 경제학이 상정하는 뉴턴 물리학의 원자하고는 다르다. 개인은 기업 내에서, 기업은 시장 내에서, 그리고 시장은 더 큰 세계경제 내에서 상호작

---

101 바인하커[1], p. 133.

용하며 서로의 행동에 영향을 미치고 있는 것이다. 이와 같이 수많은 개인과 회사들로 복잡하게 얽혀있는 경제 네트워크는 이들 간의 상호작용으로 말미암아 더욱 창발적인 성격을 띠게 된다. 이러한 창발성은 날씨만큼이나 변화무쌍하여 어떤 식으로 전개될지 아무도 예측할 수 없다.

네트워크의 특성

네트워크는 특성상 이에 참여하는 주체가 증가할수록 효용 가치가 급증하게 되며, 참여자인 노드(nodes) 수와 그들 간의 연결고리인 에지(edges) 수의 비율이 1이라는 기준선을 넘어서면서 폭발적인 활용이 일어나게 된다.

그러나 에지의 수가 너무 증가하게 되면 소통 밀도와 상호 의존성이 기하급수적으로 늘어 네트워크 조직의 비효율성이 나타날 수 있다. 네트워크의 한 부분에서 어떤 변화가 생길 경우 네트워크의 다른 부분에까지 그 영향을 미칠 가능성이 커지고, 이러한 파급효과는 네트워크 한 부분에서의 긍정적 효과가 다른 곳에서는 부정적 효과가 될 가능성을 증대시키는 것이다.[102]

네트워크의 강건성

네트워크에 있어서 효율성뿐만 아니라 강건성(robustness)도 매우 중요한데, 이는 네트워크 배열에 따라 크게 영향을 받을 수 있다. 우리는 생태학적 또는 생물학적 체계와 같은 자연의 네트워크에서 많은 것을 배울 수 있다. 이는 자연의 네트워크가 오랫동안 생존해오는 과정에서 효율성과 강건성을 최적으로 조합하는 방법을 습득했기 때문이다. 자연에 존재하는 모든 강건한 네트워크가 공유하고 있는 설계상 원칙들은 단원성(modularity), 잉여성(redundancy), 다양성(diversity),

---

102 　바인하커[1], p. 246.

그리고 제어정지 과정 등이다.[103]

단원성은 구획화의 정도를 나타낸다. 잘 통합된 네트워크는 효율적이지만 전염에 취약하며, 느슨하게 연결된 네트워크는 효율성에서 다소 뒤떨어지지만 전염에는 강하다. 네트워크의 효율성 및 강건성의 조화를 위해서는 설계상 적정한 수준의 단원성이 필요하다. 네트워크가 강건성을 높이기 위하여 채택하는 또 다른 방법은 잉여를 저장해 두는 것이다. 이를 통해 만일 어떤 노드나 에지에 문제가 생기면 다른 것이 그 자리를 대신할 수 있다. 아울러, 어떤 네트워크 체계이든 다양성의 정도가 높을수록 변화에 더 쉽게 적응할 수 있다. 생태계에서 다양한 전략을 사용하는 종들의 생존 확률이 높게 마련이다. 마지막으로 네트워크 체계는 제 기능을 발휘할 수 없을 경우 해체되어 새로운 용도로 재활용되어야 한다. 인간의 세포들은 복구할 수 없을 정도로 손상을 받으면 스스로 죽는 자멸사로 귀결되고 이 과정에서 세포들의 구성요소들은 분해되어 다른 부분에 재활용된다. 암세포와 같이 자멸사의 기제가 작용하지 못하면 주변의 다른 세포들을 괴사시키게 된다.

좁은 세상 네트워크와 척도 없는 네트워크

금융, 전력, 통신, 교통 네트워크 등 모든 네트워크는 공통적으로 2개의 범주로 나눌 수 있다. 첫 번째 범주는 "좁은 세상 네트워크"로 여기서는 하나의 노드가 몇 단계(보통 6단계)만 거치면 다른 모든 노드와 연결될 수 있도록 배열되어 있다. 월드와이드웹(world wide web, www)이 바로 이러한 특징을 가지고 있으며, 구글(google) 등의 검색엔진 회사들은 이것을 이용하여 검색 알고리즘을 만들어 냈다. 두 번째 범주는 "척도 없는 네트워크"이다. 척도가 없다는 뜻은 어떤 노드에도 일정한 연결개수가 지정되어 있지 않다는 뜻이다. 소수의 허브들은 대부분의 노드에 비하여 월등히 많은 연결을 가지고 있으며, 항공

103 　오렐[10], pp. 72-76.

교통망이 그 대표적인 사례다.[104]

지구에 사는 어떤 한 사람이 평균적으로 몇 단계의 사람들을 거치면 생면부지의 특정 사람과 연락할 수 있게 될까? 미국의 심리학자 밀그램(Stanley Milgram)은 이를 알아보기 위하여 1967년 실험을 실시하였다. 네브래스카와 캔자스에 살고 있는 사람들에게 여러 통의 편지를 보냈다. 그는 이 편지에서 이를 보스턴에 살고 있는 한 주식 중개인에게 전달하라고 부탁하곤 주소는 알려주지 않았다. 대신에, 그들이 아는 사람들 중에서 직업이나 거주지, 또는 사회적 친분관계로 보았을 때 그 주식 중개인과 더 가까울 것으로 생각되는 사람에게 전달해 달라고 부탁했다. 결과는 평균 여섯 번 만에 대부분의 편지가 올바른 목적지에 도착했다고 한다.

🎓 **연구사례** **임의적 연결고리의 힘**[106]

우리는 직업, 출신지역, 학교, 취미 등에 있어서 우리와 매우 다른 사람들을 많이 알고 지낼수록 "여섯 단계 법칙"의 단계 수가 적어진다. 와츠(Duncan Watts)와 뉴먼(Mark Newman)의 연구에 따르면, 이런 1천 명의 집단에서 각 구성원은 집단 내에 10명의 친구를 가지고 있고, 그리고 이들 친구가 모두 서로 알고 지내는 같은 소속의 사람들이라고 하면 평균 분리단계는 50이나 된다고 한다. 이것은 임의의 한 사람에게서 또 다른 임의의 한 사람으로 연결되기 위해서는 평균 50단계를 거쳐야 한다는 의미이다. 그러나 10명의 친구 중에서 25%가 우연히 알게 된 친구일 경우에는, 즉 자신과는 다른 소속의 친구들이라고 할 경우에는 평균적인 분리단계가 3.6으로 크게 떨어진다고 한다.

104 　오렐[10], pp. 71−72.
105 　존슨[7], p. 157.
106 　바인하커[1], pp. 251−252.

3 동태성(dynamics)과 비선형성(non-linearity)

동태적 시스템

경제시스템은 동태적 시스템의 하나이다. 즉, 시간에 따라 변화해가는 시스템인 것이다. 그러나 여기서의 동태성은 주류 경제학이 상정하는 기술의 변화, 소비자 선호의 변화, 정치적 사건과 같은 외생적 변화에 따른 동태성이 아니라, 경제구조 그 자체에서 비롯한 내생적 변화에 따른 동태성이다. 동태적 경제시스템은 양의 피드백, 음의 피드백, 시간 지체 등 3가지 요소가 상호 결합하여 복잡한 형식으로 작용한다.

양의 피드백(positive feedback)은 선순환이든 악순환이던 변화 진행을 연쇄적으로 가속화시켜 기하급수적인 성장이나 붕괴 또는 진폭이 점차 커지는 진동을 보이게 하는 반면에, 음의 피드백(negative feedback)은 변화 진행을 연쇄적으로 억제시켜 시간이 지남에 따라 진폭이 점차 줄어들면서 사라져가는 모습을 보이게 한다. 양의 피드백과 음의 피드백의 상호작용 속에서 시간 지체(time lags)가 발생하면, 양의 피드백의 증폭시키는 힘과 음의 피드백의 견제하는 힘의 균형이 깨져 시스템은 고도로 복잡, 정교한 방법으로 진동하게 된다.[107]

동태적 경제시스템은 평상시에는 상대적으로 안정되어 있는 것처럼 보이지만, 이러한 외견상의 안정성은 서로 대립하고 있는 힘인 양의 피드백과 음의 피드백이 일시적으로 균형을 이루고 있을 때뿐이다. 이러한 균형이 깨져 어떤 변화가 일어나면, 금융위기와 같은 갑작스러운 재앙이 나타날 수도 있다. 그러나 우리는 동태적인 경제시스템에서 이러한 균형 상태가 언제 깨질지 정확히 예측할 수 없다는 문제를 안고 있다.

107 　바인하커[1], pp. 179－181.

　　　　　　　　　　　　　　　Chapter 08 복잡계 경제학

음의 피드백의 주된 원천은 수요와 공급의 원칙이다. 만일 어떤 재화의 가격이 지나치게 오르면 수요가 줄어들어 가격은 다시 균형상태로 돌아간다. 만일 가격이 지나치게 떨어지면 공급이 줄어들어 안정성은 다시 복구된다. 음의 피드백의 또 다른 사례로는 수확체감의 법칙 또는 한계생산 체감의 법칙이 있다. 어떤 공장에서 노동력의 투입을 늘리면 처음에는 투입 인원 한 명당 생산량이 크게 늘어나지만, 투입 인원이 증가할수록 그 생산량의 증가 폭은 점차 작아진다. 따라서 공장은 무한정 커질 수 없게 되며, 이는 경제를 안정화시키는 힘으로 작용한다.[108]

양의 피드백의 한 가지 주요 원천은 금융시장에서의 모멘텀(momentum) 투자이다. 모멘텀 투자는 가격이 상승할 경우 매입을 확대하고 가격이 하락할 경우에는 매도를 확대하는 것으로, 이러한 투자는 금융자산 가격의 상승이나 하락의 폭을 더욱 증폭시키는 작용을 한다. 양의 피드백의 또 다른 원천은 위험관리 모형의 사용이다. 대부분의 금융기관은 서로 유사한 위험관리 모형을 사용하고 있기 때문에 경제위기 등이 발발할 경우 모두가 일제히 같은 시기에 위험축소를 위해 불량자산을 매각하려고 서로 경쟁한다. 이러한 금융기관의 집단적 행동은 경제위기를 더욱 악화시킬 뿐이다. 그리고 예금인출 사태도 파괴적인 양의 피드백의 대표적인 사례이다. 어떤 한 은행이 어려움에 처했다는 소문은 예금자의 인출소동(bank run)을 야기하며, 이는 그 은행이 실제로 곤경에 처해 있는지에 관계없이 소문을 현실로 만든다. 한 은행의 예금인출 사태가 양의 피드백을 통하여 금융시장 전체, 나아가서 경제 전체의 위기로까지 파급되는 경우를 흔히 볼 수 있다.[109]

---

108   오렐[10], p. 96.
109   오렐[10], pp. 97-100.

비선형 시스템

비선형 시스템은 어떤 경제변수들 간의 관계가 직선이 아닌 곡선 형태로 나타날 경우를 말한다. 예컨대, 두 경제변수들 x, y 의 관계가 $y = ax + b$와 같은 1차 함수적 관계가 아니라 $y = ax^b$, $y = ab^x$ 와 같은 멱함수, 지수함수 관계 등의 경우다. 그러나 동태적 시스템에 있어서는 여러 경제변수들 간의 선형적 관계도 시간 흐름에 따라 비선형 적 관계가 될 수 있다는 점에 주의하여야 한다. 예컨대, 금리 수준을 10%, 오늘 예금금액을 x, 1년 후 만기금액을 y 라고 하면 $y = 1.1x$ 의 선형적 관계가 성립되지만, 만기금액이 시간 변화에 따라 어떻게 동태 적으로 변화하는지를 살펴볼 경우에는 오늘 예금금액을 y_0, x 년 후 만기금액을 y 라고 할 때 $y = y_0 1.1^x$ 라는 비선형적 관계가 성립된 다.[110] 선형적 관계 $y = 1.1x$ 에서 x 는 오늘 예금금액, y 는 1년 후 만 기금액을 나타내지만, 비선형적 관계 $y = y_0 1.1^x$ 에서 x 는 시간, y 는 x 년 후의 만기금액인 것이다.

한편 비선형적 관계의 동태적인 시스템의 경우에는 시간의 변화에 따라 예측할 수 없는 다양한 형태를 보일 수 있으며, 그 동태적인 과 정은 기존의 수학 분석으로는 파악할 수 없고 컴퓨터 시뮬레이션을 통 해서만 분석할 수 있다. 주류 경제학은 수학적 분석의 한계로 말미암 아 동태적인 비선형 시스템을 정태적인 비선형 시스템이나 동태적인 선형 시스템으로 단순화하여 분석할 수밖에 없었다. 그 결과 주류 경 제학은 현실 경제에 있어서의 동태적인 비선형 과정을 제대로 설명하 거나 예측할 수 없었던 것이다.[111]

다음 사례는 매우 단순해 보이는 동태적 비선형 시스템에 있어서 변수 r값의 미세한 차이로 인하여 안정적인 움직임으로부터 카오스적

---

[110] 이자가 복리 계산되는 것을 전제한다.
[111] 바인하커[1], p. 187.

인 움직임까지 매우 상이한 결과가 초래될 수 있음을 보여준다.

연구사례 **동태적 비선형 시스템의 사례**[112]

동태적 비선형 시스템 $B_{t+1} = rB_t(1-B_t)$, $B_0 = 0.4$에서 r값의 변화에 따라 매우 상이한 동태적 과정을 보여준다.

(1) $0 \leq r < 1$이면 0.4에서 점차 감소하여 0에 수렴한다.

(2) $1 \leq r < 3$이면 0.4에서 점차 증가하여 0과 1 사이의 특정 값에 수렴한다.

(3) $3 \leq r < 3.6$이면 일정한 범위 내에서 제한적이고 주기적인 진동 사이클을 그린다. r값이 3.6에 가까이 갈수록 진동의 크기가 상이한 사이클 수가 기하급수적으로 증가한다.

(4) $3.6 \leq r \leq 4$이면 0과 1의 범위에서 제한적이고 비 반복적으로 움직이는 카오스(chaos)가 된다. 카오스는 완전 혼돈이 아니라 규칙 있는 혼돈이다.

4 창발성(emergency)

복잡적응 시스템에서는 시스템에 속하는 각 개체들의 행동 패턴을 안다고 하더라도 이들의 행동이 시스템 전체에 미치는 효과를 예측할 수 없다. 각 개체들의 행동의 집합적 결과가 창발적인 현상을 가져오기 때문이다. 다음의 엘파롤 술집문제(the Puzzle of El Farol bar)라고 불리는 사례에서 알 수 있는 바와 같이, 시스템이 갖고 있는 원래의 복잡성으로 인해 사람들의 최적 행동을 예측할 수 없는 상황이 존재하게 된다. 주류 경제학에서 가정하고 있는 절대 합리적인 인간이라고 하더라도 최적의 의사결정을 할 수 있는 일반적 원칙은 없으며, 특히,

---

112 ▇▇ 존슨[7], pp. 75-88.

모든 사람들이 서로 같은 의사결정을 하는 것 자체가 비합리적 결정이 된다.

예컨대, 어느 동네에 매우 훌륭한 술집이 있어 많은 주민이 매주 목요일 밤 그 곳에서 즐기려고 한다. 그런데 그 술집의 정원은 총 60명으로 너무 많은 사람이 입장하게 되면 붐비게 되어 오히려 집에 있는 것보다 못하다고 한다. 동네 주민들은 매주 목요일 밤 그 술집에 갈까, 집에 있을까를 결정하여야 한다. 이 문제에 있어 각 주민결정의 합리성 여부는 전적으로 다른 주민의 결정에 달려 있다. 많은 주민들이 자기와 같은 결정을 내린다면 자기의 결정은 틀린 것이 되고, 다른 결정을 내린다면 자기의 결정은 올바른 것이 된다. 이 같은 상황에서 합리적인 결정을 보장할 수 있는 주류 경제학의 모형은 없다. 주민들은 과거 경험을 통하여 몇 가지 행동 원칙을 정하고, 그것들 중에서 최근에 가장 좋은 결과를 낸 원칙 하나를 바탕으로 행동할지 모른다. 어떤 주민은 아예 동전 던지기와 같은 무작위적(random) 방법으로 의사결정을 할 수도 있다.

아서(William Brian Arthur)는 주민들이 다양한 원칙들을 갖고 있으며 과거 경험을 바탕으로 이들을 계속 다듬어 나가는 것으로 가정하고 컴퓨터 시뮬레이션을 통하여 그 결과를 예측하였다. 그 결과 시간이 지날수록 술집에 오는 주민 수가 60명 전후로 맞추어진다는 것을 알 수 있었다. 그러나 중요한 점은 이 숫자가 정확히 60명이라는 균형 상태에는 이르지 못하고, 주민들의 전략수정에 따라 60명 근처에서 계속 위 아래로 움직이면서 지속적인 변동성을 보인다는 점이다. 이러한 참석 주민 수의 지속적인 변동성은 행위자들의 상호작용에 의하여 내생적으로 발생한 것으로 결코 사라지지 않을 것이다.

113　　뷰캐넌[8], pp. 212-214.

앞서 사례에서 주민들은 과거 몇 주간의 정보를 기초로 하여 의사 결정을 하며, (1) 과거의 올바른 결정 패턴들을 그대로 따르는 방법, (2) 과거의 올바른 결정 패턴들과 정반대로 하는 방법, (3) 이 둘을 혼합하여 과거의 올바른 결정 패턴들을 p확률로 따르는 방법 등의 단순한 전략을 사용하고, 매주마다 전략을 바꿀 수 있다고 가정하자. 예컨대 직전 목요일 밤에 술집이 혼잡하였다면 금주에도 혼잡할 것으로 예상하고 집에 있는 방법이 첫째 방법이고, 금주에는 오히려 한가할 것으로 예상하고 술집에 가는 방법이 둘째 방법이며, 금주에는 50% 확률로 집에 있거나 또는 술집에 가는 방법이 셋째 방법이다. 첫째 방법은 p=1인 군중행동 전략이며, 둘째 방법은 p=0인 반 군중행동 전략이고 셋째 방법은 p=0.5인 전략이다.

홍콩 중문대학 곽밍후이 등의 연구 결과에 따르면, 시간의 흐름에 따라 확률적으로 무작위적인 결정을 하는 사람들보다 양극단의 확실한 결정을 하는 사람들이 점점 더 늘어났으며, 이들 중에서는 군중행동과 반 군중행동을 하는 사람들이 거의 비슷한 비율이었다고 한다. 사람들은 과거의 올바른 결정패턴들을 그대로 따르던가, 아니면 그 정반대로 하던가 둘 중의 하나를 선택한다는 것이다. 이와 같은 결론은 과거 몇 주간의 정보를 활용하는지, 어떤 확률 p를 사용하는지, 그리고 전체 주민 수에 대한 적정 손님 수의 비율이 얼마인지 등과는 전혀 무관한 것으로 분석되었다. 군중행동과 반 군중행동의 창발현상은 경쟁적 게임의 아주 일반적인 특징으로써 시장과 같은 복잡적응시스템에서 흔히 일어나는 현상이라고 한다.

창발적인 세 가지 패턴

모든 복합적응시스템은 진동, 단속균형, 멱함수 법칙 등의 패턴을 가지고 있다고 한다.

114 　　 존슨[7], pp. 117-135.

(1) 진동(oscillation): 생물의 생태계에서 공통적으로 볼 수 있는 개체 수 변화의 패턴이며, 외부의 충격이 아니라 참가자들의 행태와 시스템의 피드백 구조가 진동의 궁극적인 원천이 된다. 예컨대 포식자 여우와 피포식자 토끼의 개체 수 변화의 순환 과정을 생각해 보자. 토끼의 개체 수가 증가하면 여우는 더 많은 토끼를 잡아먹을 수 있기 때문에 여우의 개체 수는 증가하게 되고 이에 따라 토끼의 개체 수는 감소하게 된다. 토끼의 개체 수가 감소하면 여우의 입장에서 볼 때 먹잇감이 감소하게 되는 것을 의미하므로 결국 여우의 개체 수는 줄어들고 이로 인해 토끼의 개체 수는 다시 늘어난다. 이와 같이 여우와 토끼의 개체 수는 서로 간의 상호작용 속에서 정반대 사이클을 보이며 무한히 진동하게 된다. 이런 결과는 외부의 힘이 아니라 시스템 내부의 구조에서 나오는 것이다.[115]

(2) 단속균형(punctuated equilibrium): 시스템이 오랜 기간 정체 상태에 있다가 간헐적으로 폭발적인 혁신과 대량 소멸 등의 변화를 겪는 것을 말하며, 이러한 현상은 모든 진화적 과정의 공통적 특징이라고 할 수 있다. 단속균형에는 뚜렷한 단계들이 있다. 우선 임의국면에서는 임의의 여러 변화들이 일어나지만 큰 효과를 수반하지 않고 균형이 계속 유지된다. 그 뒤 국면의 전환을 가져오는 어떤 큰 혁신이 일어나면 양의 피드백을 통하여 다른 관련 혁신들을 계속 촉발시키면서 성장국면에 돌입하게 된다. 그러다가 어느 시점에 다다르게 되면 성장국면이 멈추면서 조직화 국면이 나타나고 한동안 또 다른 형태의 균형이 유지된다. 그러나 이런 균형 상태도 결국 핵심 부문의 갑작스런 변화로 파멸국면을 맞이하게 된다. 이러한 과정이 지나

115　바인하커[1], p. 284.

　　　　　　　　　　　Chapter 08 복잡계 경제학

면서 다시 임의국면이 전개되고 성장국면을 거치면서 다시 파멸국면에 이르게 된다.[116]

(3) 멱함수 법칙(power law): 어떤 관측치가 발생할 확률이 기준치에서 벗어난 정도의 멱함수 형태로 감소하게 되는 것을 의미하는 것으로, 두꺼운 꼬리(fat tail)의 특징을 나타낸다. 멱함수는 $y = kx^n$과 같은 거듭제곱 형태의 함수이며, 여기서 k은 상수이고 n은 음(minus)의 값을 갖는 지수이다. 멱함수 법칙은 기준치에서 벗어난 정도인 x의 n승만큼 발생 확률이 줄어드는 것을 보여준다. 예컨대 지진의 경우 n이 −2이라고 하면, 강도가 2배 큰 지진의 발생 확률은 2^{-2}, 즉 1/4이 되는 것이다. 이와 같은 특성을 가지는 멱함수 법칙은 정규분포에 비하여 극단의 값이 나타날 확률이 훨씬 크며, 따라서 이는 두꺼운 꼬리를 갖게 된다. 멱함수 법칙을 처음 발견한 사람은 파레토(Vilfredo Pareto)이다. 파레토는 전체 소득의 80%를 소득 상위계층 20%가 소유한다는 80−20법칙을 주장하였을 뿐만 아니라, 소득이 1% 증가할 때마다 그에 해당하는 가구 수가 1.5%씩 감소한다는 사실도 발견하였다.[117]

연구사례 맥주유통 게임과 진동 패턴[118]

포레스터(Jay Forrester)는 단순한 실험적인 게임을 통하여 인간의 행동과 동태적인 구조가 결합할 경우 이들 간의 상호작용으로 간단한 경제시스템에서 어떻게 진동이 만들어질 수 있는지를 보여주었다. 4명의 참가자들이 각각 맥주 양조업자, 유통업자, 도매업자, 소매업자 등을 맡는 시뮬레이션 게임을 한다. 고객의 주문은 소매업자 옆에 놓여 있는 카드더미에서 매회 한 장의 카드

---

116   바인하커[1], pp. 293−294.
117   바인하커[1], p. 301.
118   바인하커[1], pp. 284−291.

를 뽑아서 결정한다. 각 참가자들은 여러 상자의 맥주 재고를 가지고 시작하며, 매회 초기 소매업자가 고객에게 주문을 받으면 이를 참고하여 도매업자에게 주문을 내고 도매업자는 유통업자에게, 그리고 유통업자는 양조업자에게 순차적으로 주문을 낸다. 맥주의 주문은 고객으로부터 소매업자, 도매업자, 유통업자, 양조업자로 흘러가지만 실제의 맥주 상자는 그 반대로 흐르게 된다.

참가자들은 보유하고 있는 재고에 대하여 상자당 0.5달러를 지불하여야 하고, 재고가 바닥날 경우에는 상자당 1달러를 내야 한다. 비용의 비대칭성으로 인하여 각 참가자는 재고가 바닥나는 것보다 충분한 재고를 가지는 것을 선택할 것이다. 게임의 승자는 가장 적은 비용을 지불하는 사람이 될 것이다. 참가자들의 주문에 있어서 매우 어려운 점은 맥주를 주문하는 시점과 주문된 맥주를 받는 시점 사이의 시간 지체에 있다. 예를 들어, 유통업자가 도매업자로부터 큰 주문을 받는다고 가정해 보자. 이 때 유통업자가 보유하고 있는 재고가 갑자기 감소하게 된다. 그러면 유통업자는 재고의 감소를 보충하기 위해 양조업자에게 주문을 내야 하는데, 주문과 배달 사이의 시간 지체가 클수록 적정 주문량을 판단하기가 어렵게 된다. 왜냐하면 그 사이 도매업자로부터의 주문이 어떻게 달라질지 알 수가 없기 때문이다.

이 게임은 처음에는 균형에서 출발한다. 초기 재고를 가지고 있고 수요도 얼마간은 안정적이어서 수요만큼 주문하면 되기 때문이다. 그러나 수요가 갑자기 큰 폭으로 증가하면 당황한 소매업자는 초과주문을 하는 등 지나치게 민감하게 반응하게 되고 이는 공급체인을 따라 전달되는 과정에서 주문의 크기가 더욱 커지게 된다. 수요가 갑자기 감소할 경우도 마찬가지다. 그 결과 수요 변동에 따라 각 참가자의 재고수준은 큰 진동을 보이게 된다. 수요 변동이 크면 클수록, 그리고 유통 단계가 많으면 많을수록 그 진동의 폭은 더욱 커질 것이다. 여기서 진동의 궁극적 원인은 외부 충격에 있는 것이 아니라 참가자들의 행태와 시스템 반응구조와의 상호작용에 있는 것이다.

이런 사실로부터 우리는 경기순환이 어떻게 해서 일어나는지 그 과정을 쉽게 이해할 수 있다. 수요의 작은 변화에도 불구하고 많은 유통단계를 거치면서 큰 폭의 생산변동이 초래될 수 있는 것이다. 수요 변화에 따른 생산변동의 폭을 축소하기 위해서는 주문을 해서 물건을 받을 때까지의 시간 지체를 큰 폭으로 줄이거나 생산자와 유통참가자들 사이에 활발한 정보 교환이 필요하다. 1960년대 이후 꾸준히 이루어진 정보기술 혁명과 이에 따른 유통혁명 등은 경기변동의 폭을 증대시키는 이 두 가지 요인들, 즉 시간 지체와 정보교환의 문제를 상당 부분 해소하는 데 크게 기여하였다. 그리고 이는 미국, 일본 등 세계 경제에 있어서 그간 경기변동 폭이 크게 줄어든 것에 상당한 영향을 끼친 것이다.

5 경제적 진화(economic evolution)[119]

진화의 개념

진화는 변화하는 환경에 잘 적응하고 지식을 축적해 나가는 하나의 학습 알고리즘(algorithm)으로, 자연세계의 모든 질서와 복잡성, 그리고 다양성을 설명해 주는 공식이다. 진화는 시행착오의 과정을 겪으면서 새로운 디자인을 창조해 내는 "디자이너 없이 디자인을 창조"하는 방법이다. 디자인된 것과 그렇지 않은 것을 구분 짓는 기준은 목적에 대한 적합성과 그 복잡성에 있다. 어떤 물체가 디자인되어 있다는 것은 그것이 이떤 과업 수행에 적합한 목적을 지니고 있으며, 그것에는 어떤 수준의 복잡성이나 질서 구조가 있다는 것을 의미한다. 진화에서 그와 같은 디자인은 누가 인위적으로 창조한 것이 아니라 오랜 세월을 거치면서 스스로 창조된 것이다.

진화는 모든 가능성의 공간에서 일어나는 일련의 변화 과정으로 어떤 결과가 초래될지 미리 알 수 없다. 많은 차별화된 디자인들이 어떻게 작동되는지 시험해 보면서, 그 중의 좋은 것은 더 많이 채택되어 확산되고 그렇지 못한 것은 버려지는 일들이 반복적으로 일어날 뿐이다. 여기에는 어떤 예측이나 계획, 그리고 합리성이나 의도적인 설계와 같은 것들은 없다. 그저 아무 생각 없이 맹목적이고 기계적이며 단

---

[119]   바인하커[1], pp. 312–509.

순하게 움직이지만, 영리한 디자인을 창조하는 데 놀라울 정도로 효과적인 알고리즘만이 존재하는 것이다.

경제 세계와 진화

진화는 생물 세계에만 존재하는 것이 아니다. 경제 세계도 하나의 진화시스템인 것이다. 이것은 단순한 은유적 표현이 아니라 실제에 있어서 그렇다는 의미이다. 경제 세계의 모든 질서, 부의 근저에도 차별화, 선택, 확산이라는 똑같은 진화 공식이 적용되기 때문이다. 시장의 치열한 경쟁을 통해 많은 새로운 아이디어들이 창출되고, 그 중에서 소비자의 기호에 가장 부합하는 아이디어들이 선택을 받으면서 시장에서 점차 확산되어 가는 것이다. 그러나 경제 세계에 있어서의 진화도 생태계의 진화와 마찬가지로 반드시 진보하는 방향으로 나아가는 것은 아니다. 진화의 방향은 너무나도 복잡하고 우연한 요인에 의하여 영향 받을 수 있기 때문에 극히 짧은 기간을 대상으로 한 경우가 아니면 이를 예측하는 것이 매우 어렵다. 미래 경제가 진화해가는 과정에는 거의 무한한 수의 가능성이 있으며, 예측이 불가능한 일련의 동결사건(frozen accident), 즉, 하잘 것 없고 우연한 일이지만 역사의 방향을 결정하는 중요 사건들로 인하여 그 진로가 좌우될지도 모른다.

경제적 진화는 상호 밀접하게 연결되어 있는 물리적 기술, 사회적 기술, 그리고 사업계획이 공진화하는 과정이라고 할 수 있다. 물리적 기술은 우리가 일반적으로 이야기하는 기술로서, 물질, 에너지, 정보 등을 사람들이 필요로 하는 용도에 맞게 변환시키는 디자인과 방법을 의미한다. 사회적 기술은 사람들이 스스로 조직화하기 위하여 필요로 하는 조직, 법률 등 제도와 그 과정, 규율, 관리방식 등을 의미한다. 사업계획은 물리적 기술이나 사회적 기술을 전략이라는 이름으로 혼합하는 데 핵심적 역할을 하며 경제적인 상황에 적합한 디자인을 제시한다. 인류 역사에 있어서 농업혁명, 산업혁명, 정보혁명 등은 물리적 기술의 진보가 각각 새로운 형태의 사회적 기술, 사업계획으로 연결되고, 그것은 다시 물리적 기술의 발전에 중요한 역할을 하는 공진화의 결과라고 할 수 있다.

물리적 기술

물리적 기술(physical technology)은 여러 측면에서 주류 경제학에서 말하는 기술과 유사하다. 주류 경제학 이론에서 생산함수는 원재료, 자본, 노동 등 다양한 생산 요소를 제품이나 서비스로 전환하는 생산적 관계를 나타내는데, 기술은 그러한 전환을 만들어내는 방법을 말한다는 점에서 매우 유사하다. 그렇지만 주류 경제학의 경우에는 기술을 외생적으로 주어지는 알 수 없는 요소인 것으로 간주하는 데 비하여, 진화 이론의 경우에는 기술을 일종의 진화의 산물로 보고 그 진화과정을 이해하고자 한다는 점이 상이하다.

기술의 진화는 물리적 기술 공간이 담고 있는 무한한 가능성으로부터 새로운 기술을 탐색하는 인간의 논리적 추론(연역적 논리와 실험적 추론)의 결과다. 이에 따라 기술의 진화과정은 생물적 진화와는 그 성격이 확연히 다르지만 차별화와 신댁, 그리고 확산이라는 모든 진화과정의 일반적 법칙을 따른다는 점에서는 다른 진화의 경우와 유사하다. 인간이 만든 물리적 기술의 가장 놀라운 특성의 하나는 바로 그 스스로가 새로운 발명의 가능성과 필요성을 창출한다는 것이다. 발명은 새로운 발명의 가능성을 열어 줄 뿐만 아니라 관련된 분야에 엄청난 파급효과(riffle effect)를 미친다. 예컨대 내연기관의 발명이 자동차 출현을 가능하게 하였고, 이는 다시 타이어, 휘발유, 도로 건설, 모텔, 패스트푸드 등의 관련 산업을 발전시켰다.

포스터(Richard Foster)에 의하면, 기술의 발전은 S커브를 그리며 진행된다고 한다. 신기술 초기단계에서는 기술성과가 부진하고 발전속도가 더디지만, 결국 이륙단계를 지나면서 기존 기술을 대체하고 기술성과가 기하급수적으로 증가한다고 한다. 그러나 신기술도 성숙단계를 거치면서 성과곡선이 점차 완만해지고 투자의 수익률이 감소하게 됨에 따라 새로운 기술 발전의 가능성과 필요성이 창출된다고 한다. 그러다가 결국 신기술이 개발되고 새로운 S커브가 시작되는 것이다.

기존 기술로 크게 성공한 기업들은 과거의 좋은 성과가 향후에도 지속될 것으로 기대하고 기존 기술의 성과가 퇴조함에도 새로이 진입하는 신기술의 위협을 과소평가한다. 결국 기존 기술을 가진 기업들은 자기 스스로 새로운 기술로 갈아타지 못하기 때문에 기술의 변화는 주로 새로운 기업들에 의하여 주도되며, 이는 기존 기업들에 매우 파괴적인 결과를 초래하기도 한다. 예컨대, IBM은 그 당시 컴퓨터 산업에서 주도적 입장에 있었음에도 불구하고 새로 생긴 델(Dell) 회사의 고객주문 판매라고 하는 유통혁신에 효율적으로 대처하지 못함으로써 결국 컴퓨터 산업에서 손을 떼게 되었다.

사회적 기술

사회적 기술(social technology)은 제도와 비슷한 개념이나 구조, 역할, 프로세스, 문화적 표준 등과 같은 조직화의 다른 구성요소도 포함한다. 사회적 기술은 우리가 오래 전부터 살아왔던 비 제로섬 사회(non-zero society)에서 협력하는 것이 서로에게 이익이 된다는 인식하에 상호협력을 확보하기 위한 수단으로써, 특히 집단 밖의 낯선 사람들과도 서로 협력할 수 있는 약속으로써 발전되어 왔다. 인간들은 이기주의 본능을 극복하면서 서로 협력하는 방법을 고안하고, 협력의 성과를 공정하게 배분하고, 배반자에 대하여는 처벌할 수 있는 제도 등을 진화시켜온 것이다.

한 나라의 국부를 결정하는 주요 요소로 많은 사람들이 부존 천연자원이나 물리적 기술수준, 정부의 정책역량 등을 들고 있으나, 이스털리(William Easterly)와 레빈(Ross Levine)은 이런 요소도 어느 정도 중요하지만 가장 의미 있는 요소로는 국가의 사회적 기술수준이라고 주장하였다. 한 국가의 경제적 성공을 결정하는데 가장 중요한 역할을 하는 요인들은 재산권이나 특허권 보호제도, 잘 조직된 시장과 금융제도, 경제의 투명성, 부정부패의 척결 등과 같은 사회적, 제도적 요인들이라는 것이다. 사회적 기술수준은 국가경제의 성과뿐만 아니라 산업이나 기업 차원에서의 실적에도 영향을 끼친다고 한다. 미국 경제의 생산성 향상은 물리적 기술의 혁신보다는 주로 회사의 조직과 관리 방식의 변화, 즉 사회적 기술의 혁신에 의존한다고 한다. 예컨대, 월마트 같은 대형 소매업체의 조직 및 유통 혁신에 따른 생산성 향상 효과가 미국 전체의 생산성 향상의 약 4분의 1을 차지한다고 한다.

한편, 사회적 기술의 진화는 사회적 기술의 가능성 공간에서 논리적 추론방식을 이용하여 가장 적합한 것을 탐색하는 과정이다. 다양한 사회적 기술을 실험해 보면서 시간이 지날수록 성공적인 디자인은 복제되어 더 많은 자원을 끌어들이고 확산되고 증폭되지만 성공적이지 못한 디자인은 사라지게 된다. 물리적 기술은 과학 이론에 근거한 논리적 연역에 주로 의존하지만, 사회적 기술은 많은 시행착오의 실험적 추론에 의존하는 바가 크다. 그리고 사회적 기술의 발전은 물리적 기술의 발전과 긴밀한 관계가 있다. 오늘날의 경영혁신은 컴퓨터나 인터넷과 같은 정보통신 기술의 발전에 크게 의존한다.

사업계획

경제적 진화의 과정에서 경쟁, 협력 등 상호작용을 하면서 선택의 압력을 받는 단위는 사업이라고 할 수 있다. 그러나 생물계에서 진화 선택이 생물의 개체 단위가 아니라 유전자 단위에서 일어나는 것과 마찬가지로, 경제에서의 진화 선택은 사업 단위라기보다 모듈 단위에서 일어난다고 하는 것이 보다 정확하다. 사업은 이윤을 획득하기 위해 물질, 에너지, 정보를 하나의 상태에서 또 다른 상태로 전환하는 개인들의 조직화된 부분을 말하며, 모듈은 과거에 제시되었거나 아니면 미래에 제시될 수 있는 사업계획의 개별 구성요소로서, 경쟁적인 환경에서 다수의 사업들 중 선택의 단위가 되는 부분을 말한다. 어떤 것이든 사업성과를 차별화하는 기반이 된다면 이를 모듈이라고 할 수 있다.

사업계획은 여러 가지 모듈의 혼합체이고 이들 모듈을 조립하여 여러 가지 사업계획을 만들 수 있다. 그러므로 사업계획이란 개별 단위의 물리적 기술과 사회적 기술이 결합되어 있는 모듈들이 다시 조합되어 만들어지는 것이라고도 할 수 있다. 그러한 모듈을 결합시키는 접착제는 바로 전략이다. 전략은 어떤 주어진 여건 하에서 모듈들이 어떻게 결합되어야 이익이 더 많이 창출될 것인가에 대한 가설이라고 할 수 있다. 성공적인 사업계획을 만드는 것은 새로운 사회적 기술을 개발하는 것과 마찬가지로 과학이라기보다는 기예에 더 가깝다. 따라서 성공할 수 있는 사업계획을 판별하는 데는 연역적 논리보다 실험적 추론이 훨씬 유효할 수 있다. 기업가들은 흔히 다양한 사업계획의 모듈을 새로운 방법으로 뒤섞거나 새로운 물리적 기술이나 사회적 기술을 도입, 가미하여 새로운 사업계획을 도출한다.

시장경제에 있어서 사업계획의 선택시스템은 두 단계로 작동한다. 대부분의 경제적인 의사결정은 기업의 계층적 조직에 의하여 이루어지므로, 1차적으로 기업조직 내에서 사업계획이 걸러지게 된다. 그리고 시장에서는 이러한 기업조직들 간의 치열한 경쟁을 통하여 사업계획의 선별이 재차 이루어진다. 그리고 성공적인 사업계획의 모듈에 대하여는 더 많은 자원이 투입되면서 확산되고 증폭되는 것이다. 결국 경제적 진화의 차별화, 선택, 확산 과정은 개인의 사고에서, 기업조직의 계층구조 내에서, 그리고 최종적으로 시장 경쟁을 통해 이루어진다. 시장경제가 통제경제보다 우월하다고 하는 것은 시장경제가 자원의 효율적 배분을 가능하게 해주기 때문이 아니라, 진화의 선택과정에서 기술 혁신이나 생산성 향상을 효과적으로 유도할 수 있기 때문이다.

열역학 법칙과 경제적 진화

열역학 제2법칙에 의하면 우주는 궁극적으로 낮은 엔트로피 상태에서 높은 엔트로피 상태로 변화한다고 한다. 이를 방치하면 세계는 질서에서 무질서로 변하는 것이다. 그러나 만일 열린 시스템에 에너지를 주입하게 되면 사람들은 일시적으로 증가하는 엔트로피에 맞서 싸울 수 있고, 이에 따라 우주의 일부분에서 질서가 만들어질 수 있다. 그러나 에너지 공급이 중단되면 질서는 더 이상 유지되기가 어렵고 시스템은 점차 쇠퇴하여 사라지게 된다. 한편, 열린 시스템 내의 엔트로피가 감소하고 있다는 것은 늘어나는 엔트로피를 열이나 노폐물의 형태로 시스템 밖으로 배출하고 있다는 것을 의미한다.

열역학 제2법칙은 생물계에 진화를 가져왔다. 열역학적 관점에서 볼 때 유기체란 엔트로피의 증가에 맞서 싸우는 고도의 질서를 가진 분자들의 집합체라고 할 수 있다. 그리고 모든 유기체는 외부 무질서에 대항하고 내부 질서를 유지하기 위해 세포막, 피부와 같은 다양한 형태의 방어막을 진화시켜 왔다. 또한, 환경과의 상호작용 속에서, 그리고 유기체 간의 치열한 경쟁 속에서 질서의 유지에 필요한 에너지를 원활히 확보하기 위하여 다양한 기제들을 진화시켜 왔다.

이와 같이 경제적 진화가 본질적으로 질서의 창조과정이라고 하면, 이를 위해 불가역성(ir-reversibility), 엔트로피의 감소, 그리고 적합성이라는 세 가지 조건이 모두 만족되어야 한다고 제오르제스쿠-로에겐(N. Georgescu-Roegen)은 주장하였다. 첫째, 가치를 창조하는 모든 경제적 전환이나 거래는 열역학적으로 원 상태로 되돌릴 수 없는 불가역적 특성을 가진다고 한다. 이는 가치 있는 물건을 원 상태로 돌리는 것이 불가능하거나 아니면 막대한 에너지가 필요하다는 것을 의미한다. 둘째, 모든 경제적인 전환이나 거래는 경제시스템 내에서는 국지적으로 엔트로피를 감소시키는 반면, 전체적으로는 엔트로피를 증가시킨다고 한다. 셋째, 어떤 그 무엇이 경제적인 가치를 지니기 위해서는 낮은 엔트로피가 필수적이지만, 낮은 엔트로피를 가진다고 해서 모두 가치 있는 것은 아니며, 인간행복에 기여한다는 목적의 적합성을 갖추어야 한다고 한다. 어떠한 종류의 질서가 가치 있는 것인지 판단하는 것은 다소 주관적인 문제이지만, 인간 행복에 기여하는 목적이 있느냐 여부가 그 기준이 될 수 있다는 것이다. 예컨대, 폭탄 제조는 엔트로피를 낮추는 하나의 질서 창조행위라고 할 수 있으나, 이를 가치 있는 질서라고 말할 수 있기 위해서는 폭탄이 전쟁용도가 아니라 산업용도에 사용되어 인간 행복에 기여할 수 있는 적합성을 갖추어야 하는 것이다.

6 탈 균형 사고방식[120]

탈 균형 사고방식은 시장이 어떻게 작동하는지에 대한 우리들의 이해를 바꿔 놓는다. 주류 경제학에서 시장은 항상 균형상태를 이루고 있으며, 외부충격에 따라 일시적으로 균형에서 일탈한다 하더라도 금방 다시 균형상태로 복귀한다고 한다. 그러나 시장은 복잡하면서도 변덕이 심한 인간들의 상호작용에 의존하기 때문에 언제나 안정된 균형상태를 이루는 것을 기대하기 어렵다. 오히려 시장의 정상적 상태는 매우 불규칙하고 예측할 수 없는 방식으로 변화하는 지구 기후의 패턴과 더 유사한 것이다.

그리고 탈 균형 사고방식은 시장에서 일어나는 사건의 인과관계에 대한 우리들의 이해를 바꿔 놓는다. 우리들은 극단적 사건에는 그에 상응하는 특별하고도 중대한 원인이 있을 것이라고 생각한다. 그러나

---

120   뷰캐넌[8], pp. 41-48.

시장은 사람들의 인식과 기대에 크게 좌우되는 시스템으로 외부의 큰 충격 없이도 스스로 증폭하는 양의 피드백을 일상적으로 발전시킬 수 있다. 상대적으로 긴 조용한 시기에 사소한 사건 하나로 대변동이 일어날 수 있다. 우리들은 격렬하고 특이한 사건들이 평범한 근원을 가질 수 있다는 사실을 받아들여야 한다.

그리고 탈 균형 사고방식의 핵심 개념 중 하나는 준 안정성(meta-stability) 개념이다. 그것은 어떻게 시스템이 안정된 것처럼 보이면서도 실제로는 백린을 입힌 성냥개비처럼 매우 불안정해, 작은 불꽃만으로도 폭발하게 되는지를 설명한다. 내재적으로 불안정하고 위험한 상황도 매우 오랫동안 문제를 일으키지 않을 수 있겠지만 언젠가는 반드시 재앙을 부른다. 거품 경제가 언젠가 터지게 되는 것도 경제의 준 안정성 때문이다. 거품이 언제 붕괴할지 예측하기 어려워, 주류 경제학은 거품이 실제로 존재하지 않는다고 결론 내리지만, 탈 균형의 관점은 거품이 존재한다는 압도적 증거를 액면 그대로 받아들이며 붕괴 순간을 예측하기가 왜 그렇게 어려운지 설명한다. 거품붕괴 순간을 촉발하는 사건의 등장은 전형적으로 우연의 문제이다. 여기서 우리가 배워야 할 근본적인 교훈은 거품을 이해하려면 경제시스템 안에서 위험한 피드백을 성장시키는 조건을 찾을 필요가 있다는 점이다.

시장에 대한 균형 관점과는 다르게, 탈 균형 관점은 시장을 위한 날씨 매뉴얼을 필요로 한다. 날씨가 아무도 예측할 수 없을 정도로 급변하는 이 세상에서, 단순하고 보편적인 날씨 이론은 존재할 수 없다. 마찬가지로 경제에 관한 과학도 보편적인 이론을 추구해서는 안 된다. 각각의 개별적 현상에 대한 구체적인 모형과 이론을 수립하여야 한다. 이와 같은 탈 균형 관점은 시장의 불안정성과 극단적인 변화를 야기하는 피드백에 초점을 맞춰 시장의 동역학을 이해할 수 있는 길의 윤곽을 보여준다. 언제 어느 곳에 피드백이 존재할 수 있는지, 또한 피드백이 존재하는 것이 확실하다면 어떻게 그 에너지를 분산시킬 수 있는지를 알아내는 것이다.

탈 균형 사고방식은 우리가 "시장이 가장 잘 알고 있다"라고 말할 수 없다는 것을 보여준다. 이 은유적인 표현은 시장에 대한 맹목적 믿음과 같은 우리의 세계관에 큰 영향을 끼쳐, 사회적 규범을 기반으로 한 전통적인 공공관계를 소멸시키는 등 부정적인 사회적 결과를 낳을 위험을 내포하고 있다. 모든 것을 시장 규범으로 해결하려는 것은 그동안 사회의 응집력에 크게 기여해온 협동적인 사회적 규범의 영향력을 약화시킴으로써 의도하지 않은 부작용을 초래할 수 있는 것이다.

7 복잡계 경제학의 분석방법

동태적, 비선형적, 창발적, 네트워크적 특성을 가지는 복잡계 경제 시스템은 기존의 수학적, 통계학적 분석방법으로는 파악할 수 없고, 매우 빠른 연산속도를 가진 컴퓨터 시뮬레이션을 통하여만 분석이 가능하다. 복잡계 경제학에서 주로 사용되는 모형으로는 세포 자동자 모형 (cellular automation model)과 행위자 기반 모형(agent-based model) 등이 있다.[121]

세포 자동자 모형은 스크린을 "세포 격자"들로 구분한 다음, 이들 각각의 세포가 이웃 세포들과 어떻게 상호작용하는지를 단순한 규칙으로 설정하고, 이를 기초로 해서 전체 시스템이 시간의 흐름에 따라 어떻게 진화되어 가는지, 그 과정을 살펴보는 컴퓨터 프로그램 모형이다. 각 세포들은 국지적으로는 매우 간단한 규칙에 따라 행동하지만, 전체적으로는 그들의 창발적인 결과가 극히 복잡하여 수학적 방법을 통한 모형화가 불가능하다.

---

121 오렐[10], pp. 49-52.

한편, 행위자 기반 모형은 복수의 "행위자"들의 의사결정에 관한 소프트웨어 프로그램으로 이루어져 있다. 여기서 행위자들은 마치 현실 속의 주식 투자자들이 주변의 사람들과 의사소통을 하듯이 다른 행위자들의 행동에 영향을 주거나 받기도 한다. 그들은 일관된 법칙에 얽매이지 않고 경험적인 어림셈(heuristic)으로 결정을 내리며, 실패를 겪은 후에는 학습을 하거나 자신의 행동을 수정할 수도 있다.

이와 같은 복잡계 경제학의 접근방법들은 복잡한 미래경제의 많은 측면들을 시뮬레이션 해 보기에는 매우 유용한 방법들이지만, 이들 방법에 있어서 한계가 없는 것은 아니다. 이러한 방법들은 컴퓨터 시뮬레이션을 통해 향후 경제가 변화해가는 과정을 재생해 보는 것이지만, 그 세부적 결과를 정확히 예측할 수는 없고 단지 예측가능성의 영역을 확률적으로 탐색할 수 있을 뿐이다. 즉, 무수한 컴퓨터 시뮬레이션 작업을 통해 향후 어떤 일이 벌어질지, 그 확률은 어느 정도일지는 추정할 수는 있어도, 결정론적으로 정확한 결과를 예측할 수는 없다는 것이다.

🎓 연구사례 세포 자동자 모형: 반복적 죄수의 딜레마 게임[122]

린드그렌(Kristian Lindgran)은 세포 자동자 모형을 통하여 반복적인 죄수의 딜레마 게임에서 시간의 흐름에 따라 가장 최적인 전략은 무엇인지를 연구하였다. 린드그렌은 가로 세로 각각 128칸의 총 1만 6,384개의 세포로 구성된 판을 컴퓨터 내에 제작하여, 이들 각각의 세포가 각 행위자를 나타내도록 하였다. 각 행위자는 매 라운드마다 상, 하, 좌, 우로 인접한 4명의 행위자들과 죄수의 딜레마 게임을 벌여 그 평균점수를 구한 후 인접한 4명의 행위자들의 평균점수와 비교하여 가장 높은 점수를 올린 행위자에 잠식당하고 다음 라운드에서는 이 잠식행위자의 전략을 사용하도록 하였다. 가장 우수한 전략이 가

122 　　바인하커[1], pp. 368−378.

장 높은 점수를 기록하면서 인접한 세포에 자리한 행위자들에게 자신의 전략을 전파하도록 한 것이다.

처음에는 각 행위자들에게 (1) 항상 배반, (2) 항상 협력, (3) 팃포탯, (4) 반 팃포탯이라는 전략 중 하나를 똑같은 확률로 사용하도록 임의 배분하였다. 팃포탯 전략은 전 라운드에서 상대방이 내린 결정을 항상 따르는 것이며, 반 팃포탯 전략은 전 라운드에서 상대방이 내린 결정과는 항상 반대로 하는 것이다. 또한, 게임의 진행에 따라 돌연변이적인 요소를 전략에 주기적으로 도입하여 다양한 전략이 새로이 나타날 수 있게 하였다. 그 결과 WSLS(Win Stay, Lose Shift) 전략, 복수 전략, 공정 전략과 같은 우수한 전략들이 탄생하게 되었다.

WSLS 전략은 서로 같은 선택을 하였을 경우 협력, 배반과 관계없이 다음 라운드에서 협력을, 서로 다른 선택을 하였을 경우 배반하는 전략을 선택한다. 복수 전략은 팃포탯 전략과 똑같이 첫 라운드에서 협력을 선택한 후 상대방이 배반하면 다음 라운드에서 배반 전략을 선택하게 되나, 티포탯 전략과는 달리 3라운드에서 또다시 배반 전략을 선택함으로써 상대방에 복수 감정을 알려준 후 협력으로 돌아선다. 공정 전략은 자기 자신의 실수로 배반 전략을 선택해 상대방의 배반 전략을 불러일으켰을 경우 상대방이 용서할 때까지 계속 협력하는 전략을 선택하는 것을 말한다. 그래서 결국 상대방으로부터 용서를 받으면 두 행위자는 다시 협력을 지속하게 된다.

린드그렌은 반복적인 죄수의 딜레마 게임에서 어떠한 전략도 지속적으로 최적 전략이 될 수 없다는 것을 보여주었다. 어느 한 순간에는 특정 전략이 한동안 지배하다가도 새롭게 등장한 다른 전략에 의해 소멸되는 경우도 있고 종종 어떤 전략들이 동시에 등장하여 게임을 함께 주도하다가 새로운 전략의 등장으로 게임 판에서 사라지는 경우도 있다. 이는 지구상에서 수많은 종이 새롭게 나타나 한참 동안 번창하다가 갑자기 멸종하는 것과 같은 이치다.

터너(Stefan Turner)와 그의 동료들은 행위자들이 다음의 조건에서 상호작용을 하는 컴퓨터상의 가상시장을 만들었다. 첫째, 헤지 펀드들은 투자자를 유인하기 위하여 서로 경쟁을 벌이도록 하였다. 둘째, 헤지 펀드들은 은행에서 돈을 빌려 레버리지를 높임으로써 수익을 증가시킬 수 있도록 하였다. 셋째, 은행들은 헤지 펀드의 레버리지 비율을 5, 10, 15, 20 등 일정수준 이하로 제한할 수 있도록 하였다. 이들이 만든 시장 뼈대는 시장의 중요 특징만을 포함했는데, 이것은 주류 경제학의 많은 표준모형과 다르지 않았다. 그러나 표준모형과 중요한 차이가 있었는데, 그것은 바로 이들 시뮬레이션에서는 표준모형에서와 같이 균형상태만이 가능하다는 제한을 가하지 않았다는 점이다.

이들은 이 모형을 이용해 헤지 펀드 시장이 어떻게 진화하는지에 대한 수백 번의 실험을 실시했다. 각각의 실험에서 세부 내용은 조금씩 달랐지만 다음의 결과를 항상 얻을 수 있었다. 한 펀드가 다른 펀드보다 높은 수익률을 보이면, 이들은 더 많은 투자자를 유치하면서 경쟁자들의 자산을 가져가기 시작한다. 그러면 다른 펀드들은 경쟁력을 높이기 위해 고수익을 내야만 했고 이를 위해 레버리지 비율을 높일 수밖에 없었다. 즉, 현실에서 실제로 일어났던 것처럼 높은 레버리지를 향한 헤지 펀드들의 전형적인 군비경쟁이 일어났던 것이다.

한편, 펀드들의 높은 레버리지 경향은 시장을 보다 더 효율적인 것으로 만들었다. 펀드들은 유동성 확대로 재정거래(arbitrage transaction)에 보다 활발하게 참여할 수 있었고 이는 가격의 변동성을 지속적으로 감소시키는 효과를 가져왔다. 그렇지만 시뮬레이션 결과는 이 증가된 안정성이, 실은 일시적이며 매우 깨지기 쉬운 환상이라는 사실도 여실히 보여주었다. 펀드들이 레버리지를 확대할수록 시장은 효율적으로 되고 표준편차로 나타나는 시장의 변동성은 줄어들지만 극단적 사태가 발생할 확률은 점점 더 커지게 되는 것이다. 레버리지 확대가 시장을 서서히 그러나 예외 없이 폭발적 참사가 더 쉽게 일어날 수 있는 불안정한 상태로 만들기 때문이다. 레버리지가 낮을 때에는 시장의 급격한 움직임이 적지만, 레버리지가 높아지게 되면 시장은 때때로 임계 값을

---

123 존슨[7], pp. 250-255.

넘기며 극적인 움직임을 보일 가능성이 매우 커진다. 이때의 가격 움직임은 두꺼운 꼬리를 가지게 되며 시장이 위기에 처할 가능성도 높아지는 것이다. 일반적인 시뮬레이션에서 펀드들은 운명의 날 전까지 아무런 문제없이 잘 운영된다. 그리고는 어느 날 아무런 경고 없이 갑자기 붕괴하고 마는 것이다. 높은 레버리지가 가져다주는 시장의 안정과 효율은 잦은 위기라는 비용을 지불하고 얻게 되는 것이다.

한편, 이 연구를 확장한 다른 연구에서 레버리지의 확대뿐만 아니라 파생상품의 증가나 금융 네트워크의 연결성 증가 등도 시장의 효율성 증가에는 기여하지만, 시장의 극적인 사태를 촉발할 수 있는 요인으로 작용할 수 있다는 사실이 밝혀졌다. 또한 주식시장에서의 초단타 매매라는 기술도 매수-매도 호가 스프레드의 축소를 통하여 시장의 효율성 증가에는 적지 않은 기여를 하지만 이유 없는 주가의 단기적 폭락사태인 "플래시 크래시(flash crash)"를 자주 일으키는 등 시장의 안정성을 해칠 위험을 항상 내포하고 있다고 한다.

가치판단 경제학(value-judgemental economics)[124]

1 정책 선택의 기준

주류 경제학의 견해

주류 경제학은 정책의 선택에 있어서 자원 배분의 효율성을 가장 중요한 기준으로 삼고 있다. 그리고 자원의 최적 배분은 경쟁적 시장의 수요와 공급이 일치하는 균형점(equilibrium)에서 달성되며, 이 때 사회적 후생(social welfare)이 극대화 된다고 한다. 따라서 자원 배분은 경쟁적 시장의 가격메커니즘에 맡기기만 하면 되고 정부의 간섭과 규제는 불필요하다고 주장한다. 다만, 독과점, 공공재, 외부효과 등으로 인하여 시상이 제 기능을 다하지 못하고 실패할 경우에는 자원 배분이 왜곡될 수 있으므로, 이 경우에 한해서만 정부 개입에 의한 시장실패의 치유가 필요하다고 주장한다.

주류 경제학은 모든 사람이 각자 자유롭게 의사결정을 할 수 있고 시장은 경쟁적이기 때문에 자유로운 사람들이 경쟁적인 시장에서 만들어내는 그 어떠한 결과도 도덕적으로 건전한 것이라고 주장한다. 실제로 시장은 도덕적으로 선한 행위, 즉 노동, 책임, 절약, 혁신, 그리고 위험 감수 등을 보상한다고 한다. 사람들은 불운한 사람에 대해서 동

---

[124] 가치판단 경제학이라는 용어는 경제학 교과서에서 사용되는 공식적인 용어는 아니며, 여기서는 자원배분의 효율성 이외에 경제학이 추구하여야만 할 다양한 도덕적 가치들을 분석하는 경제학 분야를 모두 포괄하는 개념으로 사용하였다.

정심을 가질 수 있고 온정을 표할 수 있지만, 시장보다 더 효율적으로 자원을 배분할 수 있는 방법은 없고 따라서 시장이 경제를 조직하는 가장 좋은 방식이라는 것을 받아들인다면 시장에서 나타난 결과도 당연히 수용해야 한다고 주장한다.

주류 경제학은 자원배분의 효율성 정도를 판단하는 구체적 척도로 파레토 최적 기준(Pareto optimum criteria)과 보상테스트 기준(compensation test criteria)을 제시하고 있다. 파레토 최적은 타인의 효용을 감소시키지 않고서는 그 누구의 효용도 증대시킬 수 없는 자원의 최적 배분상태를 의미한다. 그러나 파레토 최적은 기존의 자산보유 상태에 따라 무수히 많이 존재할 수 있기 때문에, 이 중에서 어떤 것을 선택해야 할 것인가에 대한 구체적 판단기준으로서 보상테스트 기준을 사용한다. 보상테스트 기준에 의하면, 특정 정책이 어떤 계층에는 경제적인 이익을, 어떤 계층에는 경제적인 손실을 가져올 경우 새롭게 발생되는 이익으로 그 손실을 보전하고도 남는다면, 그 정책은 사회적 후생을 증대시키는 바람직한 것으로 판단하게 된다.

주류 경제학 견해에 대한 비판

시장이란 사람들이 자신들의 목적을 달성하기 위하여 만든 사회적 기술의 산물에 불과한 것으로, 시장 내에서 이루어진 결과라고 하여 도덕적으로 언제나 옳은 것을 보장하는 것은 아니다. 성, 마약 등이 시장에서 거래된다고 하여 그것들이 도덕적으로 옳은 것이라고 말할 수 없으며, 시장에서 무엇이 거래되어야 할지에 대해서는 우리들의 가치판단이 필요한 것이다. 시장경제가 도덕적으로 옳으려면 높은 사회적 이동성(social mobility)이 보장되어야 하나, 실제의 세계에 있어서 사회적 이동성은 매우 낮고, 부도 세습화되는 경향이 있다.

주류 경제학은 자유로운 사람들이 경쟁적인 시장에서 만들어내는 결과는 그 어떠한 것이라도 받아들여야 하며 이에 대한 가치판단을 해서는 안 된다고 주장한다. 하지만, 이와 같은 주류 경제학의 가치중립적인 입장은 실제에 있어서는 기존의 이익을 대변하는 보수주의적인 입장에 불과하다. 오늘날의 시장경제에 있어서 소득이나 부의 분배는 개인 능력이나 노력뿐만 아니라 재능 등의 선천적 소질, 상속받은 부, 교육, 성, 인종, 외모, 그리고 운(luck)과 같은 다양한 요인들의 영향을 받는다. 이러한 상황에서 시장에서 이루어진 분배의 불평등한 결과에 대하여 어떠한 가치판단도 필요하지 않다고 주장하는 것은 사람들의 경제적인 지위를 출생과 운이라는 복권제도에 지나치게 의존하는 것과 크게 다르지 않다.

그리고 정책선택 기준으로서 파레토 최적기준은 그 적용에 있어 매우 제한적이라는 문제가 있다. 조세제도나 국제무역 등과 관련된 정부정책에 있어서 대부분의 경우 이로 인하여 이익 보는 계층도, 손해 보는 계층도 있기 마련이기 때문에 파레토 최적기준을 적용할 수 있는 경우란 매우 드물 것이다. 물론, 이 기준을 적용할 수 있는 경우에는, 즉 다른 계층에 손실을 끼치지 않으면서 적어도 일부 계층, 특히 하위 계층에 속하는 사람들이 많은 이익을 얻게 되는 경우에는 확실하게 바람직하다고 말할 수 있다. 그렇지만 중하위 계층에는 별반 이익이 되지 않으면서 상위 계층에 속하는 사람들에게만 많은 이익이 돌아가는 경우에 있어서는, 설령 파레토 최적기준을 만족시킨다 하더라도 모든 사람이 이를 바람직한 것으로 평가할지는 다소 논란의 여지가 있다.

파레토 최적기준이 적용될 수 없을 경우 보상테스트 기준이 적용될 수 있다. 보상테스트 기준은 기본적으로 정책의 시행으로 인해 이익을 보는 계층으로부터 이익을 환수해서 손실을 보는 계층으로 이를 이전한다는 것을 전제하고 있으나 이는 현실적으로 매우 어려운 일이다. 각 계층에 귀속될 이익이나 손실의 규모를 정확하게 추계하는 것이 어려울 뿐만 아니라, 설령 정확히 추계할 수 있다 하더라도 이익을 보는 계층으로부터 그 이익을 실제로 환수할 방법이 거의 없기 때문이다. 일반적으로 손실 계층에 대하여는 세금을 통해 보상을 하게 되며, 이 경우 아무런 혜택을 받지 못하는 국민까지 부담을 지게 된다는 문제가 발생할 수 있다. 이러한 현실적 상황을 종합적으로 고려해 볼 때, 전체적인 손실 면에서 이득이지만 상위 계층에게는 이익을, 하위 계층에게는 손실을 가져다주는 정책들은 사회 전체의 경제적 평등성을 악화시킬 소지가 있기 때문에 보다 신중하게 접근할 필요가 있다고 본다.

정책적 함의

어떠한 정책이 사회적으로 바람직한지 여부는 자원 배분의 효율성 측면뿐만 아니라 분배의 형평성 측면도 함께 고려해야 한다. 정책 선택의 기준으로 파레토 최적 기준이나 보상테스트 기준을 적용하는 것은 기본적으로 불가피하지만, 이들 기준에 분배의 형평성 측면도 함께 반영하여 다음과 같은 종합적 판단을 하는 것이 보다 바람직하다.

(1) 적어도 상위 계층에게는 손실을 끼치지 않으면서, 중하위 계층에게 이익이 돌아가는 정책은 파레토 최적 기준에 따라 바람직한 것으로 판단된다.

(2) 중하위 계층에게는 별 이익을 주지 않으면서 상위 계층에게만 많은 이익을 가져다주는 정책은 설령 파레토 최적 기준에 부합하더라도 사회적 형평성에 문제가 있으므로 언제나 바람직한 것으로 판단할 수는 없다. 다만, 상위 계층에 발생되는 이익의 상당 부분이 세금, 고용 등을 통해 중하위 계층에게도 환류될 수 있을 경우에는 바람직한 것으로 판단된다.

(3) 중하위 계층에는 경제적 이익을 가져오고, 상위 계층에는 경제적 손실을 가져오지만 새롭게 발생되는 이익으로 그 손실을 보전하고도 남으면, 그 정책은 보상테스트 기준에 의하여 바람직한 것으로 판단된다.

(4) 상위 계층에는 경제적 이익을 가져오고, 중하위 계층에는 경제적 손실을 가져오는 정책은, 새롭게 발생되는 이익으로 그 손실을 보전하고도 남는다고 하여 보상테스트 기준에 따라 언제나 바람직한 것으로 판단할 수는 없다. 사회적 형평성이 악화될 우려가 있기 때문이다. 따라서 정책의 시행으로 발생되는 상위 계층의 이익이 세금 등 어떤 형태로든 실제로 환류되어 중하위 계층의 발생 손실을 보전하는 데 사용되어질 수 있는 경우에 한하여 바람직한 것으로 판단된다.

💬 참고 비교 우위에 따른 교역 효과의 재검토

리카도에 의하면, 생산성의 비교 우위에 따라 국제 교역이 이루어질 수 있고, 이 때 교역 당사국은 모두 교역의 이익을 향유할 수 있다고 주장하였다. 예를 들어 자국은 타국에 비해 자동차 생산에 비교 우위가 있고 타국은 자국에 비하여 포도주 생산에 비교 우위가 있다고 가정하면, 자국은 자동차 수출과 포도주 수입으로, 타국은 포도주 수출과 자동차 수입으로 두 나라 모두 교역 이익을 향유할 수 있게 된다. 그러나 자국의 경우 교역 후 자동차 산업은 이익을 보게 되나 포도주 산업은 손실을 보게 되어, 포도 농가 등에 대한 적절한 보상이 없을 경우 경제적 평등이 더욱 악화될 우려가 있다. 한편, 타국의 경우에는 자동차를 수입하고 포도주를 수출함으로써 자동차 산업이 피해를 입게 되고 포도 농업은 이익을 보게 되지만, 농업 위주의 산업구조가 고착화되어 향후 지속적 경제발전에 장애요인이 될 수 있다는 우려가 있다.

결국 두 나라에 있어서 교역 자유화가 바람직한 정책이 되기 위해서는 교역 개시에 따라 그들 국가 전체의 경제적 후생이 증가한다는 것만으로는 부족하며, 이득계층의 이익으로 피해계층의 손실을 실제로 보전해 줄 수 있어야 한다. 또한, 산업 정책적으로 교역에 따른 특정 산업의 특화가 국가경제의 장기 발전에 도움이 될 것인지 여부도 중요하다. 예컨대, 농업의 생산성 향상 속도는 공업에 비하여 훨씬 낮아, 농업을 통한 장기 안정적 경제발전에는 한계가 있을 수 있는 것이다.

경제와 생태계[125]

주류 경제학은 GDP(Gross Domestic Product) 지표로 측정되는 경제 성장을 경제 운용의 최우선 목표로 삼고 있지만, 어떤 종류의 성장이어야 하는가에 대하여는 자세히 논의하지 않는다. 많은 주류 경제학자들이 환경 보호의 최선의 방법은 경제를 성장시키는 것이라고 주장하지만, GDP 성장이 오히려 환경의 폐해와 병행하여 진행된다는 증거들은 수없이 많다. 생태 경제학자들은 우리의 경제 규모가 그것을 지탱해 주는 자연 환경에 비해 지나치게 비대해질 경우에는, 성장에 따른 부정적인 영향이 성장의 그 어떠한 혜택보다도 클 것이라고 염려한다.

주류 경제학자들은 이 행성의 천연자원과 오염물 정화능력이 마치 무한한 것인 양 태평하지만, 자연의 생태계는 한번 잘못하여 파괴되면 다시는 회복이 불가능할지도 모른다. 우리는 벌써 이 행성의 생태계를 스스로 유지될 수 있는 범위를 훨씬 넘어서는 수준까지 파괴했을지도 모른다. 앞으로 우리는 오직 GDP 지표만을 통하여 성장을 정의하는 관점에서 벗어나 환경이나 자원 등의 생태적인 관점에서 지속가능한 성장에 초점을 맞추어야 한다.

자원고갈과 환경오염[126]

전통적으로 경제학자들은 생산의 3요소를 주장했다. 토지, 노동, 자본이다. 하지만 주류 경제학은 오직 노동과 자본만을 중시하며, 천연자원은 언급조차 안 하고 있다. 심지어 어떤 경제학자는 세계 경제는 천연자원 없이도 성장이 가능하다고 하였다. 인간의 창의성과 기술

125 　 오렐[10], p. 289.
126 　 오렐[10], pp. 273−281.

발전으로 대체 에너지를 만들어 낼 수 있다는 것이다. 일반적으로 자원은 무한한 것처럼 인식된다.

주류 경제학에 의하면, 자원은 시장의 원리에 따라 경제의 각 부분에 최적으로 배분된다고 한다. 그러나 시장은 바다에 물고기가 얼마나 있는지, 그리고 땅 속에는 석유가 얼마만큼 매장되어 있는지 정확히 측정하지 못한다. 공급가격은 오직 채취비용만을 측정할 뿐이며, 이것이 자원의 희소성을 정확히 반영하지 못하는 것이다. 어부들은 어업비용이 많이 들어서 어업을 그만 둔 것이 아니라 그저 어느 날부터 고기가 갑자기 사라졌기 때문에 어쩔 수 없이 손을 뗀 것이다. 무릇 가치가 있는 자원은 우리가 찾아내어 더 많이 공급할수록 고갈되지만 그 가격은 점점 더 저렴해져 고갈을 촉진한다는 모순이 있다.

그리고 주류 경제학은 경제의 단기 균형상태만을 강조하기 때문에 시간의 효과를 무시하고 단기 효용의 극대화에만 집중한다. 미래 사건은 개념상 할인율의 적용을 받기 때문에 현재로부터 멀리 떨어질수록 덜 중요해지고 수십 년 뒤의 일이면 사소한 일이 되어 버린다. 하지만 재생 불가능한 자원에 대해서는 미래의 어느 시점에 고갈될 위험을 무시해서는 안 된다. 중요 자원에 있어 시장의 수급원리가 의미를 가지려면 우리는 미래 세대의 수요를 함께 고려하여야만 한다.

한편, 자원의 가격은 어떠한 특별한 이유도 없이 위아래로 널뛰는 경향이 있다. 2008년에는 원유가격이 몇 달 만에 2배 이상 상승한 뒤 다시 갑작스레 그 전보다 더 낮은 가격으로 급락하였다. 원유의 가격 쇼크는 자원고갈과도 관련이 없었다. 또한 2008년 봄에는 세계적인 석유 수요의 증가도 없었다. 그럼에도 불구하고 원유가격이 세계적 금융위기와 함께 급격하게 상승한 원인은 에너지상품 선물시장에 대한 규제가 완화되면서 투기적인 석유 파생상품의 거래가 급증하였기 때문인 것으로 추정되었다.

경제시스템은 투입 면에서 가용 천연자원을 효율적으로 이용하지 못할 뿐만 아니라, 산출 면에 있어서도 환경오염 등을 제대로 관리하지 못한다. 공기나 숲 혹은 바다와 같은 것들은 경제 모형에서 제외되어 있으며, 우리가 그것을 훼손시키건 말건 고려하지 않는다. 오염물질을 흡수하는 환경의 능력이 에너지 공급보다 경제에 대해 더 강력한 제약으로 작용할지 모른다. 추산에 따르면 머지않은 미래에 기후체계의 위험한 불안정을 방지하기 위하여 이산화탄소를 비롯한 탄소의 누적 배출량을 1조톤 이하로 제한해야 한다고 한다. 산업혁명 이후 지금까지 우리는 0.5조톤 가량의 탄소를 배출하였고, 현재의 배출비율을 감안한다면 향후 40년 안에 나머지 반을 채울 것으로 보인다. 현재 매장된 화석연료에 들어 있는 탄소량은 그 몇 배나 되지만, 그걸 다 써버려서는 안 될 것이다.

🎓 연구사례 곤충의 수분용역의 가치[127]

생태경제학지의 2008년 연구에 의하면, 벌 등 곤충의 수분용역이 전 지구적으로 갖는 경제적 가치는 약 2,170억 달러에 달한다고 한다. 이것은 전 세계 농업식량 생산가치의 약 9.5% 수준에 해당하는 것이다.

지구환경 변화에 대한 무관심의 심리적 요인[128]

오늘날 많은 전문가들은 지구온난화와 같은 지구환경의 변화 문제를 우리가 당면해 있는 가장 심각한 문제의 하나로 꼽고 있다. 하지만 아직까지 대부분의 사람들이 이에 대해 무관심하거나 이를 무시한다. 지구환경 변화의 영향은 미국, 유럽 등에 사는 사람들에게는 잘 와닿지 않는다. 해수면 상승이나 환경오염 등은 방글라데시와 같은 지역에

127 오렐[10], p. 287.
128 애리얼리[14], pp. 369-376.

살고 있는 사람들에게는 당장 영향을 미칠지 몰라도 미국, 유럽 등의 지역에서 살고 있는 사람에게는 별다른 영향을 미치지 않기 때문이다.

또한 이 문제는 우리가 직접 눈으로 보는 등 생생하게 경험할 수가 없다. 이산화탄소가 얼마나 많이 배출되고 있는지 눈으로 볼 수 있는 것도 아니고 지구의 온도가 변하는 것을 생생하게 느낄 수 있는 것도 아니다. 그리고 지구환경의 변화 속도는 상대적으로 매우 느린데다가 그다지 극적이지도 않기 때문에 이를 인식하는 것이 상당히 어렵다. 지구 환경의 변화로 인한 부정적 상황은 지금 당장 발생하는 것이 아니다. 상황이 구체적으로 벌어지는 것은 아주 먼 미래의 일이다. 어떤 사람들은 이러한 문제가 상당히 먼 미래에서조차 결코 일어나지 않을 것이라고 생각하기도 한다.

많은 사람들이 지구환경 문제에 대해 무관심한 이유 중의 하나는 낮은 수준의 의미 의식 때문일 것이다. 우리가 운전을 줄이고 에너지 소비절약 등의 방식으로 지구환경을 보호하는 일에 동참할 수는 있지만 이러한 일에 각 개인이 기여할 수 있는 역할은 상당히 제한적이다. 일반 사람들이 지구환경을 지키기 위해 적극적인 노력을 기울여야 할 동기부여가 그다지 크지 않다는 심리적인 요인이야말로 지구환경에 대한 관심을 가지는 것이 왜 그렇게 어려운 일인지를 설명한다.

이러한 문제에 관하여 사람들의 관심을 끌기 위한 하나의 방법은 가까운 우리 주위에서 생생하게 일어나는 지구환경 파괴에 따른 구체적인 폐해 사례를 사람들에게 보여주고, 이를 구제할 수 있는 개인들의 역할을 강조하며 이들 행위에 보다 큰 의미를 부여하는 것이다. 기후 변화로 점차 살 곳을 잃어가는 북극곰을 보여주거나 식량 부족으로 굶어 죽어가는 아프리카 아이들의 사진을 보여주면서, 이를 직접적으로 도울 수 있는 구체적인 기부 방법 등을 알려주는 것이 좋은 방법이 될 수 있다. 이러한 방법은 사람들의 더 큰 동정심을 자극하여 지구환경의 보호를 위한 구체적인 행동으로까지 연결시킬 수 있는 것이다.

국민행복과 경제성장

19세기 경제학자인 밀(John Stuart Mill)은 그 당시에 벌써 국민경제에 있어서 가장 중요한 것은 국민의 행복이며, 경제성장은 이를 위한 수단에 불과하다는 것을 강조하였다. 국민을 행복하게 해 주지 못하는 경제성장은 아무 소용이 없다는 것이다. 경제성장을 통하여 소득수준을 향상시킬 수 있지만, 소득수준의 향상으로 얻을 수 있는 행복이 있고 소득수준의 향상만으로는 달성할 수 없는 행복이 있다고 보았다. 소득이 어느 수준까지 높아지면 국민들이 경제성장만으로는 더 이상 행복해질 수 없는 것일까? 즉, 경제성장이 국민 행복을 더 이상 증진시키지 못하게 되는 한계는 어디일까? 밀은 대략적으로 장기 정체상태, 즉 경제가 높은 수준에서 더 이상 성장하지 못하는 때가 그 한계라고 생각한 것 같다.

경제성장 과정에서 필히 나타나는 산업화나 도시화는 과열 경쟁과 혼잡을 초래한다. 어느 정도 먹고 살 여유가 생기면 경제적인 풍요로 인한 행복이 과열 경쟁과 혼잡으로 인한 스트레스를 상쇄하지 못하게 된다. 이 때부터 밀이 말한 바와 같이 "생계의 기술"이 아닌 "생활의 기술"이 필요하게 되는 것이다. 다시 말해, 좋은 인간관계, 보람 있는 일, 문화생활 등을 추구하는 지혜가 국민 행복에 점점 더 중요해지는 것이다. 장기 정체상태에 이르게 되면 더 이상 경제성장을 위해 아등바등할 필요 없이 생활의 기술을 잘 이용하면 더 행복한 삶을 영위할 수 있게 된다는 것이다.[129]

국가 경제에 있어서 장기 정체상태에 이르러 국민의 행복을 증진시키기 위하여 중요한 또 한 가지는 소득의 재분배이다. 경제성장의 과정은 언제나 소득의 불평등을 낳는다. 장기 정체상태야말로 더 이상 경제성장에 연연할 필요 없이 그 열매를 모든 국민이 골고루 나누어

---

129   이정전[9], pp. 190-191.

가짐으로써 좀 더 살기 좋은 사회를 만드는 단계라는 것이다. 다시 말해, 장기 정체상태에 도달한 다음부터는 국민의 행복을 위해 소득 재분배에 매달려야 한다는 것이다.

한편, 케인스는 좋은 삶이 우리의 궁극적 목표라고 보았으며 좋은 삶이란 현명하고, 흡족하게, 잘(wisely, agreeably, and well) 사는 것이라고 정의하였다. 자원의 효율적인 이용이나 높은 경제성장은 좋은 삶을 위한 하나의 수단에 불과하지만, 많은 사람들이 이를 모르고 효율성이나 성장에만 정신이 팔려 좋은 삶을 망각하고 더 높은 수준의 행복을 달성하지 못한다고 지적하였다. 주류 경제학자들은 경제성장을 달성하고, 그 결과 국민의 소득수준이 높아지면 자동적으로 좋은 삶이 이루어진다고 굳게 믿겠지만, 물질적 풍요가 어느 정도 달성된 다음부터는 경제성장만으로 국민이 참되고 좋은 삶을 영위하는 데 한계가 있다는 것이다.

케인스는 요즈음 심리학자들이 말하는 "디딜방아 이론"을 염두에 두었던 것 같다. 이미 벌어놓은 것에 만족하지 못하고 더 많은 것을 얻기 위해 끊임없이 디딜방아 발판을 밟아 봐야 계속 제자리 걸음이라는 것이다. 소득이 늘어나고 가진 것이 아무리 늘어나도, 행복지수는 잠깐 동안 올라갔다가 원래의 수준으로 금방 복귀하고 만다. 우리는 또다시 소득을 늘리고 많은 것을 가지려고 애써 보지만 그 결과는 결국 마찬가지인 것이다.[130]

밀이나 케인스는 선견지명이 있었다. 경제가 발전한 미국, 유럽과 같은 국가에서는 경제성장에도 불구하고 국민의 행복수준이 전혀 늘어나지 못하였다. 예컨대, 미국은 지난 50년간 1인당 국민소득이 3배 가까이 늘어났음에도 불구하고 국민의 행복지수가 높아지지 않았다는 사실은 결코 우연이 아니다. 유럽의 경우에도 소득수준과 행복 사이에

---

[130] 이정전[9], pp. 387–390.

별 관계가 없다는 연구결과가 있다. "행복의 역설"인 것이다.[131] 일본은 1990년 이후부터, 우리나라도 최근 들어 성장의 정체를 보이고 있다. 이런 때일수록 온통 경제성장에만 매달리는 정책보다는 소득분배의 개선 등 국민의 행복을 증진시킬 수 있는 다양한 방안을 모색할 필요가 있다고 하겠다.

질적 성장에 관한 지표[132]

삶의 질을 측정하기 위한 지표로서 GDP에는 한계가 있다. GDP는 자원고갈이나 환경파괴 등은 반영하지 않으며, 시장가치로 나타낼 수 없는 육아, 요리 등의 가사활동도 포함하지 않는다. 또한 GDP는 소득 불평등과 같은 성장의 어두운 면을 제대로 보여주지 않는다. 최근 들어 인간 삶의 질적인 측면을 측정하기 위하여 GDP의 대안적인 지표들이 개발되고 있는데, 이들은 경제적인 측면뿐만 아니라 환경과 사회적인 측면을 모두 고려하고 있다. 이 분야의 선구자는 작은 불교 왕국인 부탄이다. 이 나라에서는 1972년 GDP를 GNH(Gross National Happiness)로 바꿨다. 이 지표는 경제, 문화, 사회, 환경 부문에서의 척도를 숫자로 통합한 것이다. 특히, 그 중에서도 환경은 매우 진지하게 고려되고 있다. 예컨대, 목재 수출, 사냥과 담배 판매가 금지되고 관광마저 억제되고 있다. 외국 관광객에게 매일 200달러의 요금이 부과되며, 그 대신 호텔의 객실과 개인 안내인을 배정받는다.

지속가능한 경제복지지수(Index of Sustainable Economic Welfare, ISEW)는 생태 경제학자들인 클리포드 콥(Clifford W. Cobb)과 존 콥(John B. Cobb Jr.)이 1989년에 개발하였다. 이 지표는 가사용역을 전체 가치생산에 포함하고 환경폐해, 자원고갈과 같은 효과는 공제한다. 이와 유사한 실질진보지수(Genuine Progress Indicator, GPI)는 시장가

---

131 이정전[9], p. 192.
132 오렐[10], pp. 283 – 286.

치로 나타낼 수 없는 가사노동, 육아 등 경제활동과 범죄, 환경오염, 자원고갈 등을 포괄하는 총 26개 요소로 구성된 지표다. 또한, 국가별 행복지수(Happy Planet Index, HPI)는 영국 신경제 재단에서 만든 것으로, GDP 등의 경제적 가치와 삶의 만족도, 미래에 대한 기대, 실업률, 자부심, 희망, 사랑과 같은 인간의 행복과 삶의 질에 영향을 주는 요소를 포괄적으로 고려해서 산출한 지표이다. 그리고 프랑스 대통령 사르코지(Nicolas Sarkozy)가 2009년 만들었던 위원회는 일반 복지, 교육, 아동 보호, 레저 등의 시장 외부활동, 그리고 환경의 지속가능성 등을 종합적으로 고려한 척도를 개발하고, 이를 GDP 지표에 대체하거나 보완하여야 한다고 제안하였다.

2011년부터는 OECD가 행복지수(Better Life Index)를 작성하여 발표하고 있다. 이 조사는 삶의 만족도에 대한 사람들의 주관적인 판단을 고려하는 한편, 보다 객관적인 10개 지표도 포함하고 있다. 이들 지표에는 소득, 직장, 공동체 생활, 일과 여가의 균형 등이 포함되어 있고, 이들 각각은 한 개 이상의 요소로 구성되어 있다.[133]

이와 같은 대안적 지표들은 서로 이질적인 많은 요소를 균형 갖춘 하나의 지표로 통합해 보려는 매우 어려운 시도를 하고 있다. 따라서 이들은 결국 단일의 종합 척도라기보다는 많은 분야의 척도를 억지로 하나로 꿰어 맞춘 합성지표적인 성격을 띨 수밖에 없다. 한편, GDP 지표의 강력한 매력 중의 하나는 그런 번거로운 일을 전혀 하지 않아도 된다는 점이다. 그러나 GDP 지표는 대안적 지표들에 비해 경제의 실상을 제대로 나타낼 수 없다는 근본적 한계를 지니고 있다. 따라서 우리가 할 수 있는 최선의 방법은 GDP 이외의 다양한 보완적 지표를 적극 활용하여 경제의 실상을 보다 정확하게 파악하고 전달함으로써, 사회적, 환경적 분야에 대한 사람들의 관심을 제고시키는 것이다.

133 　장하준[3], p. 228.

정책적 함의

주류 경제학은 GDP 지표로 나타나는 양적인 성장에만 주된 관심을 갖고, 삶의 질을 개선하는 데 필요한 다양한 요인들, 즉 환경보호, 천연자원의 보존, 건강과 보건, 인종·성별 등에 의한 차별 폐지, 소득분배 개선과 같은 요인들은 등한시하는 경향이 있다. 그러나 우리는 우리 삶의 질을 개선하기 위하여 단순한 물질적인 풍요를 넘어 다양한 비물질적인 가치를 추구하여야 한다. 우리가 지금 당장 높은 경제 성장을 달성하고 소득수준이 높아진다고 해서 자동적으로 우리의 삶이 행복해진다거나 미래의 지속가능한 성장이 보장되는 것은 아니다.

주류 경제학은 경제 시스템을 하나의 폐쇄 시스템으로 간주하여 우리 경제가 지구 생태계와 상호작용하는 과정을 무시하고 있다. 자원의 희소성에 기초하여 자원의 최적 배분을 경제에 있어 가장 중요한 목표로 삼으면서도 정작 자원고갈이나 환경파괴에는 무관심하다. 예컨대, 뉴펀들랜드 섬의 앞바다에서 어느 날 갑자기 대구가 사라져 버려도, 미국의 전 지역에서 꿀벌의 개체 수가 갑자기 급감하여 농업경제에 막대한 영향을 끼치더라도 우리는 그 이유조차 모르고 있다.

우리는 이 지구 생태계가 적어도 우리의 경제 발전에 제약이 되지 않도록 특별한 관심을 가져야 한다. 깨끗한 자연환경이 임계수준을 넘어 훼손되지 않도록, 그리고 희소한 천연자원이 과잉 채굴이나 남획 등으로 고갈되는 일이 없도록 주의하여야 한다. 그리고 지속가능한 성장을 위해서는 소득분배의 개선 등 경제적 형평성의 제고노력도 필요하다. 어느 경제나 어느 정도의 불평등은 존재하기 마련이지만, 모든 국민이 성장의 열매를 골고루 나누어 가질 수 있고, 행복한 삶을 함께 영위할 수 있는 형평하고 공정한 사회를 만드는 것이 매우 중요하다. 이상의 논의를 바탕으로, 우리가 지속가능한 성장을 위하여 고려해야 할 주요 정책방향들을 정리해 보면 다음과 같다.

(1) 재생이 불가능하고 오염을 야기하는 에너지 자원의 사용 비용은 채굴 등 생산에 따른 비용 이외에 미래 세대의 수요와 자원 고갈의 가능성, 자연환경에 미치는 영향 등을 적절히 반영하여 높게 책정되어야 한다. 세금 부과 등을 통하여 징수하게 되는 수입금은 깨끗한 대체에너지의 개발 등에 사용될 수 있다.

(2) 자원 소비량을 줄이기 위하여 분산적이고 개별적인 소비 대신 대중 교통시설이나 공공 레저시설 등을 통한 집단적인 소비를 늘리고, 에너지 사용의 효율성을 높여야 한다.

(3) 수급의 변화에 기인하지 않고 투기적인 거래에 따라 야기되는 자원 가격의 불안정성을 억제하기 위하여 석유 등 천연자원을 기초로 하는 파생상품의 거래에 대하여 적정한 규제를 하여야 한다.

(4) 가격 수단만으로는 환경오염이나 자원고갈 문제를 해결할 수 없는 경우 오염 배출이나 자원 추출의 양을 직접 규제할 수밖에 없다.

(5) 대체에너지 기술의 향상, 친환경 농업기술의 개발, 값싼 담수화 기술의 개발과 같이 기후 변화를 비롯한 환경 문제를 해결할 수 있는 부문의 기술 발전을 적극 지원하여야 한다.

(6) 경제적 형평성을 제고시키기 위한 복지정책을 강화하고, GDP의 단점을 보완할 수 있는 대안적 지표를 각국 사정에 맞추어 개발하여야 한다. 그리고 삶의 질을 개선하기 위하여 필요한 다양한 부문에 있어서의 각 하위 지표들에 대하여, 최소한의 달성 목표를 설정하여 관리하여야 한다.

(7) 경제 시스템은 하나의 열린 시스템으로 생태계라는 보다 큰 시스템의 일부라는 관점에서, 경제 시스템과 생태계 간의 상호작용과 복잡한 연결망을 파악할 수 있도록 하는 새로운 경제적 모형이 필요하다. 그리고 경제가 환경적 충격에도 굳건히 버틸

수 있도록 그 효율성과 강건성이 조화를 이룰 수 있는 방안을
강구하여야 한다.

3 경제적 자유와 시장 규제

경제적 자유와 정치적 자유[134]

주류 경제학자들은 각 경제주체들의 경제적 자유와 더 넓은 의미
의 정치적 자유 사이에는 떼려야 뗄 수 없는 상관관계가 있다고 주장
한다. 정치적 자유를 지키기 위해 경제적 자유가 최대한 보장되어야
한다는 것이다. 예컨대, 하이에크(F. A. von Hayek)는 그의 저서 "노예
의 길"에서 법과 질서를 유지하고 사유재산을 보호하는 것 이외에는
어떠한 정부 개입도 사회주의 국가를 향한 "미끄러운 내리막길(slippery
slope)"의 단초가 된다고 주장하였다.

그러나 실제로 정치적 자유와 경제적 자유의 연관성은 선명하지
않다. 칠레의 피노체트와 같은 많은 독재정권들은 자유 시장주의에 극
도로 경도된 정책을 많이 사용하였던 반면에, 북유럽 국가들처럼 정치
적인 민주국가이면서도 높은 세금과 많은 규제로 인하여 경제적 자유
가 그다지 크지 않은 경우도 많기 때문이다. 개인주의 관점을 철저하
게 신봉하는 사람들 중에는 경제적 자유를 지키기 위해서라면 정치적
자유를 희생하는 편이 더 낫다고 생각하는 사람들도 많이 있다. 그러
나 이는 본말이 전도된 생각이다. 아담 스미스 시대부터 정치적 자유
를 획득하기 위하여 경제적 자유를 외쳤던 것이다.

시장경제는 아무런 규제 없이 경제적 자유가 최대한 보장될수록
바람직하다는 관점은 돈과 권력을 소유하고 따라서 더 큰 영향력을 가

---

134   장하준[3], pp. 177−178.

진 세력으로부터 훨씬 더 많은 지지와 인정을 받는다. 기존의 사회구조를 이미 주어진 것으로 받아들이고 현재의 상황에 의문을 제기하지 않기 때문이다. 그러나 심한 경제적 불평등 사회에서는 정치적 평등이 무의미할 수 있다. 돈으로 권력을 사기 쉽기 때문이다.

오늘날의 개인주의는 과거의 개인주의와는 다르다. 한 나라 경제나 세계경제를 이끄는 주요 주체는 개인들이 아니라 기업들이다. 특히, 이들 기업 중 다국적 기업과 같은 대기업들은 수십 개 나라에 수백만 명의 종업원을 거느리고 있는 경우도 있다. 현재 세계 200개 대기업이 세계 생산량의 10%를 생산하고 있고, 공산품 교역의 30 – 50%가 이들 대기업 간의 내부거래인 것으로 추산되고 있다. 현대경제에 있어서 대기업들이 개별 국가의 경제에 미치는 영향력은 점점 더 커지고 있지만, 이들에 대한 개별 국가의 통제력은 점점 더 어려워지고 있다. 더군다나, 대기업들은 복잡한 조직과 의사결정 체계, 그리고 소유구조를 가지고 있지만, 그 투명성이 크게 부족하다.

결과적으로 경제적 자유에 대해 절대적 가치를 부여하고자 하는 입장은 대기업들에 대하여 경제적 자유를 더욱 확대해야 한다는 논리로 귀결되며, 이는 대기업에 대한 정부의 통제를 점점 더 어렵게 하고, 경제적 평등이나 정치적 자유를 침해할 우려가 더욱 커지게 된다.

시장과 정부[135]

주류 경제학자의 대부분은 개인주의(individualism)를 신봉한다. 이들은 개인보다 더 위에 있는 것은 없으며, 국가 행위는 모든 개인이 동의했을 때만 정당성을 갖는다고 한다. 최소한의 정부를 정당화하는 정치사상을 극단적인 자유주의(libertarian)라고 하는데, 이들은 정부가 할 수 있는 정당한 행위는 법질서의 유지, 국가 방위, 사회기반시설의 제공 같은 것뿐이라고 주장한다. 이러한 서비스들은 시장경제가 존재

---

135   장하준[3], pp. 367 – 384.

하는 데 절대적으로 필요한 것이므로 국가가 이를 제공하는 것에 모든 개인이 동의할 것이기 때문이다.

극단적인 자유주의자들의 철학적 입장은 진지하게 고려해 볼만한 충분한 가치가 있다. 국가가 시민의 위에 있다면 다수의 이익을 위해 소수의 희생을 요구하는 것이 무척 쉬워지고, 이러한 다수의 이익이라는 것도 국가 관리들에 의하여 자의적으로 규정될 수 있기 때문이다. 그러나 이러한 우려에도 불구하고 소위 "시장 실패"에 따라 정부의 개입이 불가피한 경우가 자주 발생한다. 외부효과, 공공재, 독과점과 같은 시장 실패 요인이 존재할 경우 사회적 손실이 야기될 수 있으며, 이를 치유하기 위한 정부의 개입이 필요한 것이다.

그러나 많은 주류 경제학자들은 시장의 실패가 있다고 해서 정부가 개입하는 것이 반드시 더 나은 것은 아니라고 한다. 현실의 정부는 시장의 실패를 바로잡을 능력도 없고, 더 심한 경우에는 그럴 의사도 없다는 것이다. 정부가 이익 집단들에 포획당하거나 정보의 비대칭성으로 인해 실패하는 경우가 많이 있다는 것이다. 흔히 공공선택 이론 경제학자라고 불리는 사람들은 이처럼 정부의 의도와 능력이 의심스러운 마당에 시장의 실패를 수정한다는 명목으로 정부의 개입을 허락한다면 "정부 실패"로 인한 폐해가 시장 실패보다도 더 클 수 있다고 주장한다. 따라서 시장 실패가 있을 경우 정부 개입으로 상황을 더욱 악화시키는 것보다 이를 그대로 받아들이는 편이 낫다고 한다. 이들은 시장에서 정치를 제거하는 해결책을 제시하고 있다. 이른바 경제의 탈정치화(de-politicization of the economy)를 주장하는 것이다. 이들은 정부지출 및 조세의 삭감, 시장규제의 철폐, 공기업의 민영화 등을 통해 정부 기능은 최소화하고, 시장 기능은 최대한으로 살려야 한다고 주장한다.

정부 실패는 실제로 존재하는 문제로써, 이를 심각하게 고려하여야 한다. 그렇다고 이를 너무 과장해서도 안 된다. 세상에는 완벽하지 않

Chapter 09 가치판단 경제학

지만 국가의 이익을 위하여 열심히 노력하는 정부도 많이 있다. 또한 민주국가에서 정부 실패를 염려하여 정치적 영향력을 완전히 배제할 수도 없는 노릇이다. 시장은 "1원 1표 원칙"으로 움직이는 반면, 민주 정치는 "1인 1표 원칙"으로 움직인다. 민주적인 사회에서 탈정치화하자는 것은 결국 돈을 더 많이 가진 사람들에게 사회를 움직이는 힘을 더 많이 주자는 주장과 같은 것이다.

경제와 정치 사이에 선명한 경계를 짓는 것은 불가능하다. 시장의 경계 자체가 정치적으로 정해지는 것이기 때문이다. 어떤 것이 시장에서 거래되고 누가, 어떤 방식으로 거래해야 하는지는 시장 자체에서 결정될 수 없고 정치가 결정하는 것이다. 모든 사회에는 시장거래가 금지된 것들이 있다. 인간, 인간 장기, 아동 노동, 관직 등이 그 예이다. 그러나 이중에서 그 어느 것도 시장에서 사고팔면 안 된다는 경제적인 이유는 없다. 사실 이 모두가 어떤 시대, 어떤 장소에서는 합법적인 시장거래의 대상이었던 적이 있었다. 또 한편으로, 이전에는 시장 거래대상이 아니었으나 오늘날에는 시장거래의 대상으로 만들어진 것도 있다. 18, 19세기에는 특허권 등 지적재산권은 시장에서 거래되지 않았다. 또한 탄소배출권과 같은 오염시킬 권리, 그리고 주가지수선물과 같은 파생상품도 거래된 적이 없었다.

또한, 정부는 시장 영역 안에서 경제주체들이 무엇은 할 수 있고 무엇은 할 수 없는지에 관한 기본 규칙을 만든다. 허위 광고나 허위 정보에 기반을 둔 판매 행위, 내부자 거래 등의 불공정 거래에 관한 규제는 기업이 어떤 방법으로 거래해야 하는지를 정한다. 또한, 최저임금, 작업장의 보건·안전, 노동 시간 등의 노동관련 규제는 기업이 노동자를 어떻게 처우해야 하는지 그 한도를 정하며, 오염배출량 기준, 탄소배출권 할당, 소음공해 규제 등의 환경관련 규제는 기업이 어떤 방식으로 제품을 생산해야 하는지를 결정한다. 다시 말해, 정부가 시장을 만들고 시장의 모양과 범위를 정하고 있는 것이다.

시장 규범과 사회적 규범[136]

우리는 2개의 세계에서 산다. 하나는 사회적 교환의 세계이고, 또 다른 하나는 시장 교환의 세계이다. 사회적 교환은 계산적이지 않고 따뜻하지만 다소 애매한 것으로, 도움의 제공, 선물의 교환, 이웃과의 협업, 자원봉사 등과 같은 것이다. 이와 같은 교환은 그 자체로는 즉각적인 이익을 가져오지 않는다. 이와 대조적으로, 시장 교환은 칼 같이 냉정하고 엄격한 것으로, 임금이나 가격과 같은 계산에 기초를 둔다. 우리는 이 2개의 세계를 각각 분리시켜 생각하는데, 사회적 규범으로 해결해야 할 것을 시장 규범으로 해결하려고 할 때 문제가 발생한다. 사회적 교환이 시장 규범으로 가는 것은 쉽지만, 한번 시장 규범으로 간 사회적 교환은 쉽사리 되돌아오지 않는다.

우리는 시장 규범이 사회적 규범보다 더 합리적이고 현실적이라고 느끼고, 자연스럽게 금전적 보상이나 물질적 성공을 선호한다. 그렇지만 시장 규범에 잘 따르는 것만이 우리에게 행복을 가져다주는 것은 아니다. 오히려 행복은 우리의 심리적인 상태나 사회적인 관계 속에서 얻게 되는 경우가 훨씬 더 많다. 우리가 일상을 살면서 느끼는 가정 평온, 경제적 안전, 경제적 불평등의 축소, 공공 보건, 환경 보존, 시민과 인간의 권리, 공동체 의식, 관용과 세계 평화, 민주주의 질서와 같은 사회적 가치들은 시장에서 얻는 금전적 가치보다 결코 덜한 것이 아니다.

연구사례 탁아소 실험

탁아소에서 아이들을 늦게 데리러 온 부모에게 벌금을 매긴다면 어떤 일이 벌어질지 실험해 보았다. 일반적인 상황에서 늦게 오는 부모들은 죄책감을 느끼

---

[136]   오렐[10], pp. 311-313.

며 다음부터는 빨리 오려고 노력할 것이다. 이것은 사회적 규범에 의하여 지배받는 상황이다. 그런데 벌금이 부과된 다음부터는 부모들이 죄책감을 느끼는 대신 계산을 시작하였다. 그 결과 벌금을 내고 늦는 쪽을 택하는 사람들이 생겨난 것이다. 흥미로운 사실은 몇 주 지나 벌금제도를 없애고 과거의 체제로 다시 돌아갔을 때에도 늦게 오는 부모들의 비율이 여전히 높았다는 것이다. 이러한 부모들은 그 전의 사회적 규범으로 되돌아가는 대신 여전히 시장 규범에 따라 움직이고 있었다. 이제는 늦게 오는 것이 벌금도 내지 않는 상당히 이익이 되는 장사가 된 것이다.

정책적 함의

시장은 결코 완벽하지 않다. 시장은 자주 실패하며, 경제적 불평등을 야기할 수도 있다. 그리고 정치적 자유를 보장하기 위하여 시장의 자유를 최대한 부여해야만 하는 것도 아니다. 정부는 필요 시 시장에 개입할 수 있으며, 정부의 개입이 실제로 성공을 거두는 경우도 많다. 그러나 정부도 실패할 가능성이 크기 때문에 정부의 개입은 신중히 이루어져야 한다. 정부는 다음의 원칙 아래 시장에 개입할 수 있다.

(1) 정부는 국민적 합의를 기초로 하여 시장에서 거래될 수 있는 것과 거래되어서는 안 되는 것, 그리고 시장에서의 거래 방법과 범위 등을 정할 수 있다.

(2) 정부는 독과점, 공공재, 외부효과 등의 존재에 따른 시장실패를 보정하기 위하여 적절한 방안을 강구하여야 한다.

(3) 정부는 민간 주도의 시장 운용에서 자연적으로 발생하는 경제력 집중, 경제적 불평등, 그리고 빈곤 등의 문제를 시정하기 위하여 적절한 대책을 강구하여야 한다.

(4) 정부는 공공 목적의 달성에 필요한 최소한의 범위 내에서 개인의 권리와 자유를 제한할 수 있으나, 이것은 엄격한 법적 근거

에 기초하여야 한다.

(5) 정부의 실패를 감시할 수 있는 장치가 마련되어야 하며, 이와 관련하여 특히 정치적 민주주의의 확립이 중요하다.

4 평등 이론[137]

평등의 개념과 형태

평등 개념은 법적 평등, 정치적 평등, 사회적 평등, 경제적 평등, 도덕적 평등 등 5가지 범주로 나누어 살펴볼 수 있다. 법적 평등은 법이 누구에게나 똑같이 적용되고 국민이 누리는 지위가 그 내용면에서 본질적으로 동일한 것을 의미한다. 즉, 법은 사람들의 계급, 경제력, 성(gender), 또는 인종적 배경에 상관없이 불편부당하지 않게 적용되어야 하며, 법에 근거한 보호나 법 위반에 대한 처벌 등에 있어서도 그 구성원에게 평등 기반에 따라 같은 원칙이 적용되어야 한다는 것이다.

정치적 평등은 국가의 명령이나 규제에 복종하는 사람들이 그러한 통제의 근거가 되는 법을 만드는 데에 참여할 수 있는 평등한 권리를 가지는 것을 의미한다. 여기에 관련된 정치적 권리들에는 당연히 선거권이나 피선거권이 포함되며, 이러한 권리를 올바르게 행사하기 위한 결사와 표현의 자유도 당연히 보장되어야 한다. 법적 평등이 반드시 법을 제정하는 과정에 있어서의 평등을 수반하지 않는다는 의미에서 정치적 평등은 중요한 의미를 가진다. 정치적 평등을 생각할 때 그 형식적 면과 실질적 면을 구분할 필요가 있다. 가난한 사람과 부유한 사람이 법적으로 같은 정치적 권리를 가지고 있다 하더라도 그들의 정치적 권리 행사의 효과 면에서는 많은 차이가 있을 수 있다. 경제적 부

---

[137] 화이트[22]를 주로 참조하였다.

의 차이로 말미암아 선거와 관련하여 사람이나 자금의 동원력 등에서 상당한 격차를 보일 수 있기 때문이다. 따라서 정치적 평등을 실질적으로 보장하기 위해서는 어느 정도의 경제적 평등이 필요하게 되는 것이다.

사회적 평등은 지위 평등(status equality)이나 지배 부재(absence of domination)의 상태를 의미한다. 지위의 평등은 사람들이 민족, 가족 등의 혈통이나 사회적 계급, 성(gender) 등에 따라 상이한 지위를 가지지 않는 것을 말하며, 지배의 부재는 인종과 성, 경제적 부, 그리고 고용관계 등에 의하여 그 누구도 타인에게 명령을 내릴 수 있는 권력의 위치에 있지 않는 것을 말한다.

경제적 평등은 소득이나 경제적 부(wealth)의 분배상 형평을 의미하는 것으로, 19세기 산업혁명 이후 소득과 경제적 부의 심각한 격차가 초래됨에 따라 이에 대한 정치적 관심이 매우 높아졌다. 자본주의 사회에서 경제적 평등은 기본적으로 세습적 신분이 아닌 개인의 능력에 의존하는 사회를 요구하는 것이었으나, 급진적 공산주의 사회에서는 토지 등 생산수단의 공유나 평등 분배의 사회를 요구하는 것이었다.

도덕적 평등은 공동체의 모든 구성원들에게 평등한 관심과 존중을 나타내는 사회적 제도를 갖추어야 한다는 것으로, 이는 법적, 정치적, 사회적, 경제적 영역에서의 불평등을 지지하는 사람들에게 그러한 불평등이 꼭 있어야 할 합당한 사유, 즉 그 불평등을 정당화할 책임을 부담시킨다.

모든 범주의 평등은 그 자체가 본질적으로 공정하거나 정의로운 것으로 생각되기 때문에 가치가 있는 것이지만, 한편으로는 그것들이 다른 가치들을 어떻게 촉진시킬 수 있는가 하는 도구적인 관점에서도 소중하게 여겨진다. 예컨대, 경제적 평등은 모든 사람들의 품위 있는 생활을 가능하게 하고, 사회 전체의 후생을 증진시키며, 사회계층 간 갈등과 위화감을 해소하는 데 기여할 수 있다. 그리고 경제적 평등은 경제력 차이에서 발생할 수 있는 법적, 정치적 불평등의 완화에 기여할 수 있을 뿐만 아니라 빈자들을 깔보고 무시하고 지배하려고 하는 사회적 불평등 문화의 해소에도 기여할 수 있는 것이다.

평등은 중요한 가치를 지닌 것이지만 그것만이 우리가 신경써야 할 유일한 가치이거나 다른 가치들에 비하여 항상 우선적으로 고려되어야만 할 가치는 아닌 것이다. 궁극적 가치에는 다원성이 존재함에 따라 우리는 종종 평등의 요구를 또 다른 중요 가치의 요구를 위하여 양보할 때도 있는 것이다. 예컨대 노동에 대한 동기부여를 통하여 경제의 효율성을 제고시켜야 한다는 명제는 우리에게 어느 정도의 보상에 있어서의 차등과 경제적 불평등을 용인할 수 있게 만든다.

기회 평등과 결과 평등

사람들이 "평등하다"라는 말을 할 때에는 보통 "기회가 평등하다"라는 의미로 해석된다. 개인의 경제적 성과를 결정하는 요인들을 집안 배경과 같이 개인의 통제를 넘어서는 환경적 요인과 개인에게 책임을 돌릴 수 있는 노력 요인으로 나눌 때 환경적 요인은 그 어떠한 역할도 하지 못하고 오직 노력 요인만이 그 역할을 하는 경우를 기회 평등이라고 하며 이 경우 평등은 달성되었다고 본다.

그렇다면 기회 평등이 달성되면 그것으로 끝인가? 결과의 평등은 아무런 의미가 없는 것인가? 그러나 평평한 경기장에 대한 관심 못지않게 그 경기장에서 벌어진 경주의 결과도 여전히 중요한 것이다. 모든 사람들이 똑같은 출발점에 서서 시합을 한다는 것도 매우 중요하지만 경주를 어떤 방식으로 치루고 누가 이기고 어떤 상을 받는지도 매우 중요하다. 경주 결과의 불평등이 아무 상관없다고 생각하는 사람들은 그 결과에 대한 염려가 불합리하다고 여기겠지만, 다음 세 가지 사항을 고려하여야 한다.[138]

---

138   앳킨슨[26], pp. 25 – 27.

첫째, 대부분의 사람들은 출발 신호가 울린 뒤 그 어떤 일이 일어나든 이를 완전히 무시하는 것을 수용하지는 못할 것이다. 어떤 사람들은 노력하지만 불운이 따를 수도 있다. 경주 중에 실수로 넘어져서 가난에 빠졌을 때 기회 평등을 이유로 그 사람에게 전혀 도움을 주지 않는 것이 과연 공정한 것일까? 설령 기회 평등이 있었다고 하더라도 결과적으로 큰 어려움을 겪는 사람들을 완전히 무시할 수 있을까?

둘째, 우리는 경쟁적인 상황과 비경쟁적인 상황을 구분해서 기회의 평등을 생각하여야 한다. 비경쟁적 상황에서 기회 평등은 모든 사람이 독립적인 삶의 계획을 실현해갈 수 있도록 똑같은 기회가 보장된다. 여기서는 예컨대 여가 활동과 같이 각자가 자기 자신의 삶을 꾸려나가면 되며, 결과의 불평등이 문제될 소지가 없다. 한편, 경쟁적 상황에서 기회 평등은 모두가 경주에 참가할 똑같은 기회를 부여받지만 이 경기에서는 서로 다른 상이 주어지며, 사후에 주어지는 불평등한 상으로 말미암아 결과의 불평등이 등장하게 된다. 이처럼 불평등한 상이 존재하기 때문에 공정한 경주가 그토록 중요한 의미를 갖게 되며, 상의 불평등성 정도는 사회가 만들기 때문에 그 결과에 대하여 사회가 관심을 갖지 않을 수 없는 것이다.

셋째, 결과의 불평등은 다음 세대의 기회의 불평등으로 직접 연결되기 때문에 결과의 평등에 대한 관심이 필요한 것이다. 오늘 결과의 불평등으로부터 이득을 얻은 사람은 내일 자녀들에게 불공평한 이익을 물려줄 수 있다. 따라서 오늘 결과의 불평등이 심화되면 내일 기회의 평등과 사회적 이동성이 제약받을 가능성이 더욱 커지게 된다.

능력주의

능력주의(meritocracy)에 따르면, 불평등이 전통적 사회에서처럼 상속된 지위에 근거한 것이라면 공평하지 않지만, 사람들의 실제 능력이나 성취에 따른 것이라면 공평하다고 한다. 즉, 직업이나 소득과 같은 가치 있는 재화의 분배가 개인들의 재능과 노력이 반영된 경제적 능력에 의하여 지배되어야 함을 의미한다. 또한, 개인들의 능력이 빛을 발하고 그것에 적합한 보상을 받기 위해서는 기회의 평등이 필요하다고 한다. 능력주의는 효율적이고 공정하기 때문에 사회적으로 바람직하다. 어떤 일을 수행하는데 가장 적합한 사람이 그 일을 맡는다면 이는 사회적으로 효율적일 뿐 아니라 공정하다고 할 수 있다. 능력 있는 근로자가 기업이나 사회에 더 많은 기여를 하므로 더 많은 임금을 받을 응분의 자격이 있다.

능력주의는 약한 능력주의와 강한 능력주의로 구분하여 살펴볼 수 있다. 약한 능력주의란 교육, 고용과 같은 중요한 재화에 대한 접근에 있어서 공공이나 민간 주체들에 의하여 차별받지 않을 것을 요구하는 능력주의이다. 능력이 아니라 인종, 성, 종교, 성적 취향 등에 의하여 차별 받아서는 안 되며, 이를 위하여 반차별법의 제정도 필요하다는 것이다. 그러나 반차별법에 대한 일부 비판자들은 시장 경쟁 속에서 차별은 자연스럽게 사라질 것이라는 견해를 취하기도 한다. 고용주가 능력이 아니라 성, 인종 등에 따라 차별한다면 시장 경쟁에서 불리해지고, 따라서 자연히 시장에서 퇴출하게 될 것이기 때문이다. 그러나 소비자들이 인종 차별적 식당을 선호하거나 소방과 경찰 등 일부 업무가 남성에 적합한 일이라는 편견이 있는 경우 법으로 이를 금지시키지 않는 한 차별이 없어지기는 매우 어렵다.

한편, 강한 능력주의는 차별의 부재뿐만 아니라 교육, 가정환경, 그리고 상속된 부와 같은 배경의 불평등도 없을 것을 요구한다. 배경의 불평등이 존재하는 한 진정한 의미에서의 기회의 평등은 존재하지 않는다고 보는 것이다. 효율성이나 공정성이라는 논거에 의해서도 약한 능력주의보다 강한 능력주의가 합리적으로 선호될 수 있다. 약한 능력주의는 배경의 불평등으로 말미암아 사람들의 선천적인 재능이 충분히 발휘되지 못하는, 효율성 면에서의 문제가 있을 수 있다. 또한,

약한 능력주의는 교육이나 가정환경, 그리고 상속의 불리함에 의해 초래되는 불평등을 해결하지 못하기 때문에 덜 공정한 것으로 보인다. 개인의 삶의 전망을 그 사람이 어쩔 수 없는 배경이라는 우연에 맡기는 것은 그 자체로 정의롭지 못한 것이다.

운 평등주의

운 평등주의(luck egalitarianism)에 따르면, 사람들이 통제할 수 없는 불가피한 운 등으로 발생한 경제적 불평등은 공정하지 못한 것이며, 공동체는 이를 교정하거나 방지하기 위한 조치를 취하여야 한다고 주장한다. 다만 도박, 게으름 등 사람들 스스로 선택한 행동의 결과로 나타나는 불평등은 공정하며, 이는 존중받아야 한다고 한다.

드워킨(R. Dworkin)은 운을 자연 재해와 같이 개인 통제를 넘어선 "불가피한 운"과 도박과 같이 개인의 자발적 선택과 관련된 "선택적인 운"으로 구분하였다. 그리고 그는 선택적인 운으로부터 발생하는 불평등에 대하여는 공정한 것으로 받아들일 수밖에 없지만, 불가피한 운으로부터 초래된 불평등에 대하여는 이를 개선하여 줄 것을 요구할 수 있다고 하였다. 이와 같은 드워킨의 시각에서 능력주의는 설령 강한 형태일지라도 불공정한 것으로 인식될 것이다. 왜냐하면 능력주의는 경제적 분배 상태를 사람들이 어떻게 해볼 수 없는 불평등한 천부적 소질, 즉 불가피한 운에 의존하도록 내버려두기 때문이다. 롤스(John Rawls)도 부의 분배가 역사적·사회적 행운에 따라 이루어지는 것을 허용할 수 없는 것처럼 천부적 소질에 따라 이루어지는 것도 허용할 이유가 없다고 하였다.

지위-권력 접근법

앤더슨(E. Anderson)에 의하면 평등한 사회란 어떤 사람들이 다른 사람들을 지배하고 착취하고 주변화하고 모욕하고 또한 그들에게 폭력을 가하는 형태의 사회적 억압이 없는 사회인 동시에, 모든 평등한 사람들이 합의한 규칙과 이들의 개방적 토론에 따라 집단 의사가 결정되어지는 민주적 공동체 사회를 말한다고 한다. 그리고 평등사회에서 사회적 억압을 방지하고 모두가 민주적 정치과정에 온전히 참여할 수 있는 것을 보장하기 위하여 경제적 평등이 필요하다고 한다. 경제적 불평등은 지위와 권력의 평등을 위협하기 때문이다.

평등과 인센티브

노동의 보상에 있어서 엄격한 평등을 고집하는 것은 유능한 근로자들의 동기부여를 약화시키고, 그 결과 산출을 감소시킬 것이라는 강한 비판이 있다. 따라서 일정한 불평등은 유능한 사람들을 더 열심히 일하도록 동기부여한다는 차원에서 허용되어야 한다. 그러나 산출을 증대시키기 위해 얼마나 많은 불평등을 허용하여야 할까? 첫째는 전체 산출을 극대화하는 데에 필요한 수준으로까지 불평등을 용인하여야 한다고 말한다. 둘째는 모든 근로자들이 최저 생계소득을 받는다는 조건 하에서만, 전체 산출을 극대화하는 수준으로까지 불평등을 용인할 수 있다고 한다. 셋째는 적어도 최하위 계층이 더 잘 살게 되는 불평등만을 용인할 수 있다는 것이다. 그중 첫째 견해가 가장 높은 불평등 수준을 용인하며, 셋째 견해는 가장 낮은 불평등 수준을 용인한다. 첫째 견해는 명백히 정의롭지 못한 것이라고 할 수 있으며, 둘째 견해는 최저 생계소득의 개념과 수준이 모호하여 이에 따른 논쟁 가능성이 있다. 한편, 셋째 견해는 지나치게 엄격한 평등주의를 요구하고 있고, 최하위 계층이 가난에 처하게 된 원인이나 그 차상위에 있는 계층에 대한 고려가 부족하다는 문제점이 있다.

한편, 높은 수준의 보상 불평등을 용인함으로써 근로자에게 동기를 부여하고 그것을 통하여 전체 산출을 늘릴 수 있다는 앞선 논의에는, 유능한 근로자들이 낮은 보상으로는 열심히 일하지 않을 것이라는 전제가 깔려 있다. 그러나 만일 임금 격차가 그렇게 크지 않은 보상제도

하에서도 유능한 노동자가 열심히 일하는 협동적인 노동 풍토가 있는 사회라면 어떻게 될까? 그런 사회에서는 보상의 불평등 수준과 전체 산출과의 관계가 분명 크지 않을 것이다.

논의의 종합

능력주의는 차별 배제와 기회 평등을 위하여 때에 따라서는 개인의 자유를 침해할 우려가 있을 뿐만 아니라, 타고난 재능 등 선천적인 소질이나 불가피한 운 등의 차이에서 발생하는 불평등을 고려하지 못한다는 비판이 있다. 그럼에도 불구하고 능력주의는, 특히 강한 능력주의는 인종, 성, 종교 등에 의한 차별이나 교육, 상속된 부와 같은 배경 차이로부터 발생하는 경제적 불평등을 배제하고 오직 개인의 능력과 노력에 따른 불평등만을 용인한다는 점에서 매우 타당한 견해라고 할 수 있다.

한편, 운 평등주의는 선천적으로 타고난 재능이나 불가피한 운 등에 관심을 가짐으로써 능력주의의 주요 결함을 보완하고 있으며, 또한 결과의 평등을 지지하는 견해가 결여하고 있는 개인 책임성이라는 매력적인 원칙을 포함하고 있다는 장점이 있다. 그렇지만 운 평등주의는 선천적 재능과 후천적 능력을 명확하게 구분하는 것이 매우 어렵고, 선택적인 운의 결과를 모두 개인 책임으로 돌림에 따라 높은 수준의 결과 불평등을 발생시킬 소지가 있다는 문제가 있다. 지위−권력 접근 방법은 사회적 억압을 방지하고 민주적인 공동체를 창조하기 위하여 경제적 불평등이 시정되어야 한다고 주장하지만, 기본적으로 경제적 불평등은 그 자체로도 정의롭지 못한 것이라고 말할 수 있다.

노동에 대한 동기부여를 위하여 보상의 불평등이 필요하다는 논의에 있어서는 민주적 절차에 따라 적정한 최저 생계소득을 설정할 수 있고, 또한 모든 근로자들이 최소 생계임금을 받을 수 있다는 전제 하에서는 전체 산출의 극대화를 위한 보상의 불평등을 용인할 수 있을 것으로 보인다. 그렇지만 협동적인 노동 풍토의 사회일수록 전체 산출의 희생 없이도 상대적으로 낮은 수준의 보상 불평등을 이룰 수 있을 것으로 보인다.

정책적 함의

평등에 관한 다음의 일반적 원칙에 대하여는 우리의 정치적 신념의 차이에도 불구하고 어느 정도의 공감대가 형성될 수 있을 것으로 판단된다.

(1) 원칙적으로 각자의 능력이나 노력에 따른 불평등은 용인하며, 교육, 취업 등 모든 경제활동에 있어서 기회의 평등을 보장한다.
(2) 인종, 성, 성적 취향, 종교, 사회적 신분 등을 이유로 차별하는 것을 용인하지 않으며, 교육, 가정환경, 상속된 부 등의 배경에 따른 불평등을 해소하기 위하여 방과 후 교육지원 등 공교육을 강화하고 장학제도를 확충하며, 육아·아동보육 등 가정의 양육을 지원하고, 부의 상속에 대한 세금을 중과한다.
(3) 재능 등 선천적인 소질이나 불가피한 운에 따라 초래되는 경제적 불평등을 시정하기 위하여 장애인 등 취약계층과 절대 빈곤계층에 대하여 최저 생계소득의 보장 등 최소한의 사회 안전망을 구축한다.
(4) 협동적 노동풍토의 조성 등을 통해 근로자 간 보상수준의 격차 요인을 줄인다.

불평등의 자연적 발생과정[139]

제로섬(zero sum) 사회에서는 시간이 지나면서 자연히 부의 집중 현상이 일어난다. 부의 멱함수 분포가 생겨나는 것이다. 예를 들어, 도시에 사는 모든 사람들이 처음에는 공평하게 각자 100달러씩 가지고 있었으며, 이들은 이 돈 모두를 주식시장에 투자하였다고 가정하자. 주식시장에서의 손익은 제로섬 게임으로 기대 수익은 제로이고 연간 표준편차는 5%인 정규분포를 따른다고 가정하자. 그러면 1년 뒤 대부분의 사람들은 평균 100달러를 중심으로 대칭적 형태로 ±3 표준편차(±15달러)에 해당하는 85달러에서 115달러 사이의 자산을 갖게 된다.[140] 점차 시간이 지나면서 이 분포는 극적으로 뒤틀리기 시작해 150년이 지난 후에는 전체 10분위 중 상위 1분위 계층이 전체 자산의 80% 가까이를 소유하고, 상위 2분위 계층이 잔여 20% 가까이를 소유하면서, 나머지 계층들은 5%도 되지 않는 자산을 소유하는 부의 멱함수 분포를 보이게 될 것이다. 이는 실제 세계의 부의 분배 상태와 거의 유사한 모습이다.

초기 100달러에서 1,000달러까지 자산을 불렸던 사람들은 계속해서 부를 늘려갈 가능성이 큰 반면에, 초기 100달러에서 10달러까지 자산을 잃은 사람들은 향후 부를 늘릴 가능성이 거의 없다. 시간이 지날수록 부는 더욱 집중화되어 극소수의 사람이 전체 부를 소유하게 될 것이다. 따라서 정부가 부의 분배에 대하여 어떤 개입도 하지 않는다면, 경제를 지배하는 법칙이 대칭적이면서 비차별적이라 하더라도 시간이 지나면서 사회는 점점 더 불평등한 상태로 진화해 갈 것이다.

139 　오렐[10], pp. 241–243.
140 　표본이 평균으로부터 ±3×표준편차에 속할 확률은 99%가 넘는다.

낙수 효과[141]

1980년대 이후 주류 경제학자들은 국민소득이라는 파이의 많은 부분을 고소득자들에게 몰아주는 편이 사회구성원 모두에게 이익이 된다는 논리를 퍼뜨리는 데 성공하였다. "밀물이 들면 모든 배가 같이 떠오른다."라는 경구는 주류 경제학자가 제일 좋아하는 슬로건이다. 원래 케네디(John F. Kennedy)가 한 이 말은 최근 클린턴 행정부에서 재무부 장관을 지낸 루빈(Robert Rubin)이 다시 언급하여 유명해졌다.

논리는 다음과 같이 펼쳐진다. 부자가 경영하는 기업들이 더 많은 돈을 손에 넣게 되면 이들은 더 많은 투자를 하고, 더 많은 고용을 하고, 다른 기업으로부터 더 많은 제품을 사들여 다른 사람들도 더 많은 소득을 올리게 된다. 또한 소득이 더 늘어난 부자들이 소비를 더 많이 하게 되면 생산 기업의 소득이나 근로자의 임금도 늘어나서 더 많은 투자와 소비를 할 수 있게 된다. 이와 같이 부자의 소득이 늘어나면 결국 경제의 나머지 부분에도 "낙수"처럼 돈이 흘러내려가서 모든 사람이 이전보다 더 잘 살게 된다는 것이다.

1980년대 이후 30여 년간 많은 정부가 낙수효과를 믿고 부자에게 유리한 정책을 시행하였다. 많은 규제들이 완화되었고 부자에 대한 세금도 대폭 인하되었다. 그렇다면 부자에게 유리한 정책을 시행한 결과 낙수효과에 따라 모든 사람이 과거보다 더 잘 살게 되었을까? 대답은 부정적이다. 대부분의 경우 분배 악화를 가져왔을 뿐만 아니라 성장에도 좋지 않은 결과를 가져왔다. 최근 30년 동안 소득불평등 정도는 점점 더 증가하는 추세를 보이고 있고, 최고소득자의 소득은 급격히 증가하였지만 대부분의 근로자의 실질임금은 거의 오르지 않았다.

다른 조건이 유사하다면 보다 평등한 사회가 불평등한 사회보다 더 높은 성장을 이룬 사례가 많으며, 한 나라의 불평등 정도와 경제발

---

141 장하준[3], pp. 308-312.

전 사이에는 반비례적 상관관계가 있다는 통계 연구도 있다. 예를 들어, 세계에서 가장 평등한 나라 중 하나이고, 심지어 사회주의 시절의 동구권 국가들보다 더 평등한 핀란드는 선진국 중 가장 불평등한 국가의 하나인 미국보다 더 빠르게 성장했다. 1960년에서 2010년 사이의 기간 동안 핀란드의 1인당 연 평균소득의 성장률은 2.7%이었던 데 반해, 미국은 2.0%였다. 즉, 같은 기간 동안 미국인의 소득은 2.7배 오른 반면, 핀란드인의 소득은 3.8배 늘어난 것이다.

물론 이러한 사례만으로 평등한 국가가 모두 불평등한 국가보다 높은 성장률을 보인다는 결론을 내릴 수는 없을 것이다. 그러나 적어도 불평등할수록 성장에 좋다는 단순 논리는 옳지 않다는 것을 보여준다. 부자들의 높은 저축률을 감안해 볼 때 불평등한 국가일수록 만성적인 내수 부족에 시달리고, 따라서 수출에 지나치게 의존하게 되는 등 안정적인 경제성장을 이루는 데 많은 어려움이 있을 것으로 예측할 수 있다. 또한, 많은 경제학자들이 지적하는 바와 같이, 각국에 있어서의 불평등 심화가 투자 변동성과 경제 불안정성을 높여 2008년 세계적 금융위기와 같은 경제위기를 일으킬지도 모른다.

한편, 불평등한 사회는 많은 사회 문제를 낳는다. 불평등이 심해지면 사회 통합이 어려워지고 정치적 불안정성이 높아질 가능성이 커진다. 그리고 불평등한 사회는 구성원들의 건강과 복지 등에 악영향을 끼친다는 연구 결과들이 많다. 불평등이 심한 국가일수록 영·유아 사망률, 십대 임신, 교육성과, 살인, 범죄율뿐만 아니라 수명, 정신질환, 비만 등에 있어서도 좋지 않은 결과가 나타난다고 한다. 그렇다고 해서 소득 불평등이 낮을수록 무조건 좋다는 의미는 물론 아니다. 분배의 형평성만을 너무 주장하다 보면 사람들이 열심히 일하려고 하거나 새로운 것을 창조하려고 하는 동기부여가 저해될 수도 있다. 많은 공산주의 국가가 망하게 된 이유도 여기에 있는 것이다. 결국 소득 불평등은 너무 심해도, 그렇다고 너무 적어도 좋지 않다고 할 수 있다.

쿠즈네츠 가설[142]

쿠즈네츠(S. Kuznets) 가설에 의하면 한 나라가 경제적으로 발전하는 과정에서 처음에는 불평등이 증가하다가 나중에는 감소한다고 한다. 횡축은 1인당 국민소득을, 종축은 불평등을 나타내면 쿠즈네츠 곡선은 역 U자의 형태를 띠게 된다는 것이다. 쿠즈네츠에 의하면, 경제발전의 초기에는 소득분배가 상당히 평등하다. 이 단계에서는 대부분의 사람들이 가난한 농부이기 때문이다. 산업화가 진행되면서 점점 더 많은 사람들이 농업부문으로부터 임금이 더 높은 산업부문으로 자리를 옮김에 따라 불평등이 확대된다. 경제가 더욱 발전하게 되면 대부분의 사람들이 임금이 높은 산업부문이나 서비스부문에서 일하게 되고 임금이 낮은 농업부문에서 일하는 사람들은 크게 줄어들기 때문에 불평등이 낮아지게 된다고 한다.

쿠즈네츠 가설에 부응하는 증거는 매우 미약하다. 1970년대까지만 해도 지금의 선진국들의 경험은 이를 뒷받침하는 듯 했다. 산업화 초기에는 불평등이 심화되다가 시간이 지나면서 불평등이 낮아졌기 때문이다. 그러나 1980년대 이후부터 이들 나라에서 불평등이 다시 증가하기 시작하면서 이 가설은 맞지 않게 되었다. 또한, 개발도상국의 경우에도 쿠즈네츠 가설이 잘 들어맞지 않았다. 대다수의 국가에서 경제발전 초기에는 대부분 불평등이 증가하였으며, 이와 같은 불평등은 지속적인 성장에도 불구하고 감소하지 않는 경우가 많았던 것이다. 이렇게 쿠즈네츠 가설을 지지하는 증거가 부족한 주된 이유는 우선 쿠즈네츠의 연구가 미국의 20세기 전반의 소득 자료에 기초하여 전쟁이라는 특수한 사정이 반영될 수밖에 없었다는 사실과, 한 국가의 불평등 정도가 정부의 정책에 크게 의존함에도 이를 전혀 고려하지 않았다는 사실 등에 기인한다.

---

142 장하준[3], pp. 314-315.

소득 및 자본의 불평등 구조[143]

모든 사회에서 소득의 불평등보다 자본[144] 소유의 불평등이 훨씬 심하다. 임금 불평등이 평균 수준인 유럽 국가의 경우 상위 10%가 전체 노동소득의 25-30%를, 하위 50%가 약 30%를 가져간다. 반면에, 자본소유에 있어서는 가장 부유한 10% 인구가 전체 자본의 60% 이상을 소유하고, 가장 가난한 50%는 5% 이하만을 소유한다.

대부분의 국가에 있어서 소득불평등 추이는 20세기 들어 1950년까지 대체적으로 감소하는 추세를 보이다가, 그 이후 1970년대 말까지 큰 변화가 없거나(영미) 다소 개선되는(유럽) 추세를 보였다. 그러나 1980년 이후에는 소득 불평등 수준이 크게 악화되거나(영미) 다소 악화되는(유럽) 추세를 보였다. 자본소유의 불평등 추이는 1910년 이후의 지속적인 개선추세가 대체로 1970년대를 기점으로 악화되는 추세로 전환되었다.

자본소득비율이 증가할수록 불평등 수준이 높아지는 경향이 있다. 자본소득비율은 국민소득에 대한 자본 총량의 배수를 나타내는 것으로, 매년 평균적으로 자본은 저축률만큼 증가하고 소득은 경제성장률만큼 증가한다고 가정할 때 자본소득비율은 장기적으로 (저축률/성장률)의 비율이 된다. 예를 들어, 저축률이 12%, 성장률이 2%라고 하면 자본소득비율은 6배, 즉 600%가 된다. 저축은 많이 하지만, 성장이 느린 국가의 경우에는 장기적으로 높은 자본소득비율을 보이면서 불평

143　주로 피케티[25]를 참조하였다.

144　자본은 시장에서 소유와 교환이 가능한 비인격 자산의 총계로 정의할 수 있으며, 여기에는 토지, 건물 등 온갖 종류의 부동산과 채권, 주식, 수익증권 등의 금융자본, 그리고 기업과 정부기관들이 사용하는 공장, 기계, 특허권, 사회간접자본 등의 사업자본이 포함된다. 자본은 인간이 그간 축적해온 여러 형태의 부만을 지칭하고, 부는 인간이 축적할 필요 없이 그저 소유하고 있는 토지나 자연자원도 포함하기 때문에 서로 다른 개념이지만, 피케티는 이를 동일한 것으로 사용하였다.

등 수준이 높아진다. 최근 세계 각국에 있어서 자본소득비율이 증가하는 이유는 주로 낮은 성장률에서 찾을 수 있으나, 미국의 자본소득비율(약 4배)이 유럽(약 6배)보다 훨씬 낮은 수준인 것은 낮은 저축률에 기인한다. 한편, 일본의 경우에는 비교적 높은 저축률과 낮은 성장률로 인하여 상대적으로 높은 자본소득비율(6-7배)을 보인다.

자본소득비율이 저축률이나 성장률에 주로 의존한다는 것은 자본가격이 장기적으로 소비자물가 상승률과 같은 수준으로 변화하는 경우에만 유효하다. 그러나 만일 자본가격 상승률이 소비자물가 상승률보다 크다면 저축률과 성장률에 관계없이 자본소득비율이 상승할 수 있다. 실제 1970년대 중반 이후 대부분의 부유한 국가에서 자본소득비율이 상승추세를 보이고 있는 것은 상당 부분 주식이나 부동산 가격이 소비자물가보다 더 높게 상승한 데 기인한다.

세계 평균 자본소득비율은 1910년경에는 5배에 달하였으나 2차에 걸친 세계전쟁 등의 영향으로 1950년에 3배 이하까지 하락하였다가 그 후에는 지속적인 상승추세를 보여 최근에는 4-5배 수준에 이르고 있다. 향후 세계 평균 성장률이 현재의 연 3%에서 21세기 후반 1.5%까지 하락하고, 저축률은 10% 수준에서 장기 안정화될 것이라는 가정하에서 세계 평균의 자본소득비율은 21세기가 끝나기 전에 7배 수준에까지 이를 것으로 예측되고 있다.

한편, 국민소득은 자본소득[145]과 임금소득으로 분배되는데, 전체소득 중에서 자본소득이 차지하는 비율을 자본소득 분배율이라고 하며, (자본수익률×자본소득비율)[146]로 나타낼 수 있다. 예를 들어, 자본수익

---

145 자본소득은 자본으로부터 얻는 이윤, 이자, 배당, 임대료, 특허료 등을 포함한다.
146 자본소득 분배율은 (자본소득/소득)으로 나타낼 수 있고, 자본소득은 자본으로부터 얻는 소득으로서 (자본수익률×자본)으로 나타낼 수 있다. 따라서 자본소득 분배율은 [(자본수익률×자본)/소득] 또는 [자본수익률×(자본/소득)]으로 표현된다. 그런데 (자본/소득)은 자본소득비율이므로 자본소득 분배율은 (자본수익률×자본소득비율)으로 나타낼 수 있다.

률이 5%이고 자본소득비율이 6배이면, 자본소득 분배율은 30%가 된다. 자본소득 분배율도 대체적으로 소득불평등 추이와 거의 같은 방향으로 움직인다. 자본소득 분배율은 19세기말 35 – 40%의 높은 수준을 보였으나, 20세기 중반에는 전쟁 및 이에 따른 정부 정책의 영향으로 20 – 25% 수준까지 큰 폭으로 감소하였다가 최근 다시 회복하는 추세를 보여 25 – 30% 수준에 이르고 있다.

역사적인 추이로 볼 때, 장기적으로 자본소득비율이 증가하면 자본수익률은 분명 감소하지만 그 감소 폭이 상대적으로 작아 전체적으로는 자본소득 분배율이 증가하는 것으로 분석된다. 19세기말까지 영국, 프랑스 등의 자본수익률은 평균 5 – 6%의 수준에서 큰 추세적 변화가 없었으나, 1950년 자본소득비율의 급감으로 7 – 8% 수준으로까지 상승한 후, 최근에는 자본소득비율의 증가와 함께 4 – 5% 수준으로까지 하락하였다. 최근의 자본소득 분배율의 상승 추세는 자본수익률의 감소에도 불구하고 자본소득비율이 큰 폭으로 증가한 데 기인한다.

자본수익률이 성장률에 비하여 커질수록 불평등 수준은 더욱 커질 것이다. 자본수익률이 성장률을 크게 웃돌 경우 과거에 축적된 자본이 경제성장보다 더 빠른 속도로 다시 자본으로 축적되기 때문이다. 심지어 노동소득이 전혀 없는 경우에도 그럴 것이다. 예를 들어 성장률이 1%, 자본수익률이 5%일 경우, 자본소득의 20%만을 저축한다 하더라도 이전 세대에서 물려받은 자본은 경제 성장과 같은 페이스로 자동 증가하게 된다. 그럴 경우에는 노동소득이 없어도 자본의 불평등은 계속해서 증가하는 경향을 보이게 될 것이다. 만일 자본 축적과 함께 저축률까지 증가하게 되면 자본과 자본소득이 더욱 증가하여 불평등 확대가 가속화될 수도 있다.

기본적 경제모형에 따르면 자본수익률은 자본의 한계생산성, 즉 자본 한 단위를 추가로 투입할 때 증가하게 되는 생산량과 같다고 한다. 그러나 경쟁이 불완전할 경우에는 자본수익률이 자본의 한계생산성과 같지 않을 수 있다. 하지만 분명한 것은 자본 총량이 증가할 때 자본의 한계생산성이 감소한다는 사실이다. 따라서 자본의 축적으로 자본소득비율이 증가하면 자본수익률은 감소하게 되고, 이는 자본수익률과 성장률의 격차를 축소시켜 불균등 확대에 제동을 걸 수 있는 요인으로 작용할 수 있게 된다.

소득 재분배에 관한 견해[147]

각 경제주체의 자유로운 경제활동 결과로 야기되는 소득의 불평등한 분배에 관하여 이를 개선하기 위한 정부의 간여가 필요한지 여부에 대하여는 다양한 견해가 존재한다. 그 중 대표적인 것으로 공리주의, 자유주의, 평등주의를 들 수 있다.

(1) 공리주의(utilitarianism): 부(wealth)에 대한 개인의 한계효용은 부의 증가에 따라 체감하고 사회전체의 후생은 개인 효용의 총화와 같다는 전제하에서 소득분배 개선 등 경제적 평등의 달성은 사회적 후생(social welfare)을 증대시킬 수 있다고 한다. 모든 사람들의 효용함수가 같다고 하면 소득이 모든 사람들에게 똑같이 배분될 때 사회적 후생이 극대화되는 것이다. 그러나 공리주의는 모든 사람들의 효용이 동일하고 사회적 후생이 개인 효용의 총화와 같다는 가정의 비합리성 이외에도, 이미 산출된 재화나 서비스의 분배에만 관심을 두고 이 분배 상태가 전체 산출량의 변화에 어떤 영향을 미치는지에 대한 동태적 고려가 없다는 문제가 있다.

(2) 자유주의(libertarianism): 경제활동에 있어서 개인의 자유가 아무 제약 없이 보장될 경우 그 결과 나타나는 어떠한 소득 불평등에 대하여도 정부가 개입해서는 안 된다고 주장한다. 자유

147　샌델[23]을 주로 참조하였다.

가 평등보다 우선하는 가치라는 것이다. 이러한 극단적인 자유주의에 대하여는 자유라는 가치를 보장한다는 이유만으로 개인의 능력이나 노력뿐만 아니라 재능, 외모, 신체적 조건 등의 선천적 요인과 교육, 가정환경, 상속된 부와 같은 배경, 그리고 인종, 성, 종교나 자신이 통제할 수 없는 운(luck) 등 다양한 요인에 의하여 야기되는 경제적 불평등을 모두 용인하여야 한다는 것은 정의롭지 못할 뿐만 아니라 효율적이지도 않다는 비판이 있다.

(3) 평등주의(egalitarianism): 롤스(J. Rawls)에 의하면, 우리가 장래 어떠한 분배 상황에 처할지도 모르는 원초의 무지상태(veil of ignorance)에서 선택하는 분배의 원칙이야말로 가장 공정한 것이라고 주장한다. 그리고 그러한 분배의 원칙은 (i) 개인들은 타인과 양립할 수 있는 광범위한 기본적 자유에 대한 평등한 권리를 가지며, (ii) 경제적 불평등은 최하위 계층에게 이익이 될 경우에만 용인되며, (iii) 모두에게 개방된 직책이나 지위는 공정한 기회균등의 조건 하에서 부여되는 원칙에 따라 선택되어야 할 것이라고 주장한다. 특히 두 번째 원칙을 차등원칙(difference principle)이라고 한다. 차등 원칙은 원초적 무지상태에서 우리가 선택할 수 있는 가장 안전한 분배 원칙임이 분명하지만, 경제적 평등에 대한 너무 강한 요구로 경제 효율성의 면에서 과연 바람직한 원칙인가 하는 의구심이 들 수 있다.

정책적 함의

자본주의 경제에서 경제주체의 자유로운 선택과 시장의 가격 메커니즘을 통해 이루어지는 소득분배의 결과는 일반적으로 불평등할 수밖에 없다. 시장이 아무리 경쟁적이고, 설령 사람들의 능력이나 노력이 같다고 하더라도 시간이 지나면 소득 격차는 자연히 발생된다. 더구나 사람들이 선천적인 재능이나 교육, 가정환경, 상속된 부와 같은 배경에 있어서 차이가 클 경우에는 소득 불평등이 더욱 확대될 것은 분명한 사실이다. 이러한 소득 불평등을 그대로 방치할 경우 공리주의가 지적한대로 사회적 후생이 감소하게 될 뿐만 아니라, 많은 사회적 문제를 야기할 수 있다. 소득 불평등은 저소득층의 소외감을 가져옴은 물론 사회의 공동체 의식을 와해시키고 사회 통합을 저해하며, 나아가 사회적 불안정과 갈등을 초래할 수 있는 것이다.

그렇다고 오늘날에 있어 완전한 평등주의를 주장하는 사람은 없을 것이다. 대부분의 사람들은 자유주의와 평등주의 이념을 조화시키면서, 지나친 소득 불평등은 완화시키는 것이 바람직하다고 생각할 것이다. 그 구체적인 방안에 있어서는 각국의 정치 · 경제적 상황에 따라 상이할 것이지만, 다음의 일반적인 사항을 고려하면서 소득 불평등의 개선을 위한 대책을 강구하는 것이 필요하다고 생각한다.

(1) 경제가 발전한다고 해서 자연적으로 소득 불평등 문제가 개선되지 않으며, 더구나 성장 제일주의나 낙수효과가 소득 불평등 문제를 개선시킬 가능성은 더더욱 없다. 역으로 소득 불평등이 낮은 국가일수록 경제가 더욱 발전할 수 있다.

(2) 정부가 관심을 가지고 정책적 대응을 하지 않는 한, 자본주의 발전에 따라 자본 축적이 더욱 진행되고, 자본수익률이 성장률보다 높아지면서 소득 불평등은 더욱 심화될 것이라고 예상할 수 있다.

(3) 소득 불평등의 심화는 많은 사회적 문제를 야기할 뿐만 아니라 안정적 성장에도 좋지 않은 영향을 끼치므로, 이를 완화하기 위한 정부의 적극적인 노력이 필요하다.

(4) 소득 불평등을 개선하기 위하여 각종 정부정책이 각 소득계층

에 미치는 영향을 분석하고, 공평한 조세제도, 효율적인 재정 지출 제도, 적정 수준의 복지제도를 구축하여야 한다.

6 세계 각국의 불평등 현황과 대책

전반적인 불평등 현황

소득이나 부의 불평등을 측정하는 지표로서 가장 널리 사용되는 것은 지니계수(Gini coefficient)이다. 지니계수는 0에 가까울수록 평등한 분배를, 1에 가까울수록 불평등한 분배를 나타낸다.[148] 각국의 소득 불평등에 관한 지니계수는 보통 0.2에서 0.75 사이의 값을 가지며, 0.35를 기준으로 이보다 낮으면 평등한 분배, 이보다 높으면 불평등한 분배라고 할 수 있다.

국제노동기구(ILO)가 추산한 지니계수에 의하면 선진국 중에서는 유럽이 비교적 평등도가 높아 대부분의 국가가 0.2에서 0.3 사이에 있다. 유럽 국가 중에서 노르웨이, 스웨덴과 같은 북유럽 국가나 체코, 헝가리 등 구 동구권 국가의 지니계수가 특히 낮다. 미국 및 중국의 지니계수는 각각 0.45, 0.5이며, 브라질, 칠레 등 중남미 국가, 태국, 필리핀 등 아시아 국가, 그리고 코트디부아르, 르완다 등 아프리카 국

---

[148] 지니계수는 통계학적으로 분산 정도(dispersion)를 나타내는 지표의 하나로, 각 가구소득을 x_i, 전체가구 평균소득을 m, 전체가구 수를 n, 지니계수를 G 라고 하면, $G = [\sum_{i=1}^{n}\sum_{j=1}^{n}|x_i - x_j|]/(2n^2 m)$ 이다. 한편, 기하학적으로 지니계수는 로렌츠(Lorentz) 곡선과 45도 대각선 사이의 넓이를 0.5로 나눈 값이 된다. 로렌츠 곡선은 전체 가구를 소득이 가장 낮은 가구로부터 점점 높아지는 순으로 줄세웠을 경우, 누적적인 가구비율이 전체소득에서 차지하는 누적적인 소득비율이 얼마나 되는지를 나타낸다. 즉, 하위 x %까지의 가구들이 전체소득에서 차지하는 비율 y %를 나타낸다고 할 수 있다.

가는 지니계수가 0.5 이상이며, 보츠와나, 남아공 등은 0.6이 넘는다.[149]

그리고 세계 전체적인 불평등의 변화 추이를 살펴보면, 지니계수가 1880년 0.5 가량이었던 것이 1910년에는 0.61, 1950년에는 0.64, 그리고 1992년에는 0.66으로 계속 상승해왔다. 한편, 모든 국가에 있어서 부의 불평등 수준은 소득의 불평등 수준보다 훨씬 더 높다. 유엔무역개발회의(UNCTAD)에서 추산한 부의 지니계수는 0.5에서 0.8 사이로 나타났다.[150]

1980년대 이후 대부분의 국가에서 소득 불평등이 심해지고 있다. 그중에서 불평등이 가장 두드러지게 악화된 곳은 영미 국가이다. 미국의 지니계수는 1929년 0.5로 정점에 이른 뒤 지속적으로 하락하여 제2차 세계대전 이후에는 0.4 이하까지 떨어졌다. 불평등이 거의 변하지 않은 오랜 기간을 거친 뒤 1980년대 이후 불평등은 점차 악화되기 시작하여 최근에는 0.45 수준까지 상승하였다. 또한 1940년대에서 1970년대까지 미국의 상위계층 1%의 소득 점유율이 10% 정도이었던 것이 2010년에는 20% 수준으로까지 증가하였다.[151]

그리고 영국의 지니계수도 1930년대에는 0.4 이상이었으나, 제2차 세계대전 이후 0.25 수준까지 떨어졌다가 1980년대에 불평등이 크게 악화되면서 최근에는 0.35 수준으로까지 상승하였다. 또한, 영국의 상위계층 1%의 소득 점유율은 1919년 약 19%에 달하였던 것이 1979년에는 약 6%까지 떨어졌다가 2010년에는 15% 수준으로까지 증가했다. 1980년대 이후부터 영국의 전반적인 불평등의 증가 폭이 미국의 경우보다 2배나 커서, 미국의 지니계수가 5%p 증가할 때, 영국의 지니계수는 10%p나 증가하였다.[152]

---

149   장하준[3], pp. 320－321.
150   장하준[3], pp. 322－323.
151   앳킨슨[26], pp. 36－37.
152   앳킨슨[26], pp. 38－39.

20세기 불평등 추이와 그 요인[153]

1914−1945년 기간 동안 각국의 불평등은 대체적으로 감소하였다. 예컨대 프랑스의 경우 상위 1%의 몫이 1914년 18.3%에서 1945년 7.4%로 줄어들었으며, 일본에서도 18.6%에서 7.4%로 감소하였다. 이 기간 동안 불평등을 감소시킨 요인은 상당 부분 전쟁의 혼란과 그에 따른 정치·경제적 충격이었다.

1914년−1918년의 제1차 세계대전 동안에는 영국을 제외한 미국, 일본, 프랑스 등의 국가에서 불평등이 별반 개선되지 않았다. 영국의 경우에만 불평등이 크게 감소하였는데, 이는 무엇보다 해외 자산의 손실이 반영된 결과이다. 1919년 이후 1939년의 제2차 세계대전이 발발할 때까지의 기간 동안에는 영국, 미국, 일본 등 많은 국가에 있어서 불평등에 큰 변화가 없었으며, 프랑스, 네덜란드 등 일부 국가의 경우에만 뚜렷한 불평등의 감소가 보였다. 경제 대공황이 나라마다 소득분배에 상이한 영향을 끼쳤던 것으로 추정된다.

제2차 세계대전 기간 동안에는 대부분의 국가에서 불평등이 큰 폭으로 감소했다. 이는 전쟁과 점령에 따른 혼란의 산물이거나 전후 합의에 따라 강요된 구조적 변화의 결과이기도 했다. 그러나 기존 정부가 지속된 나라에서도 새로운 사회적 태도와 더 강해진 사회 연대의식이 나타나면서 중요한 변화가 일어났다. 영국에서는 비버리지 보고서 등에 따른 복지정책의 강화가 있었고, 미국에서도 뉴딜정책과 노동조합의 강화정책 등이 영향을 끼쳤다.

제2차 세계대전이 끝난 후 미국에서는 1980년까지 전반적인 불평등에 큰 변화가 없었다. 임금의 격차는 꾸준히 커졌지만 지니계수로 측정한 전체적인 소득 불평등 수준은 별로 확대되지 않았다. 이는 부분적으로는 정부의 이전지출 증가 등에 기인하는 것이지만, 부분적으

153　　앳킨슨[26], pp. 89−115.

로는 여성의 노동시장 참여가 늘어난 데 기인한다. 그러나 1980년대 이후에는 임금 격차의 확대에 대항하여 반대로 작용한 이러한 힘들이 발휘되지 못하게 됨에 따라 불평등은 점차 증가하게 되었다.

미국과는 대조적으로 유럽의 여러 나라들은 제2차 세계대전 이후 1980년까지 전반적으로 불평등 수준이 크게 감소하는 추이를 보였다. 전후 유럽의 불평등 수준이 감소한 이유를 설명하는 데 있어서 가장 중요하고 명백한 요인은 복지국가시책에 따른 이전지출과 누진과세의 확대라고 할 수 있다. 또 다른 요인은 전체소득 중에서 임금소득의 비중이 높아졌다는 데서 찾을 수 있다. 임금소득의 비중이 1%p 늘면 지니계수가 0.7%p 줄어든다는 연구도 있다. 게다가 유럽에서는 노조의 단체교섭권 강화로 임금 격차가 1960년대 중반 이후 1970년대에 걸쳐 좁혀졌으며, 자본소득의 불평등도 줄어들었다. 그러나 1980년대 이후에는 임금의 격차가 확대되어가는 추세 속에서 세금과 이전을 통한 복지국가 시책이 크게 후퇴하고 임금소득 비중도 감소세로 전환하였으며, 더구나 높은 실업률의 지속 등으로 유럽 국가들의 불평등은 점차 악화되기 시작하였다.

노동소득과 부의 불평등 현황[154]

모든 사회에서 노동과 관련된 불평등이 부와 관련한 불평등보다 작은 편이다. 노동소득 분배와 관련하여 1970−1980년대 북유럽 국가들이 가장 평등한 사회인데, 이들 국가에 있어서 노동소득이 가장 높은 10% 인구가 전체 노동소득의 20%를 가져가고 노동소득이 가장 낮은 50% 인구가 전체 노동소득의 35%를 가져간다. 한편, 대다수의 유럽국가 등 임금 불평등이 평균 수준인 국가의 경우에는 상위 10%가 전체 노동소득의 25−30%를, 하위 50%가 30%를 가져간다. 그러나 미국처럼 임금 불평등이 가장 심한 국가의 경우에는 노동소득 상위

---

154   피케티[25], pp. 286−490.

10%가 35%를, 하위 50%가 25%만을 가져간다. 이와 같은 불평등의 구조는 20세기 내내 큰 변화 없이, 노동소득이 가장 높은 10% 인구가 차지하는 비율이 20-30%에서 등락하였고, 최근에는 25% 수준으로부터 완만하게 상승하는 추세에 있다.

한편, 부의 분배는 언제나 노동소득의 분배보다 더 집중되어 있다. 부의 분배에 있어서 1970-1980년대 북유럽 국가들이 가장 평등한 사회인데, 이들 국가에 있어서 가장 부유한 10% 인구는 전체 부의 50-60%를 소유한다. 가장 가난한 50%는 10% 이하만을 소유한다. 최근 대다수의 유럽국가의 경우에는 가장 부유한 10% 인구가 전체 부의 60% 이상을 소유하고, 가장 가난한 50%는 5% 이하만을 소유한다. 미국의 경우에는 가장 부유한 10% 인구가 전체 부의 72%를 소유하고, 가장 가난한 50%는 고작 2% 이하를 소유한다.

부의 불평등은 최근보다 과거에 훨씬 더 심했다. 20세기 초 영국과 프랑스 등 유럽에서는 가장 부유한 10%가 전체 부의 90%까지를 차지하고 있었다. 그러나 2차례에 걸친 세계전쟁 등의 영향으로 그 점유율이 50-60%까지 하락한 후 1970년대 이후부터 다시 상승세를 보이고 있는 것이다. 미국의 경우도 20세기 초에는 가장 부유한 10%가 전체 부의 80% 가까이를 차지하였다가 그 후 감소하여 60%를 조금 상회하는 수준까지 하락한 후 1970년대부터 다시 상승하는 추세를 보이고 있다.

임금 불평등 현황[155]

임금 불평등의 전형적인 측정방법은 CEO 월급을 근로자의 평균 임금으로 나누는 것이다. 이 불평등의 정도는 미국에서 특히 높게 나타나는데, 영국이 그 다음이고 유럽과 일본의 순이다.

1930년대 미국에서의 이 비율은 약 80대 1이었다. 1960년대에는

---

155   오렐[10], pp. 244-250.

약 30대 1까지 떨어졌는데 이는 반독점법 규제가 증가하고 노조 세력이 강력해진 결과였다. 이 조류는 1980년대 레이건의 보수정부 이후 다시 역전되어 2001년 그 비율이 350대 1로 급증하였고 2007년에는 무려 500대 1에 달하게 되었다. 2007년 월마트의 최고경영자 스코트 (Lee Scott Jr)가 받았던 연봉 3,120만 달러는 그 회사 근로자의 평균 임금의 1,000배가 넘는 것이었다. 미국의 CEO 연봉이 급등하는 사이 근로자의 평균 임금은 정태 상태에 머물렀다. 물가 상승률을 반영하여 조정하면 30대 남성은 그의 아버지가 같은 나이에 받았던 임금보다 12%나 덜 받았다. 이들 노동자는 더 많은 시간을 일하며 더 높은 생산성을 보이고 있지만, 그 혜택은 전부 경영자의 몫이 되고 있는 것이다.

CEO 연봉은 그의 본래적인 가치를 반영하고 있는 것일까? 회사의 성공은 시장의 상태, 모든 피고용인들의 협조와 기여, 회사 내의 문화 등 많은 요소들의 창발적인 결과라고 할 수 있다. 뛰어난 최고경영자를 가지는 것도 중요한 성공요소이긴 하지만 천문학적인 연봉을 받아야 할 만큼 그렇게 결정적인 요소는 아닌 것이다. 국제노동기구(International Labour Organization)가 제시하는 경험적 증거들을 요약하면, CEO 보수 효과는 만일 있다고 하더라도 매우 온화한 정도의 효과만을 가지며, 일부 국가의 경우 능력급여와 회사이윤 사이에 아무런 연관성도 찾을 수 없다고 한다. 사실 일본의 경우에는 최고경영자들이 성과가 매우 뛰어난 회사들을 여럿 보유하고 있지만 평균적 보수는 미국의 절반 수준에 그치고 있다.

최고경영자의 보수가 급등한 이유를 좀 더 현실적으로 설명할 수 있는 방법은 행동 심리학에서 찾을 수 있을 것 같다. 사치품들이 엄청나게 높은 가격으로 인하여 위신이 올라가는 것과 마찬가지로, 최고경영자의 보수도 더 많이 받을수록 더 훌륭해 보이고, 따라서 어려움에 처한 회사의 주식을 보유한 사람은 그만큼 안심하게 되는 것이다. 최고경영자의 보수가 지나치게 높아지는 것을 막기 위하여 도입된 CEO

등 임원 보수의 강제 공개와 이의 보도가 오히려 그들의 보수 급등에 상승 작용을 일으켰다. 최고경영자는 다른 회사의 CEO 연봉과 자신의 연봉을 비교하면서 자신의 가치를 평가하게 되고, 이들은 헤드헌터의 도움을 받으며 더 높은 임금을 요구하게 된 것이다.

최고경영자의 보수가 증가하는 또 다른 이유는 그들이 지배하고 있는 회사가 세계화 등의 영향으로 점점 커지고 복잡해지고 있다는 것이다. 임금이 점점 비대칭적으로 변화하는 것처럼 기업의 규모도 마찬가지다. 고용된 인원이 얼마 안 되는 수백만 개의 작은 회사가 있는 반면에, 왕국과 같이 거대한 다국적 기업이 극소수 있다. 거대 기업은 대다수 근로자들의 임금을 하향 압박하는 동시에 임원들의 임금은 부풀림으로써 경제의 불평등을 더욱 강화시킨다. 거대 기업일수록 임원들의 임금이 전체 임금에서 차지하는 비중이 낮기 때문에 그들의 임금 상승은 비교적 쉬운 반면에, 나머지 임금 비중이 매우 높은 근로자층에 대해서는 임금 삭감의 압력이 집중된다.

CEO 보수가 급증한 또 다른 요인은 소득세의 최고 세율이 큰 폭으로 낮아진 것과 관련이 있다. 세율이 높았을 때에는 경영자들이 더 많은 보상을 얻어내려고 협상하는 데 에너지를 거의 투입하지 않았으며 사업 활동의 규모나 성장률에서 더 많은 만족을 얻었다. 그러나 1970년대 말 이후 소득세 최고세율이 매우 큰 폭으로 인하되자 경영자들은 더 나은 보상을 확보하는 데 다시 힘을 쏟게 되었던 것이다.[156]

빈곤 현황

빈곤은 절대적 빈곤과 상대적 빈곤으로 구분할 수 있으며, 빈곤인구를 구별하는 소득기준을 빈곤선(poverty line)이라고 한다. 국제 기준상의 절대적 빈곤선은 최소한의 영양공급이 가능한 소득수준으로 1일 구매력 평가기준으로 1.25달러이다. 오늘날 전 세계 인구 5명 중 1명

---

156 ▮ 앳킨슨[26], p. 159.

이 하루 1.25달러도 안 되는 돈으로 살고 있다. 한편, OECD가 정한 상대적 빈곤선은 중간 가계소득의 50% 수준이다. 전체 인구 중 빈곤인구의 비중을 빈곤비율이라고 하는데, 선진국의 상대적 빈곤비율은 6-20% 수준에 있으며, 덴마크, 핀란드 등 유럽 국가는 비교적 낮고, 일본, 미국, 이스라엘 등은 비교적 높다.[157]

한편, 빈곤비율은 빈곤인구의 평균적 위치가 어디인지 알 수 없다는 단점을 가지고 있다. 빈곤인구의 평균 소득이 빈곤선에서 얼마나 떨어져 있는지, 그 괴리 정도를 알아보기 위하여 빈곤격차(poverty gap)를 측정한다.

불평등 해소를 위한 정책

자본주의 시장경제에서는 언제나 불평등 문제가 야기될 수 있기 때문에 이를 시정하기 위한 여러 가지 정책이 강구되어져야 한다. 경제적 불평등을 해소하기 위한 정책 유형은 크게 두 가지로 나눠 볼 수 있는데, 하나는 시장의 소득결정 과정 그 자체에 정부가 직접 개입하여 정책목표에 부합되는 분배 상태를 유도하는 방법이며, 다른 하나는 시장에서 1차적으로 결정된 소득분배를 정부의 조세 제도나 재정지출 제도를 통해 사후적으로 수정하는 정책을 말한다.

첫째 유형의 정책으로는 실업률을 낮추기 위한 정책, 근로자 임금 격차를 축소하기 위한 정책, 최저임금제도·가격지지제도 등 취약계층의 소득 안정을 위한 정책, 경쟁 제한적인 요소를 규제하여 시장기능을 제고하는 정책, 노동조합의 교섭 능력을 강화하여 노동 분배율을 높이는 정책, 근로자 재산형성 제도 등을 통하여 재산소유의 평등을 기하는 정책, 교육 기회를 균등하게 하여 장기적으로 저소득층의 소득을 증가시킴으로써 소득분배의 평등을 기하는 정책 등이 있다.

그러나 이러한 정책만으로 시장소득의 분배가 충분하게 개선되지

157 　 장하준[3], pp. 329-331.

않기 때문에 각국 정부는 좀 더 강력하고 직접적인 분배개선정책을 펴고 있다. 즉, 조세 및 재정지출 제도를 통하여 사후적으로 소득분배의 개선을 기하고 있는 것이다. 여기서는 누진적 과세 체계를 통한 소득 재분배 정책과 정부의 이전 지출을 통한 사회보장 정책 등을 중심으로 살펴본다.[158]

(1) 누진적 소득세: 소득세에 있어서 누진세율 구조와 과세 최저액 조정 등을 통하여 소득분배를 사후에 교정하는 기능을 수행할 수 있다. 즉, 고소득자에 적용되는 누진 단계를 확대하고 최고 누진단계의 한계세율을 높이거나 과세되는 최저금액을 상향조정함으로써 소득재분배 효과를 높일 수 있는 것이다. 1970년 대 말 이후 대부분의 국가에서 소득세의 최고세율을 크게 인하한 것이 불평등을 초래한 주요 요인이라는 인식에 기초하여, 앳킨슨은 소득세 최고세율을 단계적으로 65% 수준까지 인상할 것을 권유하고 있다.[159]

(2) 상속세, 증여세의 개선: 소득불평등의 주요 원인 가운데 하나는 소득 형성의 전제조건이 되는 자산보유 상황의 불평등 때문이다. 따라서 누진적인 상속세 및 증여세의 과세를 통하여 부의 세습화를 방지하고 소득분배의 개선을 도모할 수 있다. 앳킨슨은 상속세와 증여세를 평생에 걸친 자본취득세로 전환하거나 이를 없애고 개인소득세에 포함시켜 과세할 것을 권유하고 있다. 다만, 개인소득세에 포함시켜 과세할 때 상속이나 증여된 금액 전체를 1개 과세연도의 과세표준으로 삼게 되면

---

158   이정우[24], pp. 382－394, 앳킨슨[26], pp. 254－334.

159   영국의 경우 1979년 대처 정부 때 최고세율이 83%에서 60%로 되었다가, 현재는 45%까지 하락하였다. 미국의 경우에는 레이건 정부 때 80%에서 28%까지 하락하였다.

누진제도하에서 부담이 커지게 될 우려가 있으므로, 여러 과세 연도(예컨대 10년)에 걸쳐서 분할 과세하는 것이 바람직하다. 한편, 평생 자본취득세는 일생 동안 받는 모든 증여와 상속을 대상으로 면세점을 초과하는 금액에 대하여 세금을 부과하는 것이다. 즉, 증여나 상속되는 금액의 합계가 면세점 이하일 경우에는 세금을 부과하지 않다가 그 이상이 될 경우 그 초과된 금액에 대하여 누진적인 자본취득세를 부과하는 것이다.

(3) 글로벌 자본세: 전 세계적인 부의 불평등을 줄이기 위하여 순 자산에 대하여 부과되는 누진적 자본세로 피케티가 주장한 것이다. 글로벌 부유세의 일종이라고 볼 수 있다. 피케티는 유럽 상황에서 100만 유로에서 500만 유로 사이의 부에 대해서는 1%, 500만 유로 이상의 부에 대해서는 2%의 자본세를 적용한다면 국민소득의 2%에 해당하는 세수를 얻을 수 있을 것으로 추정하였다. 글로벌 자본세는 매우 높은 수준의 국제 협력이 필요하고, 과세 기준이 되는 순 자산규모와 그 세율, 그리고 세수의 관리와 그 용도 등에 대한 합의가 필요하다.

(4) 마이너스 소득세: 공공부조는 고소득층의 부담으로 조달된 재원을 빈곤층에게 직접적으로 이전하는 효과적인 재분배 수단이기는 하지만, 이 제도는 노동의욕의 저하, 행정비용의 소요 등 몇 가지 문제점을 갖고 있다. 최근 이러한 문제점을 시정하면서 효과적으로 소득을 이전할 수 있는 마이너스 소득세(negative income tax) 제도가 제안되고 있다. 이는 소득 있는 모든 사람에게 자기 소득을 신고하게 한 다음, 그 신고금액이 과세 최저한을 넘으면 그 초과분에 대하여 누진과세를 하고, 미달될 경우에는 그 부족분에 일정비율을 곱한 금액을 조세 환급과 같은 방법으로 급부해주는 제도이다. 이러한 제도는 기존의 소득세 체계 내에서 공공부조를 실시함으로써 종래의 공공부조

결점을 제거할 수 있다. 예컨대, 소득요건에 해당되지 않아 공공부조 대상에서 제외되었던 차상위의 빈곤계층에 대하여도 혜택이 가는 장점이 있다. 또한, 종래에는 공공부조 대상자가 소득을 가질 경우 그 대상에서 제외될 수 있다는 문제점이 있었으나 새로운 제도에서는 소득의 일부만 삭감되어 노동의욕이 저하될 우려가 적고, 그리고 종래의 번잡했던 공공부조 행정비용도 크게 절감할 수 있다는 장점도 있다. 그러나 동 제도에 대한 일부 통제실험에 따르면, 이론과는 달리 저소득층의 노동의욕 감소와 이에 따른 소득 감소 문제가 상당히 있는 것으로 분석되고 있다.

(5) 기본소득: 모든 국민에게 최소한의 생존이 가능한 수준의 기본소득(basic income)을 아무런 조건 없이, 그리고 재력조사 없이 균등하게 지급하는 것이다. 이 제도 하에서는 부자도 거지도 똑같은 금액을 받게 되며 다만 어린이만이 다소 적은 액수를 받게 된다. 이 제도의 가장 큰 장점은 대상자를 가려내기 위한 일절의 비용이 소요되지 않는다는 것이다. 기본소득의 지급에 소요되는 비용은 누진적인 소득세의 증세 등을 통하여 조달함으로써 소득재분배의 효과를 거두게 된다. 미국의 일부 지역에서는 실제 실시되고 있으며, 이를 검토하는 국가가 늘고 있는 추세이다. 동 제도를 실시할 경우 기존의 사회보장 제도 전부를 대체할 수도 있고 공공부조 제도만 대체할 수도 있다. 동 제도는 재정지출 면에서는 어떠한 소득재분배 효과도 없으나, 조세 면에서의 누진 정도와 기본소득의 크기에 따라 전체적인 소득 재분배 효과가 정해진다.

(6) 사회보장 제도: 모든 국민에게 최저한의 인간다운 생활을 보장하여 국민의 복지수준을 향상시키는 것을 목적으로 하는 사회보장 제도는 크게 사회보험 제도와 공공부조 제도로 나누어

볼 수 있다. 사회보험은 건강보험, 연금보험, 고용보험, 산재보험 등의 4대 보험이 있으며, 기본적으로 가입자가 갹출한 보험료를 기반으로 운용된다는 면에서 민간 보험 제도와 유사하다. 그러나 사회보험은 소득 수준에 따른 보험료의 차등, 정부의 보험료 일부 부담과 일부 저소득층에 대한 보험료 지원 등을 통해 소득재분배 기능을 수행한다. 이와는 달리, 공공부조는 생활이 극히 어려운 사람들을 위한 사회적인 구제 제도로서, 최저 생계조차도 유지할 수 없는 절대적 빈곤층을 대상으로 정부의 이전지출을 통해 이들에게 최저소득을 보장하거나 주택, 의료, 교육 등의 기본적 공공서비스를 제공해 주는 제도이다.

(7) 공공서비스 지출: 빈곤계층에 대한 의무교육과 의료서비스의 무료 급부, 값싼 공공주택의 공급 등 공공서비스 지출 확대는 그들의 생계비 부담을 줄여줄 뿐만 아니라 그들의 교육기회를 넓히고 노동 생산성을 제고시켜 소득 향상에 직·간접적으로 도움을 줄 수 있다. 그리고 공교육의 질 개선, 유아 교육 및 돌봄 서비스, 방과 후 청소년 프로그램 등과 같은 공공서비스 지출 확대는 사회 전체의 생산성 제고에 기여할 뿐만 아니라, 빈곤계층에 더 많은 혜택을 줌으로써 경제적 불평등을 개선하는 데에도 도움을 줄 수 있다.

정책적 함의

1980년대 이후 전 세계적으로 소득과 부의 불평등 수준은 확대되었다. 그리고 경제 발전에 따라 절대 빈곤인구는 감소하는 추세에 있지만, 아직도 전 세계인구의 5분의 1이 절대 빈곤에 있다. 개발도상국은 물론 선진국의 경우에도 상대적 빈곤비율이 꽤 높은 나라가 있다. 예컨대, 스페인, 포르투갈, 미국, 이스라엘의 상대적 빈곤비율은 15%에서 21% 수준에 이르고 있다.

최근 들어 불평등 수준이 심화되어 가는 가장 주된 이유는 신자유주의 사상의 확산에 따른 임금격차의 확대, 부자 감세, 규제 완화 등에 따른 효과라고 할 수 있다. 이러한 불평등의 확대는 많은 사람들의 생각과는 달리 오히려 경제성장에 나쁜 영향을 끼치는 것으로 분석되고 있다. 안정적인 경제성장을 도모하고 사회계층 간 통합을 위하여 소득분배의 개선과 빈곤의 해소에 보다 많은 관심을 가져야 한다.

(1) 최근 들어 전 세계적으로 경제적 불평등이 더욱 확대되어가는 추세에 있으며, 정부의 적극적인 대응 노력이 없을 경우 이는 더욱 심화되어갈 전망이다.

(2) 이에 효과적으로 대처하기 위해서는 성장문제가 분배문제보다 언제나 우선되어야 하며 경제적 불평등의 개선을 위한 정부의 정책, 즉 복지정책의 강화는 경제성장을 저해한다는 인식을 버려야 한다.

(3) 실업을 줄이는 것이 임금의 불평등, 나아가 소득의 불평등을 개선시킬 수 있는 가장 중요한 과제이기 때문에, 고용 확대를 위한 정책을 최우선적으로 추진하여야 한다.

(4) 최근 높은 임금 격차가 소득 불평등의 주요 요인이 되고 있으므로, 임금소득의 불평등을 완화하기 위하여 근로소득에 대한 소득세의 누진구조를 강화할 필요가 있다.

(5) 소득 불평등보다 훨씬 더 심한 부의 불평등을 완화하기 위하여 증여, 상속, 자본이득 관련 세제를 강화하고 부동산, 금융자산 등의 가격 안정을 도모하여야 한다.

(6) 경제 발전에도 불구하고 상존하는 절대적 빈곤을 줄이기 위하여 정부의 복지정책 강화가 필요하다.

소득불평등 현황

우리나라의 소득불평등 추계에서 사용되는 소득에 관한 실태조사는 조사 대상이 한정되어 있기 때문에 통계적 대표성이 낮다는 문제가 있다. 특히 소득분배상 최상위층과 최하위층이 조사 대상에서 제외되어 소득불평등 수준이 실제보다 훨씬 더 좋게 나올 가능성이 크다. 그러한 제약에도 불구하고 그 중 가장 세심한 분석으로 인정받고 있는 주학중의 연구 결과에 따르면, 우리나라 전체 지니계수는 경제발전 초기인 1970년대에는 다소 악화되었다가 1980년대 이후에는 점차 개선되는 추세를 보이고 있다.

━━━ 주학중의 우리나라 지니계수 추계

연도	'65	'70	'76	'82	'86	'90
지니계수	0.344	0.332	0.391	0.357	0.337	0.332

그보다 최신인 우리나라 소득분배 자료로는 정부의 공식적인 자료로서 1980년부터 실시한 사회통계조사가 있다. 이 자료에 의하면 우리나라 소득불평등 수준은 1980년대 이후 지속적인 개선 추세를 보이다가 1997년 외환위기를 계기로 악화되는 것으로 분석되었다.[160] 유경준도 외환위기 이후 우리나라의 소득불평등 수준은 크게 높아졌으며, 그 후 높아진 수준에서 등락하는 것으로 분석하였다.[161]

---

[160] 안국신 등 일부 연구에 따르면 우리나라 소득불평등 수준은 1980년대 이후에도 악화되는 추세에 있었다고 한다. 즉, 지니계수는 1970년 0.288, 1976년 0.346, 1982년 0.377, 1990년 0.402, 1993년 0.380로 추정되었다.

[161] 이정우[24], pp. 465−480.

■■■■ 사회통계조사의 우리나라 지니계수 추계

연도	'80	'85	'88	'93	'96	'02
지니계수	0.388	0.345	0.336	0.310	0.295	0.352

■■■■ 유경준의 우리나라 지니계수 추계

연도	'97	'98	'03	'07
지니계수	0.274	0.310	0.299	0.325

또 하나의 정부통계로서 2006년부터 실시되어온 통계청의 가계 동향조사에 의하면, 외환위기 이후 2008년－2009년까지 계속 악화되어온 소득불평등 수준이 최근에는 다소 개선되는 모습을 보이고 있다.

■■■■ 가계 동향조사의 우리나라 지니계수 추계

연도	'06	'07	'08	'09	'10
지니계수	0.306	0.312	0.314	0.314	0.310
연도	'11	'12	'13	'14	'15
지니계수	0.311	0.307	0.302	0.302	0.296

이와 같이 우리나라 소득불평등 수준은 경제개발 초기단계에서는 악화되는 추세를 보였지만, 1980년대 이후부터 외환위기 이전까지 대체로 지속적 개선 추세를 보여 외환위기 직전에는 지니계수가 0.3보다도 낮은 수준을 보였다. 그러나 외환위기 이후부터는 소득불평등 수준이 다시 악화되어 지니계수가 0.3보다 높은 수준에서 움직이고 있는 추세이다. 다만 최근에는 전반적인 경기침체 속에서 소득불평등 수준이 다소 개선되는 모습을 보이고 있다.

빈곤 현황

우리나라의 빈곤 현황에 관하여 1965년에서 1984년까지의 기간을 대상으로 한 서상목, 연하청의 연구에 따르면, 절대적 빈곤비율은 1965년 40.9%에서 1984년 4.5%으로 큰 폭으로 하락하였고, 상대적 빈곤 비율은 1965년 12.1%에서 1984년 7.7%로 다소 하락한 것으로 분석되었다. 이와 같은 선구적인 연구에 대하여 절대 빈곤선으로 너무 낮은 최저생계비를 기준으로 하였고, 상대 빈곤선도 중간 가계소득의 1/2이 아니라 평균 가계소득의 1/3을 기준으로 함으로써 빈곤비율을 너무 적게 추계하였다는 지적이 있었다.

그 후 보건사회연구원에서 추계한 최저생계비를 절대 빈곤선으로 사용하여 분석한 이정우, 이성림의 연구결과에 따르면, 절대적 빈곤비율이 1993년 13.37%, 1997년 7.33%, 1998년 13.13%으로 외환위기 전까지 크게 감소하였다가 그 후 1년 사이에 몇 년 전의 높은 수준으로 다시 되돌아간 것으로 추정되었다. 그리고 김진욱, 박찬용의 도시의 절대적 빈곤비율을 추계한 연구결과에 따르면, 1997년의 9.5%에서 1998년 15-16%로 외환위기 이후 급상승한 것으로 추정되었다.[162]

노동소득 불평등 현황

종업원 수 10인 이상 기업의 임금소득을 기준으로 한 노동소득 지니계수의 변화를 살펴보면, 1980년대에서 1990년대 중반까지 지니계수는 지속적으로 하락하여 불평등이 개선되는 모습을 보였다. 그러나 1990년대 중반 이후 상승세로 전환해 최근까지 불평등이 악화되는 추세를 보이고 있다. 지니계수가 1980년 0.37 수준에서 1995년 0.28 수준까지 하락하였다가 2013년에는 0.33 수준으로까지 상승하였다.[163]

---

162   이정우[24], pp. 351-368.
163   장하성[27], pp. 49-50.

Chapter 09 가치판단 경제학

소득 집중도 현황

김낙년은 국세청 자료를 이용하여 1963년부터 2010년까지의 노동소득 집중도, 즉 노동소득 최상위 계층이 전체 노동소득에서 차지하는 비중을 추계하였다. 그의 연구결과에 의하면 1960년대 이후 고도 성장기를 거치면서 노동소득 집중도가 다소의 기복은 있었으나 뚜렷한 상승이나 하락 추세를 보이지 않다가, 1990년대 중반, 특히 외환위기 이후 급속히 높아진 것으로 분석되었다. 예를 들어, 노동소득 최상위 계층 10%가 전체 노동소득에서 차지하는 비중은 1995년 25% 수준에서 2010년 34% 수준으로까지 높아졌다.[164]

한편, 노동소득 이외에도 재산소득, 사업소득 등을 포함한 개인소득 전체에 대한 집중도는 1979년부터 세계 상위소득 데이터베이스(The World Top Income Database)가 추계해 발표하고 있다. 우리나라 개인소득 최상위 계층 10%가 전체 개인소득에서 차지하는 비중은 1979년 27.2%에서 1995년 29.2%로 16년간 2.2%p 증가하는 데 그쳤다. 그러나 1995년 이후 불평등 수준이 갑자기 큰 폭으로 증가하여 2012년에는 44.9%로 17년간 15.7%p나 증가하였다. 개인소득의 경우가 노동소득에 비하여 그 불평등 수준이 더 높을 뿐만 아니라 1995년 이후 불평등 수준이 악화되는 속도도 훨씬 더 빠르다.[165]

임금격차 현황

OECD에서 집계하고 있는 상용근로자의 임금을 기준으로, 최하위 10%의 평균임금 대비 최상위 10%의 평균임금 비율을 살펴보면, 우리나라는 2013년 4.7배로 OECD 33개 회원국 중 네 번째로 불평등한 국가로 나타났다. 미국이 그 중에서 가장 불평등한 국가인데, 그 비율

---

164   장하성[27], pp. 56–57.
165   장하성[27], pp. 58–60.

은 5.1배로 우리나라와 큰 차이가 없다. 특히, 우리나라의 경우에는 임시직 근로자의 비율이 높고 이들과 상용근로자와의 임금격차도 크기 때문에 이를 감안할 경우 그 비율은 더욱 커질 것이다.

한편, 연도별 추이를 살펴보면, 미국은 1980년의 3.8배에서 지속적으로 증가하여 2013년 5.1배에 이르렀지만, 우리나라는 1980년 중반 5.1배에서 감소하기 시작하여 1995년 4.1배 수준까지 하락한 다음, 그 후 점차 상승하여 2013년 4.7배에 이른 것이다. 이와 같이 미국의 경우에는 1980년대 이후 계속해서 불평등 수준이 악화되어 왔지만, 우리나라의 경우에는 1995년까지는 불평등 수준이 개선되다가, 그 후 특히 외환위기 이후 불평등 수준이 크게 악화된 것이다.[166]

노동소득 분배율 현황

전체 소득에서 노동소득에 분배되는 비율을 노동소득 분배율이라고 하며, 우리나라에서 이 비율은 외환위기 전까지는 증가하다가 외환위기 이후 급격히 감소한 후 최근 들어 일부 회복하는 추세를 보이고 있다. 한국은행이 발표한 노동소득 분배율에서 자영업자의 사업소득 중 일부를 노동소득으로 보정하여 재추정한 결과에 따르면, 이 비율은 1980년의 72% 수준에서 1996년 79% 수준까지 증가한 후 하락세로 반전하여, 2010년 68% 수준으로까지 크게 감소하였고, 2014년에는 71% 수준으로 일부 회복하였다. 외환위기 이후 노동소득 분배율이 감소하였다는 것은 그간 임금상승률이 경제성장률을 따라가지 못함으로써 불평등이 확대된 것을 의미한다.

재산 집중도 현황

우리나라의 경우 2014년 순자산 최상위 20% 계층은 최하위 20% 계층보다 순자산이 평균 63.9배나 많다. 소득에 있어서 소득 최상위

---

166 ▪ 장하성[27], pp. 61−65.

Chapter 09 가치판단 경제학

20% 계층이 최하위 20% 계층보다 25배 많은 것과 비교해 보면 재산 불평등이 소득 불평등보다 훨씬 더 심한 것을 알 수 있다. 또한 세계 상위소득 데이터베이스에 수록된 우리나라 소득 최상위 1%와 10%의 소득 집중도와 세계 부 데이터북에 수록된 우리나라 재산 최상위 1%와 10%의 재산 집중도를 비교할 경우에도 재산 불평등이 소득 불평등보다 훨씬 더 심한 것을 알 수 있다. 소득 최상위 1% 계층은 총소득의 12.9%를 차지하는 한편, 재산 최상위 1% 계층은 총재산의 33.9%를 차지하며, 소득 최상위 10% 계층은 총소득의 44.9%를 차지하지만 재산 최상위 10% 계층은 총재산의 62.9%를 차지한다.

우리나라의 재산 불평등은 소득 불평등과 마찬가지로 세계적으로 볼 때 불평등한 편에 속하며, 특히 지난 10년 동안 매우 빠른 속도로 불평등이 증가했다는 특징을 가진다. 우리나라 최상위 1% 계층의 재산 집중도가 2000년 22.7%였던 것이 2014년에는 33.9%로 크게 증가한 것이다.[167]

우리나라의 경우 재산의 대부분은 주택이기 때문에 재산이 많다고 하여 반드시 소득이 높은 것은 아니라는 특징이 있다. 그러므로 우리나라에서 재산 불평등이 소득 불평등보다 훨씬 더 심하다고 해도 재산 불평등이 소득 불평등을 만드는 주요 원인은 아닌 것이다.[168]

불평등의 확대 요인

미국, 유럽 등 많은 선진국에 있어서는 1970년대 말 이후 부자 감세, 민영화, 규제 완화 등 신자유주의적 경제정책의 영향으로 불평등 수준이 계속해서 증가하는 추세를 보여주고 있다. 이와는 대조적으로 우리나라의 경우에는 1970년대 말 이후 1990년대 중반까지는 오히려 불평등이 감소하는 추세를 보이다가, 1997년 외환위기가 발발한 이후

---

167   장하성[27], pp. 201–212.
168   장하성[27], p. 214.

부터 불평등이 크게 악화되는 모습을 보이고 있다.

우리나라는 외환위기 이후 전체적인 소득 불평등과 빈곤비율뿐만 아니라 노동소득 불평등, 소득 집중도, 임금 격차, 노동소득 분배율, 재산 집중도 등 거의 모든 불평등 관련 지표들이 악화되는 추세를 보이고 있다. 이와 같이 우리나라의 불평등 수준이 외환위기 이후 크게 증가한 주요 원인은 많은 기업의 도산과 구조조정, 그리고 IMF 권유에 따른 각종 규제의 완화, 특히 금융과 노동 규제의 완화 등에 기인하는 것으로 보인다. 외환위기 이후 실업률이 큰 폭으로 증가하고 비정규직이라는 새로운 형태의 고용형태가 생겨나 이들의 점유 비율과 정규직 근로자와의 임금격차가 날로 커졌을 뿐만 아니라, 대기업의 고용자수는 감소하는 가운데 대기업과 중소기업 간 임금격차 또한 커짐으로써 임금 불평등과 전체 소득 불평등의 수준이 크게 확대되었던 것이다. 외환위기가 발발한 이후 우리나라의 불평등 수준이 크게 증가한 이유를 정리하면 다음과 같다.

(1) 높은 노동소득의 비중: 최근 우리나라에 있어서의 불평등 확대는 주로 노동소득의 불평등 확대에 기인한다. 모든 계층에서 노동소득이 전체 소득의 90% 이상을 차지하고 있으며, 평균가계의 경우 재산소득은 전체 소득의 1%도 되지 않는다. 심지어 전체 소득 상위 10%에 속하는 고소득층의 경우에도 재산소득의 비중은 5%도 되지 않는다.[169]

(2) 실업률의 증가: 외환위기 이후에 마이너스 성장률과 많은 기업의 구조조정 여파로 실업률이 급등하였다. 외환위기 이전에는 줄곧 2%대에 머물렀고, 1996년 2.0%, 1997년 2.6%에 불과하였던 실업률이, 외환위기의 영향이 최고조에 달했던 1998년,

---

[169]　장하성[27], p. 25.

1999년에는 각각 7.0%, 6.3%로 매우 높은 수준을 보였다. 그 후 실업률은 안정세를 보였으나 아직까지도 3% 이상의 높은 수준을 보이고 있다.

(3) 비정규직 근로자의 증가: 외환위기 이후 새로운 고용 형태로 나타난 비정규직 근로자는 고용 불안정과 낮은 임금이라는 두 가지 어려움을 동시에 안고 있다. 정부의 통계에 따르면, 현재 비정규직 근로자수는 전체 근로자 수의 32%를 차지하고, 임금 수준은 55.8% 수준이다. 한편, 노동계의 통계에 따르면 비정 규직 근로자 수는 전체 근로자 수의 45%, 임금 수준은 49.9% 수준이다. 비정규직 근로자는 2년의 법정 고용기간이 지나도 정규직으로 전환되는 비율이 10명 중 2명에 불과하다. 정규직 의 평균 근속연수는 7년 1개월이지만, 비정규직의 경우에는 2년 6개월이다. 그나마 이것도 허상에 가까워 비정규직 근속 기간이 1년 미만인 경우가 54.8%에 달한다.[170]

(4) 중소기업과 대기업의 임금격차: 오늘날 대기업과 중소기업 간 의 임금격차는 매우 크다. 중소기업 임금은 대기업의 60% 수 준에 불과한 것이다. 1980년대에는 중소기업 임금이 대기업 임금의 97% 수준일 정도로 그 격차가 작았는데 지난 30년간 그 격차가 지속적으로 확대된 것이다. 대기업과 중소하청기업 사이뿐만 아니라 1차 하청기업과 2차 하청기업 사이와 같이 각 단계마다 40%의 임금격차가 존재한다. 이렇게 중소기업과 대기업의 임금격차는 점점 커진 반면에, 중소기업에서 일하는 근로자의 비율은 많이 늘어났다. 1980년대에는 중소기업에서 일하는 근로자의 비율이 53%에 불과하였으나 2014년에는 81%까지 상승하였다. 대다수 국민이 임금이 상대적으로 낮은

170 　　장하성[27], p. 91, pp. 104−107.

중소기업에서 일하고 대기업과 중소기업 간 임금격차가 커졌기 때문에 소득불평등이 계속해서 악화되고 있는 것이다.[171]

(5) 노조 조직률의 차이: 우리나라 대기업, 공기업, 금융기관에서 근무하는 정규직 근로자의 경우에는 강력한 노동조합을 배경으로 강력한 교섭력을 갖추고 있는 반면에, 중소기업에 근무하고 있거나 비정규직 근로자의 경우에는 거의 대부분이 노동조합의 힘을 빌릴 수 없는 상황에 있다. 우리나라 전체의 노동조합 조직률은 10% 수준인데, 대기업의 경우에는 48% 정도의 노조 조직률을 보이고 있는 반면에, 중소기업의 노조 조직률은 2%에 불과한 실정이다. 일반적으로 중소기업에서 근무하는 근로자나 비정규직 근로자의 경우 강력한 교섭력을 갖춘 노동조합의 보호를 받기 어렵기 때문에, 대기업에 비해 고용 안정성이나 임금수준의 면에서 불리한 위치에 놓일 수밖에 없는 것이다.[172]

정책적 함의

우리나라의 불평등 수준은 외환위기 이후 크게 악화되었다. 다만, 최근 들어 성장의 정체, 낮은 금리수준, 부동산 및 금융자산 가격의 안정 등에 따라 불평등이 다소 개선되는 모습을 보이기도 했으나, 향후 경기침체가 장기화될 경우에는 실업률 증가 등의 영향으로 불평등이 재차 확대될 것으로 보인다.

우리나라의 불평등은 주로 노동소득의 불평등에 기인한다. 외환위기 이후 실업률의 증가, 중소기업 근로자와 비정규직 근로자의 비중 확대 및 그들의 낮은 임금수준 등으로 근로자 간의 임금격차가 크게

171 　장하성[27], pp. 93-99.
172 　장하성[27], pp. 132-144.

확대된 것이다. 한편, 우리나라의 경우에도 소득의 불평등보다는 부의 불평등이 더욱 심하다. 그러나 우리나라의 경우에는 대다수의 부를 부동산 형태로 갖고 있기 때문에 부동산 가격이 안정세를 보이는 한 부의 불평등이 소득 불평등의 원인은 되지 않을 것이다.

향후 우리나라의 소득 불평등을 개선하기 위한 정책을 수립함에 있어서 다음 사항을 고려할 필요가 있다.

(1) 우리나라의 불평등은 주로 노동소득의 불평등에 기인하는 것이므로 이에 정책의 초점을 맞출 필요가 있다.

(2) 노동소득의 불평등을 개선하기 위해서는 실업률을 낮추는 것이 가장 중요하기 때문에, 고용 확대를 최우선적인 정책과제로 삼아야 한다.

(3) 민간부문에서의 고용 확대를 위해 중소기업 육성정책, 대기업 투자유인정책 등을 적극 강구하여야 한다.

(4) 그러나 경기침체의 심화로 실업률이 매우 높은 상황에서 민간부문의 고용확대 여력이 없을 경우에는 공공부문에서의 고용확대를 적극 검토하여야 한다.

(5) 이 경우 공공서비스의 질을 개선시킬 필요가 있는 분야를 주요 대상으로 하여야 한다.

(6) 이와 함께, 청년을 우선적으로 고용하여 청년 실업문제의 해소에 기여할 수 있는 방향으로 추진되어야 한다.

(7) 지나치게 높은 수준의 임금을 억제하기 위하여 고소득에 대한 누진단계(5억 이상, 10억 이상)들을 신설하고 이들의 한계 최고 세율을 단계적으로 50% 이상 상향 조정할 필요가 있다.

(8) 근로자 간의 임금격차를 축소하기 위하여 정규직과 비정규직, 대기업과 중소기업 간의 임금수준의 차이를 줄이고, 비정규직 근로자의 정규직 전환을 확대할 수 있는 실효성 있는 방안을

마련해야 한다.

(9) 절대빈곤층의 최저 생계를 보장하기 위한 현행의 제도를 마이너스 소득세 제도나 기본소득 제도 등으로의 전환을 검토하여 근로의욕의 저하나 행정비용의 낭비 문제 등을 개선할 필요가 있다.

(10) 부의 불평등을 완화하기 위하여 증여·상속과 자본이득 관련 세제의 강화를 검토하여야 한다.

경제적 형평성이 중요하다

영국의 주류 경제학자 마샬(A. Marshall)은 경제학자란 무릇 차가운 머리와 뜨거운 심장을 가져야 한다고 말한 바 있다. 그러나 오늘날의 주류 경제학자들은 그들의 선조와는 점점 다른 길을 걷고 있다. 그들의 심장은 이미 오래 전에 식었다. 그들은 국민 개개인의 삶 그 자체보다는 경제 전체의 효율성만을 중시하고 있으며, 전 국민이 어떻게 하면 함께 잘 살 수 있을까 하는 것보다는 경제 전체의 부를 어떻게 하면 늘릴 수 있을까 하는 것에 더 많은 관심을 두고 있는 것 같다.

이러한 경향이 국가 간 또는 국내 계층 간 경제적 불평등을 점점 더 악화시키는 방향으로 작용한다는 것은 의심할 여지가 없다. 그렇다고 주류 경제학이 경제적 평등을 희생한 대가로 경제적 성장에 더욱 기여한 것도 아니다. 세계 경제의 성장세는 이미 정체 상태를 보이고 있으며, 그 불안정성은 오히려 커지고 있다. 세계적으로 경제위기의 발발 빈도나 그 심각성이 나날이 증가하는 추세에 있고, 과거에는 개별 국가 단위였던 경제위기가 이제는 전 지구적으로 확산하는 경향이 있다.

우리는 이제 경제의 성장뿐만 아니라 경제의 형평성에 많은 관심을 기울여야 한다. 우리는 언제나 누구를 위한 성장이냐, 궁극적으로 누구에게 혜택이 가는 성장이냐를 물어야 한다. 어떤 정책이던지간에 시행 전에 각 소득계층에 미치는 영향을 살펴봐야 한다.

일부 주류 경제학자들은 경제적 평등에 관한 지나친 관심은 사람들의 경제적 인센티브를 저하시켜 경제성장에 좋지 않은 결과를 가져올 것이라고 주장한다. 우리가 열심히 일하고자 하는 동기를 없앤다는 것이다. 그러나 그들의 주장과는 달리, 경제적 평등이 경제성장에 악영향을 끼친다는 명확한 증거는 없으며, 오히려 스웨덴 등 북유럽 국가들처럼 경제적 평등을 시현한 국가가 높은 경제성장을 달성한 예는 얼마든지 있다. 일반적으로 경제적 불평등은 만성적인 수요의 감소를 초래할 우려가 있고 사회적 갈등과 정치적인 불안요인으로 작용하여 오히려 경제발전을 저해할 가능성이 크다.

경제적 평등성을 제고하기 위해서는 누구에게나 교육, 취업 등의 기회가 평등하게 부여되고, 성별, 인종, 종교 등에 따른 차별이 없고, 가정환경, 상속된 부 등의 배경에 영향을 받지 않는 능력주의 사회가 되어야 한다. 소득 불평등을 개선하기 위하여 고용을 확대하고 근로자간 임금격차를 줄여야 한다. 선천적인 조건이나 불가피한 운 등에 따라 기초적 생계조차 어려운 사람들에 대하여는 인간으로서 최소한의 삶은 영위할 수 있도록 해야 한다.

인간 행태는 매우 복잡하다

경제학의 시조라고 불리는 아담 스미스는 국부론을 저술하기 전에 이미 인간은 자기 자신의 사리사욕만을 추구하는 것이 아니라 공정한 관찰자로서 동정심, 공정심에 기초하여 선택과 판단을 한다고 주장하였다. 그럼에도 불구하고, 그 후의 주류 경제학자들은 인간의 이기적인 측면만을 강조하였다. 그들은 다른 사람에 관심을 가지고 그들과 더불어 살아가는 인간이 아니라 자기 자신만을 위해 혼자 고독하게 살아가는 인간을 상정하고 있다. 또한, 그들은 자신의 욕망을 채우기 위하여 유한한 자원을 가장 효율적으로 이용할 수 있는 절대적 합리성을 지닌 인간을 가정하였다.

그리고 주류 경제학자들은 이러한 인간들이 어떻게 합리적 선택을 하는지에 대하여 몇 가지 중요한 경제법칙을 통해 설명하고 예측하려고 하였다. 아주 단순한 수요와 공급의 법칙, 한계효용 체감의 법칙 등만 알면 인간의 선택과 현실 경제가 돌아가는 일의 거의 대부분을 이해할 수 있고, 간혹 현실과 맞지 않는 경우가 있다 하더라도 이는 예외적인 현상으로 대부분의 경우에 있어서는 이러한 경제법칙들이 잘 들어맞을 것이라고 주장하였다.

이렇게 명쾌하게 보이는 경제학이 실제 세상의 작동방식을 설명하거나 예측하는데 왜 자주 실패하는 것일까? 예측하지 못한 심각한 불황이나 경제위기는 왜 자주 발생하는 것일까? 어떤 때에는 영구히 오를 것만 같았던 주가나 부동산 가격이 왜 어느 날 갑자기 폭락할까? 이렇게 경제법칙이 잘 들어맞지 않는 경우가 예외적인 것이 아니라 일상적인 이유는 도대체 어디에 있는 것일까?

인간 행태가 주류 경제학이 가정하고 있는 것과 같이 그렇게 단순하지 않다는 데 그 근본 원인이 있다. 인간은 절대 합리적이지도, 완전 이기적이지도, 그리고 경제적 동기에 의해서만 행동하는 것도 아니다. 또한, 인간은 이성의 논리적 추론에 따라 선택 결정을 하기보다는 직관에 의존하여 선택 결정하는 경우가 더 많으며, 그 결과 편향이나 오류를 낳기 쉽다. 무엇보다도 인간들은 서로 독립적으로 선택 결정하는 것이 아니라 무수한 사람들의 상호작용을 통하여 복잡한 결정을 내리기도 한다. 어떤 때에는 무의식적으로 집단 결정을 따르기도 하고 어떤 때에는 사회적, 문화적 규범에 따라 결정하기도 한다.

우리가 현실 경제를 보다 정확하게 설명하고, 예측하기 위해 인간 행태의 복잡성에 관한 충분한 이해가 필요하다는 것은 자명하다. 오늘날 행동 경제학은 실험 경제학, 신경 경제학, 인지 심리학, 뇌 과학 등 다른 학문 분야와의 연계를 통하여 인간 행태와 그 원인에 관한 많은 연구를 수행하였으며, 특히 금융 분야 등에 대한 적용에 있어서는 많은 성과를 거두었다. 아직까지 통일되고 일관된 이론 체계를 구축하는 단계에까지 이르지 못하였지만, 현재 연구가 활발히 진행되고 있는 것을 감안하면 그러한 시기가 머지않아 도래할 것으로 기대된다.

가격이 항상 옳은 것은 아니다

주류 경제학자들은 시장에서 결정된 가격과 임금의 도덕적 가치를 따지지 않는다. 만일 어떤 것이 좋다면 많은 사람이 그것을 원할 것이고, 가격은 높게 형성될 것이다. 그런 의미에서 시장의 수요와 공급에 따라 결정되는 모든 가격은 옳은 것이 된다. 가격이 아무리 높거나 낮게 형성되더라도 그것이 경쟁 시장에서 사람들의 자유의사에 따라 결정되었다면, 우리는 그 가격이 정당하다고 인정해야 한다. 즉, 우리가 흔히 말하는 거품 가격이라는 것은 존재하지 않으며, 단지 수요가 많기 때문에 발생하는 가격상승 현상에 지나지 않는다는 것이다.

그러나 시장에서 결정되는 모든 가격들이 시장에서 결정되었다는 이유만으로 정당화되어질 수 있을까? 시장에서 결정되는 가격들이 가장 효율적인 자원배분을 보장할 만큼 현실 시장이 완전 경쟁적이며, 정보 효율적이며, 안정적인 것일까? 현실 시장에서 결정되는 가격들이 왜곡될 가능성은 없는 것일까? 1996년 3월, 그리고 2002년 10월 미국의 나스닥(NASDAQ) 지수는 똑같이 1,140이었다. 이 두 날짜 사이에 들어 있던 2000년 3월 동 지수는 5,048까지 치솟았다. 보통 IT 거품이 있었다고 여겨지지만, 이러한 주가의 급등락도 정당한 이유가 있었던 것일까? 6년여 기간 동안 주가가 4배 넘게 급등하였다가 다시 급락하여 제자리로 돌아왔지만 이런 주가의 움직임도 시장에서 결정된 만큼 정당한 것일까?

2008년 미국 금융위기 당시 대형 투자회사 블랙스톤 그룹의 최고

경영자 슈워츠먼(Stephen Schwarzman) 회장은 약 7억 달러의 연봉을 받았다. 세계 경제가 무척 어려웠던 그 시기에 과연 그 사람은 그 보수에 합당한 일을 한 것일까? 미국의 포드 자동차는 최근 일본의 토요타 자동차에 비하여 수익성은 물론 성장성도 뒤떨어지지만 포드 자동차 CEO가 토요타 자동차 CEO보다 훨씬 높은 보수를 받는다면 그것은 타당한 것인가? 불행하게도 우리는 주류 경제학의 영향으로 가격은 언제나 옳다는 잘못된 원칙에 집착하는 바람에 윤리적 판단 능력을 거의 상실한 것 같이 보인다. 완전하지 않은 시장에서 결정된 불합리한 가격을, 그것도 수시로 널뛰기하는 가격을 무비판적으로 신봉하려는 경향은 경제의 효율성이나 형평성 측면뿐만 아니라 경제의 안정성 측면에서 나쁜 결과를 초래할 우려가 있다. 경쟁이 제한적이고 정보가 불완전한 시장에서 변덕스러운 수많은 사람들의 상호작용 결과로 결정되어지는 가격은 자원의 최적 배분을 보장하지 못할 뿐만 아니라, 계층 간의 불평등을 더욱 심화시킬 가능성이 크다. 아울러, 가격의 급등락은 경제 예측을 매우 어렵게 하고 경제의 불확실성을 증폭시키게 된다.

시장은 규제할 필요가 있다

우리는 가격이 언제나 옳은 것은 아니며, 가격이 옳지 않을 수도 있다는 것을 염두에 두어야 한다. 우리는 시장에 모든 것을 방임할 것이 아니라, 필요한 경우 시장을 감시하고 규제하여야 한다. 그리고 그 과정에서 시장에 대한 합리적 판단을 할 수 있는 적정한 윤리기준을 마련하여야 한다. 시장 규범에 의거하여 거래되어서는 안 되는 분야를 설정하고 시장 가격이 지나치게 급등락하거나 형평성에 어긋나게 결정되는지 여부를 판단할 수 있는 기준이 필요한 것이다. 그렇다고 해서 시장에 대한 직접적인 간섭이나 규제를 주장하는 것은 아니다. 세금이나 보조금 등을 통하여 바람직한 시장 가격을 유도할 수도 있다. 예컨대, 담배 수요를 줄이기 위하여 담뱃세를 중과하고 대기업 임원의 지나치게 높은 보수를 억제하기 위하여 소득세 최고세율을 올릴 수 있다.

시장은 자원을 배분하는 데 있어서 매우 효율적이고 강력한 도구임에는 분명하다. 그렇지만 시장의 힘은 주류 경제학의 경제이념에 따라 과장되어 있다. 시장은 그 자체로 완전하지 않은 것이다. 기술적 진보의 많은 부분은 정부산하 연구소 등 공적부문에서 이루어졌으며, 국민들의 삶의 개선은 사회보험 등 정부의 각종 복지제도 덕분이었다. 또한, 정부는 시장이 제 기능을 발휘할 수 있도록 그간 많은 사회적 제도를 고안, 발전시켜 왔다. 재산권과 특허권 보호제도, 금융과 무역거래 제도 등 다양한 사회적 제도가 구축됨으로써 시장이 제대로 작동될 수 있었던 것이다. 결국 우리 사회의 발전은 사적인 시장부문과 공적인 정부부문의 조화로운 상호작용을 통하여 이룩된 것이다.

새로운 경제학이 필요하다

경제학은 다른 학문으로부터 많은 개념과 분석수단, 예컨대 합리주의, 자유주의, 효용, 균형, 최적화, 정규분포, 통계적 추론, 미분방정식 등을 차용해 왔다. 그러나 경제학이 개념과 분석수단을 차용해 왔던 다른 학문들은 그간 눈부신 발전을 이룩하였지만, 오늘날의 경제학은 이를 전혀 따라가지 못하고 있다. 경제학은 물리학에서 균형 개념을 도입하였으나 이는 19세기 뉴턴 물리학의 결정론에 기초한 것으로 20세기 양자역학의 불확정성 이론과 같은 최신 이론은 반영하지 못하고 있다. 그리고 수학으로부터 미분방정식 등의 분석수단을 도입하였으나 최근의 카오스이론 등은 반영하지 못하고 있다.

다른 분야의 과학자들은 경제학이 아직도 과거의 틀에 갇혀 있는 모습을 보고 뭐라고 말할까? 물리학자들은 과학 법칙인 양하는 경제

원리들을 보며 무슨 생각을 할까? 사회가 서로 고립적으로 행동하는 개인들로 구성되어 있다는 가정에 대해 사회학자들은 동의할까? 수학자들은 경제학의 수리 모형들에 대하여 만족할까? 공학자들은 금융계에서 사용하는 위험관리모형에 대해 어떻게 생각할까? 정치학자들은 경제학이 정치적으로 중립이라는 견해를 받아들일까? 역사학자들은 경제학이 일정한 역사적 시기의 문화적 산물은 아니라는 주장을 믿을 수 있을까? 생태학자들은 경제학이 환경을 진지하게 다루고 있다고 생각할까? 심리학자들은 경제학에서 다루는 효용이나 행복에 대하여 어떻게 생각할까? 철학자는 경제학이 시장을 통하여 윤리적 문제를 해결할 수 있다는 데 동의할까?

우리는 새로운 경제학을 구축하여야만 한다. 21세기의 최신 지식과 기술의 바탕 위에서, 또한 다른 과학의 눈부신 발전을 반영해서 새로운 경제학을 만들어야 한다. 경제학이 자신들의 사고 틀에만 사로잡혀 전통적 견해를 계속 고집하거나 다른 학문과의 폭넓은 교류를 통한 새로운 접근방법을 모색하려고 하지 않는다면 경제학의 미래는 결코 밝지 않을 것이다.

우리의 경제시스템은 복잡하고 역동적이며 네트워크화 되어 있다는 특성이 있다. 따라서 새로운 경제학은 복잡계 이론, 비선형 동역학 이론, 네트워크 이론과 같은 새로운 응용수학 분야에서 영감을 얻을 수 있다. 또한 새로운 경제학은 경제를 자족적이며 닫힌 시스템으로 보는 대신에 장기적으로 환경과 상호작용하는 열린 시스템으로 보며, 따라서 시스템 생물학, 생태학과 같은 생명과학 분야에서 개발된 모형과 기법을 사용할 수 있을 것이다.

마지막으로, 새로운 경제학은 방정식이나 숫자에 대한 주류 경제학의 강박을 완화시키면서 다면적 접근방법을 채택할 것이다. 단지 계량화하기 어렵다는 이유로 지속 가능성, 행복, 형평성, 혹은 다른 종류의 가치를 평가절하하지 않을 것이다. 또한, GDP 대신에 실질진보지수

(GPI), 국가별 행복지수(HPI)와 같은 새로운 대안지표들을 고려할 것이다. 그리고 수학적, 통계적 모형의 한계를 인지하고 언어나 스토리텔링 등을 적극 활용할 것이다. 새로운 경제학은 환경주의자, 심리학자, 정치학자, 수학자, 생물학자 등 다양한 분야의 전문가들이 협업적 연구체계를 구축하여 연구 프로젝트를 수행할 것이다.

저자 후기

    이 책을 완성하기까지 오랜 시일이 걸렸다. 주제를 구상하고 글을 쓰기 시작하여 고치고, 덧붙이고, 한참을 중단하였다가 다시 쓰고, 지금 생각하면 얼마나 걸렸는지 기억할 수 없을 정도이다. 이 책을 쓰게 된 계기는 2008년 어느 날 서점에서 바인하커(Eric D. Beinhocker)가 쓴 원서 "The Origin of Wealth"란 책을 우연히 사서 읽은 것이다. 그 책을 읽으면서 나는 묘한 전율을 느꼈다. 평소 내가 경제학에 대해 느꼈던 많은 의문들에 관하여 명쾌한 설명을 하고 있었던 것이다. 내 생각이 더욱 정리되는 것을 느꼈다. 또한 그 책은 당시만 해도 생소하였던 경제학에 관한 새로운 분석방법들을 많이 소개하고 있었다. 복잡한 인간 행태에 대한 분석, 복잡적응시스템에 관한 분석, 컴퓨터 시뮬레이션을 통한 단순한 경제적 현상의 재현과 진화과정의 설명 등이 그것이다.

    그 동안 경제학을 공부하면서 가지고 있었던 의문들, 그리고 30여 년간 경제부처 관료로 지내면서 느꼈던 사실은 경제학이라는 학문이 너무나 현실과 동떨어져 있다는 것이다. 거의 모든 경제정책의 수립과정이 가치판단에 기초하고 있음에도 불구하고 경제학이 자원배분의 효율성이라는 너무나 단순하고 기술적인 잣대로, 그나마 완전하지도 않은 기준들을 가지고 모든 것을 평가하면서, 형평성이나 그 밖의 다른 가치에 대하여는 거의 무관심하다는 것이야말로 가장 이해할 수 없는 것이었다. 그 밖에도 인간 행태나 시장에 대하여 너무나 비현실적인 가정을 하고 있다는 것, 경제학 분석이 지나치게 수학과 통계학에 의존할 뿐만 아니라 그 모형 자체가 너무 편의적이라는 것도 마찬가지로 이해하기 힘든 것들이었다.

2008년의 세계적인 외환위기를 계기로 주류 경제학에 대한 비판은 더욱 거세어졌으며, 이전에는 상상할 수 없을 정도로 주류 경제학에 대한 많은 비판서가 나오게 되었다. 이즈음에 발간된 이정전 교수의 "경제학을 리콜하라", 오렐(David J. Orrell)의 "경제학 혁명", 장하준 교수의 "경제학 강의" 등이 그 대표적인 책들이다. 이와 같이 최근 들어 경제학의 새로운 접근방법에 대한 요구가 점차 커져가는 것에 부응하고, 일반 독자들에게도 이러한 움직임에 대한 이해를 높이기 위하여 이 책을 쓰게 되었으며, 그 과정에서 상기 책 등의 연구 성과에 크게 의존하였음은 물론이다. 그렇지만 이 책에 어떤 오류나 잘못이 있다면, 이는 전적으로 저자의 책임임을 밝혀둔다.

이 책을 출판하는 데 많은 도움을 주신 박영사 안종만 회장님과 조성호 이사님, 그리고 이 책의 편집과 교정에 많은 수고를 아끼지 않으신 배근하 님께 감사의 말씀을 드린다. 그리고 책 쓰는 오랜 기간 동안 묵묵히 지원해 준 가족들, 사랑스런 아내 유은향과 자랑스러운 두 아들 창세, 홍세에게도 감사의 말을 전하고 싶다.

참고 문헌

[1] 에릭 바인하커, 부의 기원, 알에이치코리아, 2013.

[2] 토드 부크홀츠, 죽은 경제학자의 살아있는 아이디어, 김영사, 2012.

[3] 장하준, 경제학 강의, 부키, 2014.

[4] 도모노 노리오, 행동 경제학, 지형, 2011.

[5] 리처드 탈러, 똑똑한 사람들의 멍청한 선택, 리더스북, 2016.

[6] 대니얼 커너먼, 생각에 관한 생각, 김영사, 2011.

[7] 닐 존슨, 복잡한 세계 숨겨진 패턴, 바다출판사, 2015.

[8] 마크 뷰캐넌, 내일의 경제, 사이언스 북스, 2014.

[9] 이정전, 경제학을 리콜 하라, 김영사, 2011.

[10] 데이비드 오렐, 경제학 혁명, 행성비, 2011.

[11] 리처드 탈러 & 캐스 선스타인, 넛지, 리더스북, 2012.

[12] 댄 에리얼리, 거짓말 하는 착한 사람들, 청림출판, 2012.

[13] 댄 에리얼리, 상식 밖의 경제학, 청림출판, 2012.

[14] 댄 에리얼리, 경제 심리학, 청림출판, 2011.

[15] 대니얼 길버트, 행복에 걸려 비틀거리다, 김영사, 2012.

[16] 롤프 도벨리, 스마트한 생각들, 걷는 나무, 2013.

[17] 롤프 도벨리, 스마트한 선택들, 걷는 나무, 2013.

[18] 켄트 그린필드, 마음대로 고르세요, 푸른 숲, 2012.

[19] 쉬나 아이엔가, 선택의 심리학, 21세기 북스, 2010.

[20] 마틴 노왁 & 로저 하이필드, 초협력자, 사이언스 북스, 2012.

[21] 나심 니콜라스 탈레브, 블랙 스완, 동녘 사이언스, 2011.

[22] 스튜어트 화이트, 평등이란 무엇인가, 까치글방, 2016.

[23] 마이클 샌델, 정의란 무엇인가, 김영사, 2010.

[24] 이정우, 불평등의 경제학, 후마니타스, 2013.

[25] 토마 피케티, 21세기 자본, 글항아리, 2014.

[26] 앤서니 앳킨슨, 불평등을 넘어, 글항아리, 2015.

[27] 장하성, 왜 분노해야 하는가, 헤이북스, 2015.

[28] 찰스 윌런, 벌거벗은 통계학, 한국물가정보, 2013.

[29] 데이비드 핸드, 신은 주사위 놀이를 하지 않는다, 더 퀘스트, 2016.

[30] 누리엘 루비니 & 스티브 미흠, 위기 경제학, 청림출판, 2010.

[31] 이준구 & 이창용, 경제학원론, 법문사, 2012.

[32] 김인준 & 이영섭, 국제금융론, 제2판, 율곡출판사, 2011.

[33] 다니엘 샥터 등, 심리학 개론, 시그마프레스, 2013.

[34] Mankiw, N. G., Principles of Economics, 5th edition, South -Western, 2009.

[35] Screpanti, E. & S. Zamagni, On Outline of The History of Economic Thought, Oxford, 2005.

[36] Minsky, H. P., Stabilizing An Unstable Economy, McGraw Hill, 2008.

[37] Wilkinson, N., An Introduction to Behavioral Economics, Pal-grave Macmillan, 2008.

[38] Skidelsky, R., Keynes: The Return of The Master, Public Affairs, 2009.

[39] Akerlof, G. A. and R. J. Shiller, Animal Spirits, Princeton University Press, 2009.

참고 문헌

찾아보기

찾아보기

오동환(吳東煥)

　현재 한라대학교 경영학과 석좌교수로 재직 중이다. 1977년 행정고시 20회에 합격하여 경제기획원, 공정거래위원회, 재정경제부, 주일본 한국 대사관 등에서 공무원으로 약 30여 년간 근무하였다. 2006년 퇴직한 이후에는 2006년에서 2009년까지 (주)대한생명 감사위원장, 2010년에서 2012년까지 고려대학교 객원교수, 그리고 2012년에서 2014년까지 건강보험공단 상임감사 등을 역임하였다.

　1973년 서울 중앙고등학교, 1978년 서울대학교 경영학과를 졸업하고, 1982년 한국과학기술원에서 경영과학 석사학위를, 1997년 미국 밴더빌트 대학교에서 경제학 석사학위를, 그리고 2010년에는 중앙대학교에서 경제학 박사학위를 취득하였다.

　주요 논문으로 "일본의 공기업 민영화정책"(규제완화, 1994), "원/달러, 원/엔 실질환율의 비선형적인 조정과정"(Journal of Economic Development, 2009, 영문), "원/달러, 원/엔 환율의 구매력 평가가설에 있어서 Balassa－Samuelson 효과 분석"(대외경제연구, 2010) 등이 있고, 주요 저서로 「제2임조 이후 일본 공기업의 민영화: 금후 한국의 민영화 정책에 있어서의 시사점」(일본 아시아경제연구소, 1996, 일어) 등이 있다.

새로운 패러다임의 경제학

초판발행   2017년 7월 12일

지은이   오동환
펴낸이   안종만

편 집   배근하
기획/마케팅   조성호
표지디자인   조아라
제 작   우인도·고철민

펴낸곳   (주) **박영사**
             서울특별시 종로구 새문안로3길 36, 1601
             등록 1959. 3. 11. 제300-1959-1호(倫)
전 화   02)733-6771
f a x   02)736-4818
e-mail   pys@pybook.co.kr
homepage   www.pybook.co.kr
ISBN   979-11-303-0449-6   93320